وادي الملوك

النشر العلمي لمشروع خرائط طيبة

Theban
Mapping
Project

WORLD
MONUMENTS
FUND

صندوق تمويل آثار العالم

وادي الملوك

دليل إدارة الموقع

كنت ويكس
نايجل هيثرينجتون

و مسح مقابر وادي الملوك
أعدته دينا باخوم

دار نشر الجامعة الأمريكية بالقاهرة
القاهرة   نيويورك

This edition published in 2016 by
The American University in Cairo Press
113 Sharia Kasr el Aini, Cairo, Egypt
420 Fifth Avenue, New York, NY 10018
www.aucpress.com

Copyright © 2014, 2016 by The Theban Mapping Project

First published in English in 2014 as *The Valley of the Kings: A Site Management Handbook*

All rights reserved. No part of this publication may be reproduced, stored in a retrieval system, or transmitted in any form or by any means, electronic, mechanical, photocopying, recording, or otherwise, without the prior written permission of the publisher.

Exclusive distribution outside Egypt and North America by I.B.Tauris & Co Ltd., 6 Salem Road, London, W2 4BU

Dar el Kutub No. 22049/12
ISBN 978 977 416 609 9

Dar el Kutub Cataloging-in-Publication Data

    Weeks, Kent R.
        The Valley of the Kings: A Site Management Handbook [Arabic edition] /
    Kent R. Weeks.— Cairo: The American University in Cairo Press, 2016
        p. cm.
        ISBN 978 977 416 609 9
        1.   Egypt—Antiquities
        2.   The Valley of the Kings—Egypt
        I. Hetherington, Nigel J. (jt. auth.)
        932

1 2 3 4 5   20 19 18 17 16

Designed by Lori Lawson
Printed in Egypt

المحتويات

تمهيد vii

الفصل الأول: مقدمة عن الموقع 1
تعريف بالموقع 1
وادي الملوك عبر العصور 12

الفصل الثاني: عوامل الخطر الراهن 34
البيئة الطبيعية 34
النشاط البشري 47
ملخص عوامل الخطر التى تهدد وادي الملوك 56

الفصل الثالث: السياحة ووادي الملوك 57
السياحة فى مصر 57
السياحة فى الأقصر 61
السياحة فى وادي الملوك 65

الفصل الرابع: استبيان آراء زوار وادي الملوك 69
المرحلة الأولى من الاستبيان - مسح وادي الملوك 69
المرحلة الثانية من الاستبيان - المسح الإلكتروني 109

الفصل الخامس: أعمال مسح وادي الملوك 130
التدخل الأثرى حديثًا وحاليًا فى وادي الملوك 130
الأعمال السابقة لمشروع خرائط طيبة 131
تقارير حالة المقابر الحالية 134
المراقبة البيئية للمقابر 143

v

154	**الفصل السادس: البنية التحتية لوادي الملوك**
155	تجربة الزائر و وادي الملوك
156	الطرق والدروب المؤدية إلى وادي الملوك
161	وسائل الانتقال
164	ساحة انتظار الحافلات
166	منطقة البائعين
169	مركز الزوار
177	خط الترام والطريق من مركز الزوار إلى وادي الملوك
182	الأمن عند المدخل وقواعد خاصة بالكاميرات
185	دورات المياه
188	المظلات والاستراحات
190	داخل المقابر
197	المرافق
199	بنية الموقع
200	ملخص الاقتراحات و الوضع الحالي عام 2012
202	**الفصل السابع: إدارة الزوار في وادي الملوك**
202	القدرة الاستيعابية
213	اقتراحات مشروع خرائط طيبة، تسيير حركة الزوار بوادي الملوك
223	القدرة الاستيعابية لمقابر وادي الملوك
242	شراء التذاكر
249	تجربة السائح في وادي الملوك
250	ملخص الاقتراحات
251	**الفصل الثامن: إدارة وادي الملوك**
252	المجلس الأعلى للآثار
259	إدارة الموقع وتدريب إدارة الموارد الثقافية
263	التخطيط لمواجهة الطوارئ والكوارث
265	صيانة الموقع
270	أنظمة معلومات إدارة الموقع
270	ملخص الاقتراحات
271	المراجع

تمهيد

بدأ مشروع خرائط طيبة العمل فى جبانة طيبة عام 1979. منذ هذا التاريخ، كرس المشروع كثيراً من وقته لإعداد خريطة أثرية لوادي الملوك، ودراسة الحالة الراهنة لكل المقابر المفتوحة للزيارة، وتطوير خطة شاملة لإدارة الموقع، وهو ما يعتبر أول إنجاز من نوعه فى مصر. فقد أضحى وادى الملوك جزءًا هشًّا من التراث الثقافى الإنسانى، وأصبح فى حاجة ماسة إلى مراقبة واهتمام بالغ. وبما أن محتوياته لا يمكن استعادتها لذا يجب إدارتها وحمايتها جيدًا، وتحقيق التوازن الدقيق والحذر بين الضغوط البيئية والمتطلبات الاقتصادية إذا أردنا الحفاظ عليه للأجيال القادمة. خطة إدارة مشروع طيبة لرسم خرائط وادي الملوك هى نتيجة ما يقرب من عشر سنوات من العمل. وهذه الخطة بعيدة عن أن تكون الكلمة النهائية في موضوع حماية المواقع، وهي لا تدعي تقديم إجابات للأسئلة الكثيرة المتعلقة بالترميم الأثري وإدارة السياحة التي يطرحها الموقع. ولكنها بداية، ونأمل أن تحفز النقاش والعمل بين العديد من أصحاب المصلحة الذين يتحملون مسئولية مستقبل الوادي.

كان إعداد خطة إدارة وادي الملوك جزءًا من مشروع خرائط طيبة، لكنه أصبح الشغل الشاغل للمشروع عام 2004. ظهرت أول نسخة لهذه الخطة عام 2007. ومنذ هذا التاريخ تمت أعمال كثيرة تشمل استمرار مسح حالة المقابر، والتسجيل التصويري، وتحديث آراء المشاركين فى الاستبيان. وهذا الكتاب يحوى تحديث هذه المادة، لكن لم نتمكن من الحصول على إحصائيات دقيقة بأعداد السياحة الحالية للأقصر ووادى الملوك أفضل من تلك الواردة فى هذا التقرير. وقد تدهورت السياحة بشكل ملحوظ بعد ثورات الربيع العربى، وعلمنا أن نسبة إشغال فنادق الأقصر، عام 2012، بلغت 20% من مستويات الإشغال قبل 2012. وهذا لا ينبئ بالخير لاقتصاد مصر، لكن نتمنى أن تتمكن الحكومة من الاستفادة من انخفاض أعداد السياح فى وادي الملوك، لإعادة دراسة إجراءات إدارة الموارد الثقافية وتنفيذ بعض التغييرات المقترحة الواردة هنا.

السؤال الذي يطرح نفسه دوما، ونسأله لأنفسنا، هل سينفذ هذا المشروع فعلا؟ أم سيكون مصيره على الأرفف، مثل كثير من مقترحات صيانة الآثار التي تمت في الماضي، لكننا متفائلون. واقعيا، تم بالفعل تنفيذ بعض أجزاء من هذا المشروع، على سبيل المثال، وضع لافتة جديدة للأقصر، وبناء مركز الزوار لجديد، هذا بعض من كل تم بالفعل الانتهاء منه، وهناك مقترحات أخرى جاهزة للتنفيذ مثل إضاءة أفضل للمقابر، وإدارة حركة المرور في الوادي.

مما يدعو للتفاؤل، افتتاح مشروع خرائط طيبة عام 2011 مكتبة عامة للقراءة، كجزء من مكتبه على البر الغربي للأقصر. تحوى المكتبة مجموعة كبيرة من الكتب بالإنجليزية والعربية في علم المصريات، ومنهجية البحث عن الآثار، وتطبيقات في صيانة الموقع، وخطط إدارة المواقع حول العالم. تعتبر المكتبة أول خطوة من هذا القبيل في مصر، حيث تتيح للقارئ الكتب التي تتناول موضوعات عن التدريب الصحيح لمديري مواقع الآثار والمرممين. تفتح المكتبة بابها للجميع دون مقابل من الساعة 3 ظهرا حتى 9 مساء، لمدة سبعة أيام، وفي غضون ستة أشهر فقط تردد عليها العشرات من الدارسين يوميا. متمثلين في مرشدين سياحيين، ومفتشين آثار، وعاملين في مجال الترميم بالحكومة، وطلبة، وكل الأشخاص المتعاملين مع آثار طيبة، وكل من يرغب في الاستفادة من مصادر المكتبة. وعندما سئل المترددون على المكتبة لماذا أتيتم للمكتبة، كانت إجابات أغلبهم : "ندرك أهمية حماية آثار طيبة، ونريد المساعدة، نريد تعلم كيف نؤدي عملنا بإتقان". تشمل مكتبتنا أيضا، ركنا للأطفال، يحوى كتبا بالعربية عن تاريخ مصر وآثارها. وارتاد المكتبة أيضا وبكثافة المدرسون وطلبة المرحلة الابتدائية والثانوية الذين أتوا طواعية، فرادى ومجموعات صغيرة ليتعلموا أكثر عن تاريخ بلدهم. وبما أن كثيرا من العاملين بالمجلس الأعلى للآثار يستخدمون المكتبة، فهذا مؤشر جيد لمستقبل آثار الأقصر. إن تردد كثير من الشباب المتحمس على المكتبة يقدم أملا كبيرا لبقاء واحدة من أعظم الممتلكات المصرية مدى الحياة.

الفصل الرابع: قام نايجل هيثرينجتون بإعداد مسح لآراء أصحاب المصلحة بناء على مسح مركز البحوث الاجتماعية بالجامعة الأمريكية بالقاهرة. الفصل الخامس: مسح لحالة وادي الملوك/ ملخص لتقارير أعدتها دينا باخوم لمشروع خرائط طيبة. قام بأعمال التحرير لوري لوسون ومجدى أبو حمد على. وأشرف على أعمال الموقع أحمد محمود حسان. وفيما يلى أسماء بعض من كثيرين شاركوا في أعمال مشروع طيبة، لكن نود قبل هذا توجيه شكر خاص لكل من : د. جيتانو بالامو، والآنسة بوني برنهام، من صندوق تمويل آثار العالم، والسيد/ نيفيل أجنيو من معهد جيتي للصيانة- الحفظ، والسيد برنارد سيلز،

والآنسة ديبورا لير، والسيد بروس لدفيج، والسيد هوارد زومستاج وحرمه، والآنسة مارى أكر، والآنسة جانيس جاكواى، وريتشارد فلانجان، وبوب وكارول براكستون، والآنسة إيلين جيترز، و (سفارى البرارى). وأود أن أشير إلى حسن تعامل العاملين فى المجلس الأعلى للآثار، وأتقدم بشكر خاص للأستاذ منصور بريك لإمدادنا بالبيانات الإحصائية الواردة فى الفصل الرابع، والأستاذ على إبراهيم يوسف لما قدمه من مساعدة فى جمع البيانات الحديثة.

الفصل الأول: مقدمة عن الموقع

تعريف بالموقع
طيبة ومدينة الأقصر الحديثة

طيبة واحدة من أكبر المناطق الأثرية الذائعة الصيت فى العالم وأغناها. تقع طيبة على بعد حوالى 900 كم جنوب القاهرة (560 ميلًا) على ضفتى نهر النيل. على البر الشرقى، تقبع تحت مدينة الأقصر الحديثة (شكل 1) بقايا مدينة قديمة كانت منذ حوالى 1500 إلى 1000 ق.م واحدة من أشهر المدن فى مصر. ربما كان عدد سكانها 50,000 نسمة. وحتى خلال الدولة الوسطى، أى قبل ذلك بأربعة قرون حظيت طيبة بشهرة واسعة بوصفها واحدة من أكبر مدن العالم القديم. هناك، شيد المصريون مجموعات المعابد الضخمة للكرنك والأقصر. وهما اثنان من أكبر الأبنية الدينية التى شيدت على الإطلاق، ومقر لطبقة كهنة واسعة الثراء والسلطة. تقع جبانة طيبة على البر الغربى وتغطى مساحة تبلغ حوالى 10 كم مربع، حيث كشف الآثاريون عن آلاف المقابر، وعشرات المعابد، والعديد من المنازل، والقرى، والمقاصير، والأديرة، وورش العمل.

الأقصر مسكونة على مدى العصور خلال 250,000 عام مضت. فقد عثر فيها على أول أثر يعود إلى العصر الحجرى القديم فى أفريقيا. ولكن أهم فترة فى تاريخ طيبة هى الفترة التى استغرقتها الدولة الحديثة واستمرت طوال خمسة قرون، عندما حققت طيبة، ما أسماه المصريون القدماء "النموذج لكل المدن"، مكانة دينية، وسياسية، ومعمارية لا تُنافس. حيث قام كل ملوك الدولة الحديثة- الذين بلغ عددهم 32 ملكًا- وكثيرون قبل هذا التاريخ وبعده بإضافة معالم معمارية بارزة إلى الموقع. إن الآثار التى شُيدت خلال الأسر الثامنة عشرة والتاسعة عشرة والعشرين ما تزال تؤكد حتى اليوم، بعد 30 قرناً على إنشاء طيبة أنها واحدة من المواقع الأثرية المهمة فى العالم. لذا ليس عجبًا، أنها واحدة من أولى المدن التى أدرجتها منظمة اليونسكو بوصفها موقع تراث عالمى (عام 1979).

شكل 1: البر الغربى للأقصر© (Theban Mapping Project)

أطلق الرحالة الإغريق اسم طيبة على المدينة. ويعتقد بعض المؤرخين أن الإغريق أخطأوا فى سماع الاسم المحلى للمنطقة الواقعة حول مدينة هابو "Djeme ديمى". فى حين يعتقد آخرون أن الاسم جاء من "تابى"، أو"تب"، والتى تعنى "رأس" فى اللغة المصرية القديمة. وسميت طيبة فى الإنجيل "نو" المشتقة من الكلمة المصرية القديمة "نيو" وتعنى "مدينة"، وسماها المصريون أيضا واست. وهو اسم الإقليم الذى تقع فيه طيبة (بوصفها مقاطعة إدارية)، أو "نيوت إمن" أى "مدينة آمون"، التى ترجمها الإغريق حرفيًّا "ديوسوبوليس" أى "مدينة زيوس"، (الإله الذى شبهه الإغريق بآمون). وصف المصريون طيبة بصفات عديدة منها: "المدينة المنتصرة"، و"المدينة الغامضة"، و"مدينة سيد الأبدية"، و"سيدة المعابد"، و"سيدة القوة"، ونعوت أخرى. أما أحدث أسماء طيبة، فهى "الأقصر"، المشتقة من الكلمة العربية الأقصر، وتعنى"القلاع"، وربما تكون مأخوذة من الكلمة اللاتينية "castra"، وتعنى "حامية عسكرية".
يتكون السهل الفيضى الواقع بين النيل وحافة الصحراء من طبقة سميكة من غرين خصب جدًّا ترسب بفعل آلاف الفيضانات السنوية للنيل. اليوم، تروي المياه حقول قصب السكر والبرسيم والقمح والخضروات طوال العام، وبذلك تتيح زراعة محصولين سنوياً. أما قبل الانتهاء من بناء السد العالى بأسوان فى الستينيات، الذى أنهى الفيضان السنوى للنيل، كان نهر النيل يفيض كل يُغطى

2 | مقدمة عن الموقع

فراعنة الدولة الحديثة	
الأسرة الثامنة عشرة	سي بتاح 1196 ق.م- 1190 ق.م
أحمس الأول 1539 ق.م- 1514 ق.م	تاأوسرت 1196 ق.م- 1188 ق.م
أمونحتب الأول 1514 ق.م- 1493 ق.م	
تحتمس الأول 1493 ق.م- 1482 ق.م	الأسرة العشرون
تحتمس الثانى 1482 ق.م- 1479 ق.م	ست نخت 1188 ق.م- 1186 ق.م
تحتمس الثالث 1479ق.م- 1426 ق.م	رمسيس 1186 ق.م- 1155 ق.م
	رمسيس الرابع 1155 ق.م- 1148 ق.م
الأسرة التاسعة عشرة	رمسيس الخامس 1148 ق.م- 1143 ق.م
رمسيس الأول 1292 ق.م- 1290 ق.م	رمسيس السادس 1143 ق.م- 1135 ق.م
سيتى الأول 1290 ق.م- 1279 ق.م	رمسيس السابع 1135 ق.م- 1129 ق.م
رمسيس الثانى 1279 ق.م- 1213 ق.م	رمسيس الثامن 1129 ق.م- 1127 ق.م
مرنبتاح 1213 ق.م- 1203 ق.م	رمسيس التاسع 1127 ق.م- 1108 ق.م
سيتى الثانى 1203 ق.م- 1196 ق.م	رمسيس العاشر 1108 ق.م- 1104 ق.م
آمون مس 1196 ق.م- 1190 ق.م	رمسيس الحادى عشر 1104-1075 ق.م

جدول 1: يسرد تسلسل ملوك الدولة الحديثة

بالماء لسمك يصل إلى 30-50 سم. وكان الماء يملأ تلك الأحواض الطبيعية الضحلة حيث يترسب الطمى بنسب متفاوتة السمك عبر السهل الفيضى. فى البر الغربى لطيبة حوالى ستة من تلك الأحواض، يُغطي كل منها عدة كيلومترات. كانت تلك الأحواض المشبعة بالماء تزرع بعد انحسار مياه الفيضان وكان حصاد المحاصيل يتم أواخر الخريف والشتاء. وفى عهد الأسرات الفرعونية كان الفلاحون يزرعون القمح والشعير والسورجم، والحبوب والبصل والثوم والبطيخ. كانت تلك الخضروات تزرع بكميات وفيرة وجودة وبسهولة مما جعل الزوار الأوربيين يبدون دومًا إعجابهم بخصوبة التربة المصرية. بل اعتقد البعض أن الحياة تولد تلقائيًا فى هذا الطين النيلى الخصب، وأن الشرب من مياه النيل يؤدى ببساطة إلى أن تصبح المرأة حاملا. كان هذا الثراء الأسطورى لوادى النيل برهانًا للأوربيين على المكانة الخاصة لمصر فى قلوب الآلهة. فلا

يوجد مكان إلا فى مصر تتميز تربته بالخصوبة العالية ومحاصيله بالوفرة، وحقوله بسهولة الاعتناء بها. وحتى اليوم، تتمتع منطقة طيبة بجودة زراعتها. وحتى السياح الذين يجيئون إعجابًا بآثارها، غالبًا ما يرحلون منبهرين بجمال مناظرها الطبيعية، من سماء صافية، وحقول خضراء، ونهر أزرق داكن، وتلال ذهبية، وشمس غروب قرمزية اللون، وشفق مضيء يضفي على طيبة جمالًا يفوق التخيل. لقد كان لدى الأوربيين يقين بأن الله خلق جنة عدن فى هذه المنطقة.

ساهم قرب تلال الحجر الجيرى الذى يستخدم فى البناء، والأرض الزراعية الخصبة الممتدة فى احتفاظ طيبة بثرائها ومجدها القديم. ولأسباب سياسية ودينية تحولتْ من قرية صغيرة هادئة خلال الدولة القديمة إلى بلدة مهمة خلال الدولة الوسطى ثم إلى مدينة عظيمة خلال الدولة الحديثة. ولعب حكام طيبة دورًا كبيرًا فى توحيد مصر مرة ثانية بعد هزيمة حكام هيراكليوبوليس نهاية عصر الانتقال الأول، وقاموا بتعيين كبار موظفي طيبة فى مراتب عليا فى الحكومة، فحققوا بذلك السيطرة على الدولة كلها. وخلال عصر الانتقال الثاني، استطاع حكام طيبة مرة أخرى أن يحققوا شهرة واسعة. وأدى نجاحهم فى طرد الهكسوس خلال الأسرة السابعة عشرة إلى أن يحكموا مصر مرة أخرى.

ولكن موقع طيبة، البعيد جداً فى الجنوب، جعلها غير مناسبة لتستمر عاصمة لدولة ذات علاقات متنامية اقتصاديًّا و سياسيًّا مع غرب آسيا. لذا شيدت مدينة بى- رمسيس فى الدلتا لتيسير العلاقات الدولية، وحظيت بمكانة مهمة لكونها مركزًا دبلوماسيًّا وعسكريًّا لمصر. أما ممفيس بموقعها عند قمة الدلتا فكانت معقلًا للبيروقراطية الداخلية لمصر. ولكن، رغم موقع طيبة، البعيد عن بؤرة الأحداث، فقد ظلت مزدهرة وذات مكانة. يرجع ذلك إلى حد ما للقوة الدينية والسياسية والاقتصادية التي حظى بها آمون، معبود طيبة الرئيس. الذى نسب إليه تحرير مصر من أعدائها، وجعل منها أغنى دولة وأقوى دولة فى العالم القديم، وإضفاء لقب "ملكة المدن" عليها، وضُم آمون إلى معبود هليوبوليس الشمسى وعُبِدَ فى صورة آمون-رع ، الذى أصبح "ملك الآلهة"، وتربع على قمة مجمع الآلهة المصريين. ولعبت معابد آمون بطيبة دورًا بارزًا بما تملكه من أراض شاسعة وأعداد ضخمة من الكهنة بمختلف أطيافهم قاموا على تنظيم هذه الأملاك لتحتفظ طيبة بمكانتها مركز دينيًّا بارزًا لمصر. لقد ظل المصريون ينظرون إلى طيبة بوصفها العاصمة البارزة لمصر حتـــى بعد أن ابتعدت السلطة البيروقراطية عنها بوقت طويل. وظل الوضع هكذا حتى العصر المتأخر. لكن مع اضمحلال ثروة مصر وقوتها- تدهورت حال طيبة بالتالى. هناك مراجع من العصر المتأخر واليونانى والرومانى تذكر طيبة وعددًا كبيرًا من الأديرة الكنائس والصوامع المسيحية على البر الغربى. ولكن منذ حوالى القرن الحادى

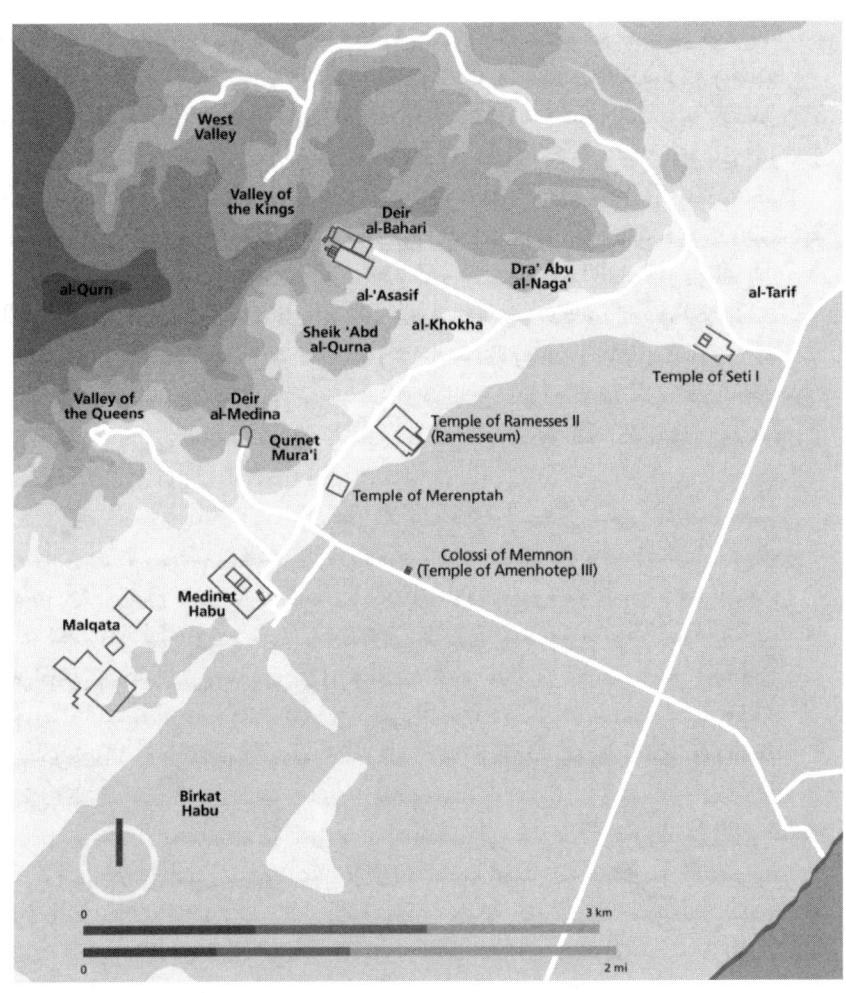

شكل 2: خريطة توضح موقع مدينة الأقصر © (Theban Mapping Project)

عشر بعد الميلاد، طواها النسيان. ولم تستعد طيبة، الأقصر حاليا، مكانتها باعتبارها إحدى أهم مدن العالم لا مع مجيء الزوار الأوربيين فى القرن الثامن عشر.

تعريف بالموقع: البر الغربى

تغيرت إلى حد بعيد حدود البــــر الغربى لطيبة خلال القرن الأخير. وكما يشار إليها باللغة المحلية "البر الغربى" ويقصد به البر الغربى للنيل المواجه مباشرة لمدينة الأقصر. لكن المصطلح لا يوحى بأى حدود بعينها (شكل 3). وربما يشير

مصطلح جبانة طيبة إلى هذه المنطقة. ولكن جرت العادة أن تقتصر هذه التسمية على الأراضى الصحراوية التى تمتد غرب الأرض الزراعية نحو مجموعة أودية تزخر بالبقايا الأثرية. لكن لم تتحدد حدودها الشمالية والجنوبية بوضوح.

على البر الغربى وليست التسميات التى أُطلقت على البر الغربى فى العصور القديمة بأقل غموضا. فقد سميت المنطقة "غرب طيبة"، و"الغرب العظيم"، أو"الغرب الجميل". لكن أيًّا من تلك التسميات لم تحدد حدودًا بعينها قط. أما اليوم، فالتسمية إلى حد ما أكثر تحديدًا، حيث يقصد بـ"البر الغربى"، إداريًّا، البر الغربى للنيل الواقع داخل الحدود الحديثة لمدينة الأقصر. يقع الحد الشمالى خلف القرى الحديثة للطارف والمجموعة المسماة بطيبة الحديثة. أما الحدالجنوبى فيقع قرب أرمنت. وفيما يتعلق بالحد الغربى فهو غير محدد، لكن من المفترض أن يمتد بعيدًا إلى الصحراء ليشمل أى مواقع أثرية، أما الحد الشرقى فهو نهر النيل.

يعرف البر الغربى بـ"أرض الآثار"، أى الأرض التى يشرف عليها المجلس الأعلى للآثار. وتحددت وتوسعت بوجه عام بموجب القانون الصادر عام 1956. قبل هذا التاريخ، كان تمثالا ممنون يقعان(لكن ليس معبد الشعائر لأمونحتب الثالث، وهما جزء منه) فوق جزيرة صغيرة مملوكة للحكومة محاطة بأراضى خاصة. فى عام 1956، ضُمت عدة مئات من الأمتار المربعة من المعبد كانت مملوكة لأفراد إلى أراضى الآثار، مما أَوجد منطقة أثرية مهمة مجاورة تشمل منتصف المعبد (ما زال جزء مهم جدًّا يحيط بمنتصف المعبد حتى الآن تحت حقول خاصة مزروعة بقصب السكر).

وما زال هناك الكثير من عدم الانتظام فى حدود "أرض الآثار". بعضها يعود إلى القرار الذى صدر عام 1926، عندما أصدرت الحكومة المصرية مرسومًا أعلنت فيه أن البر الغربى منطقة محمية. أوضحت رسوم خرائط مسح مصر عام 1926 بمقياس رسم 1: 500 الحد الشرقى للمنطقة على خرائط "جبانة طيبة". بوجه عام، رُسم هذا الخط بطول حافة الأرض الزراعية، بصرف النظر عما إن كانت الآثار تقع إلى الشرق منه أم لا. ونتيجة لذلك أدى هذا الخط الاعتباطى (وواقعيا، غير المفهوم) إلى أن بعض المعابد يقع جزء منها فى منطقة الآثار المحمية، والجزء الآخر فى أراض غير محمية يملكها أفراد. وأفضل مثال على ذلك، معبد "ملايين السنين" لتحتمس الثالث: حيث يقع صرحه الأولوفناؤه تحت أرض زراعية مملوكة لأفراد (مؤجرة حاليًاالانطلاق رحلات المنطاد الهوائى) خارج المنطقة الأثرية، فى حين يقع جزء من الصرح الثانى فقط باتجاه الغرب داخل المنطقة الأثرية. وقام المجلس الأعلى للآثار، حديثًا، بعدة محاولات لتقنين مثل هذه الحدود، لكن ما زال هناك الكثير من العمل لابد أن يبذل.

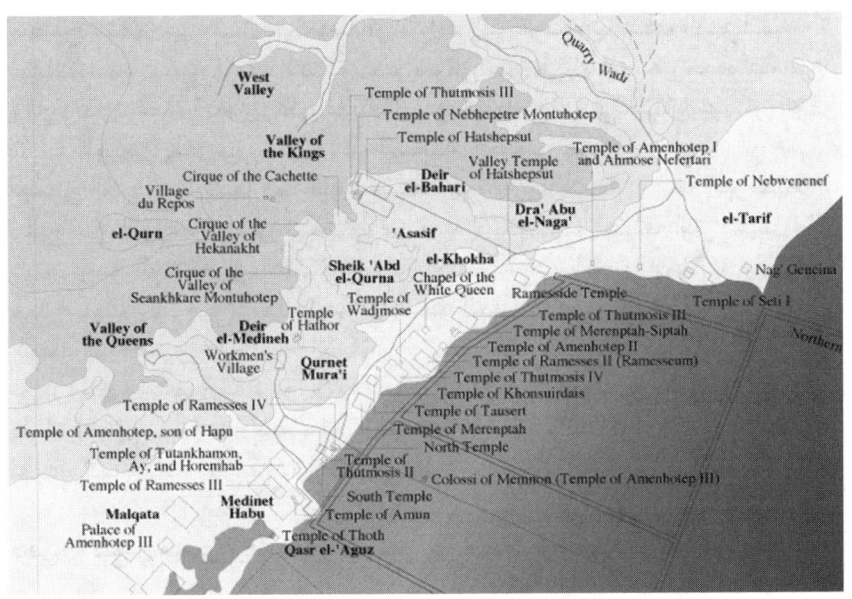

شكل 3: خريطة توضح مواقع الأماكن الأثرية ووادي الملوك © (Theban Mapping Project)

أَعلنت اليونسكو طيبة موقعًا للتراث العالمى عام 1979، لكن لم تحدد أى من وثائق اليونسكو حدودها بشكل صحيح. وقيل إنها تشمل معابد البر الشرقى أى الكرنك والأقصر و"الجبانات، والمعابد الجنائزية، والقصور الملكية، ومدينة الحرفيين والفنانين" على البر الغربى. ولم يكن موظفو المجلس الأعلى للآثار أيضًا أكثر تحديدًا لحدود البر الشرقى، لكنهم كانوا أكثر وضوحًا فيما يتعلق بحدود البر الغربى. ويقولون إن موقع التراث العالمى يبدأ عند النيل، ويمتد غربًا عبر الأراضى الزراعية إلى الصحراء خلف وادي الملوك. ويشمل الحد الشمالى منطقة الطارف الأثرية، والجنوبي الملقطة وبركة هابو ودير شلويت.

ولأسباب غير معلومة، لا تتضمن الإحداثيات التى ذكرت آنفًا بواسطة ميثاق التراث العالمى لحدود "طيبة القديمة وجبانتها" بعض الآثار وثيقة الصلة بالموضوع وأشهرها، وهو معبد الأقصر. توضح الخريطة أسفل (شكل 4) الإحداثيات التى تم تصحيحها بواسطة مشروع خريطة طيبة. وتظهر المنطقة المحمية بكاملها داخل المستطيل. وخطي الطول هما 32° 30` شرق و32° 40` شرق و خطي العرض هما 25° 42` شمال و 25 45` شمال. وسوف يُضاف 2 كم (انظر أسفل) منطقة حرم إلى كل حد.

ولأسباب اقتصادية، يصر بعض المسئولين والمقاولين على أن الحدود الشرقية للمنطقة الأثرية ليست النيل ولكن طريق القاهرة-أسوان السريع، الذى

يمتد من الشمال إلى الجنوب لعدة كيلومترات إلى غرب النيل. هذا التحديد فى اعتقادهم سوف يتيح لهم بناء فنادق جديدة ومراسى أملاك الدولة وخرقت قوانين الآثار. فنادق عائمة بطول النهر. بينما يصر المجلس الأعلى للآثار على أن موقع التراث العالمى يمتد حتى النيل. وأن المنطقة المحمية تشمل السهل الفيضى الزراعى وضفة نهر النيل، مستندًا فى تبرير هذا الرأى على أن المنظر البانورامى للبر الغربى من الأقصر هو جزء لا يتجزأ من منطقة التراث مثل آثارها. ومن الواضح أن هدف اليونسكو هو حماية هذا المنظر الخلاب. وبالفعل، أصدر مجلس الشعب قانونًا عام 1983 حدد الحد الشرقى بنهر النيل.

ويعتمد هذا القانون على مسح الأملاك الرسمى للمنطقة، وأكد هذا مرة أخرى مجلس مدينة الأقصر عام 2005، عندما أصدر قرارًا بهدم كل المبانى الجديدة بطول ضفتى النهر. والأسباب المستشهد بها أن تلك الأبنية تؤذي وتشوه المنظر العام، وأنها شيدت بطريقة غير قانونية على.

عام 1980 أصدر الرئيس السادات قرارًا بأن البر الغربى منطقة تراث ثقافى، ومنع إقامة أى أبنية تشوه أو تغير من طبيعتها. وفى عام 2004، أعاد

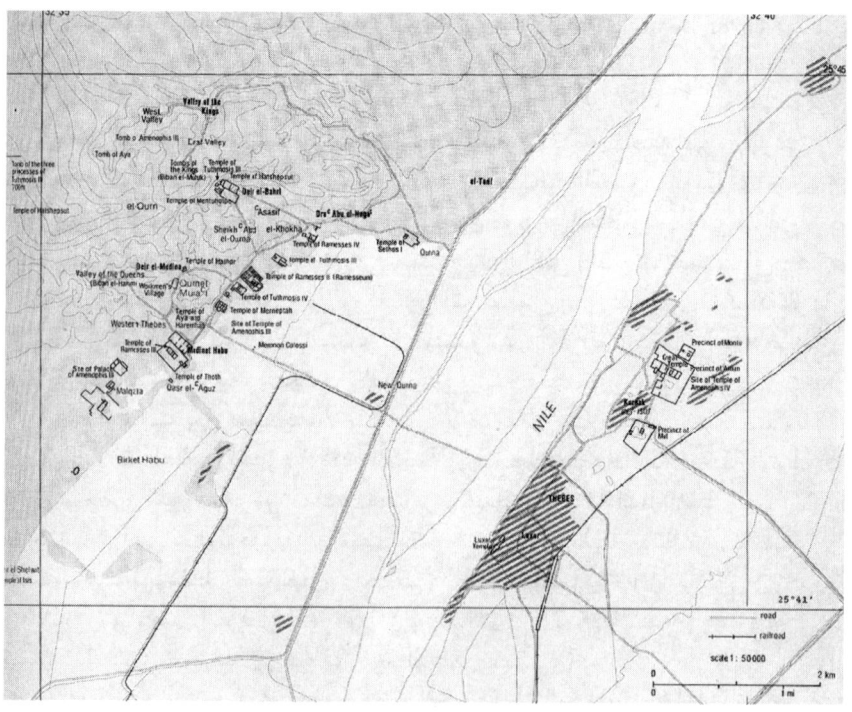

شكل 4: خريطة توضح مواقع التراث العالمى بالأقصر © (Theban Mapping Project)

الرئيس مبارك تأكيد قرار عام 1980، ثم أعلن لاحقًا أن الأراضى المملوكة للمجلس الأعلى للآثار لابد أن تحاط بمنطقة "حرم للآثار" لمسافة تصل إلى 2 كم لا يسمح فيها بالبناء إلا لأبنية خدمية وفى أضيق الحدود.

تعريف بوادي الملوك

يعرف اليوم بوادي بيبان الملوك وعرف قديمًا بالمكان الخفى أو المكان العظيم، و تفصيلًا "الجبانة العظيمة والمهيبة لملايين السنين للفرعون على البر الغربى". يتكون وادي الملوك من فرعين لمجموعة أودية على البر الغربى بالصحراء غرب معابد الدير البحرى. ويعرف بالعربية بـ"الواديان"، ثم لاحقا الوادي الشرقى والوادي الغربى (شكل 5، 6). ولأهداف تتعلق الشرقى والوادي الغربى. ومستجمع الأمطار المحدد بالتلال المحيطة بهم (شكل 7) والطرق والشعاب التى تربطهم.

الوادي الشرقى أكثر شهرة، وأكثر زيارة من قبل السياح، لما يزخر به من مقابر ملكية كثيرة. أما الوادي الغربى فبه مقبرتان ملكيتان، إضافة إلى عدة مقابر صغيرة غير منقوشة لأفراد ملكيين غير معروفين. ويبعد وادي الملوك عن السهل الفيضى للنيل أقل من كم فى خط مستقيم. لكن الطريق الحديث المؤدى . بالخريطة الكلية، اعتبرنا أن مصطلح وادي الملوك يشمل كلا من الوادي إليه يأخذ شكل قوس كبير بطول خمسة كيلومترات (شكل 5).

وديان عبارة عن أودية صغيرة لها جوانب شديدة الانحدار وقنوات صغيرة (جافة عادة) شُقت فى الصخرة الأم منذ ملايين السنين بفعل الأمطار الغزيرة التى سقطت بصفة شبه مستمرة فوق الشمال الأفريقى، مما تسبب فى تعرية الصخرة الأم التى تكونت منذ ملايين السنين عندما كانت تحت بحر عظيم أطلق عليه تيثيس، وهو البحربوادي النيل. الذى تكون قبل البحر المتوسط. إن كل صخرة أم مكشوفة فى هذا الجزء من مصر هى بالفعل من الحجر الجيرى، فيما عدا أماكن قليلة من الصوان مدفونة فى طبقات الحجر الجيرى (جاعلة الصخرة الأم تبدو كأنها سلطانية من الكريم والزبيب). وقد اِستخدمت عُقيدات الصوان هذه منذ العصر الحجرى القديم حتى عصر الأسرات باعتبارها مادة ممتازة لصناعة الأدوات، إضافة إلى ذلك توجدطبقات تحتية متقطعة من المونتموريلونيت. وطبقة أخرى من الصخر غير مستقرة خطيرة تسمى طفلة إسنا.

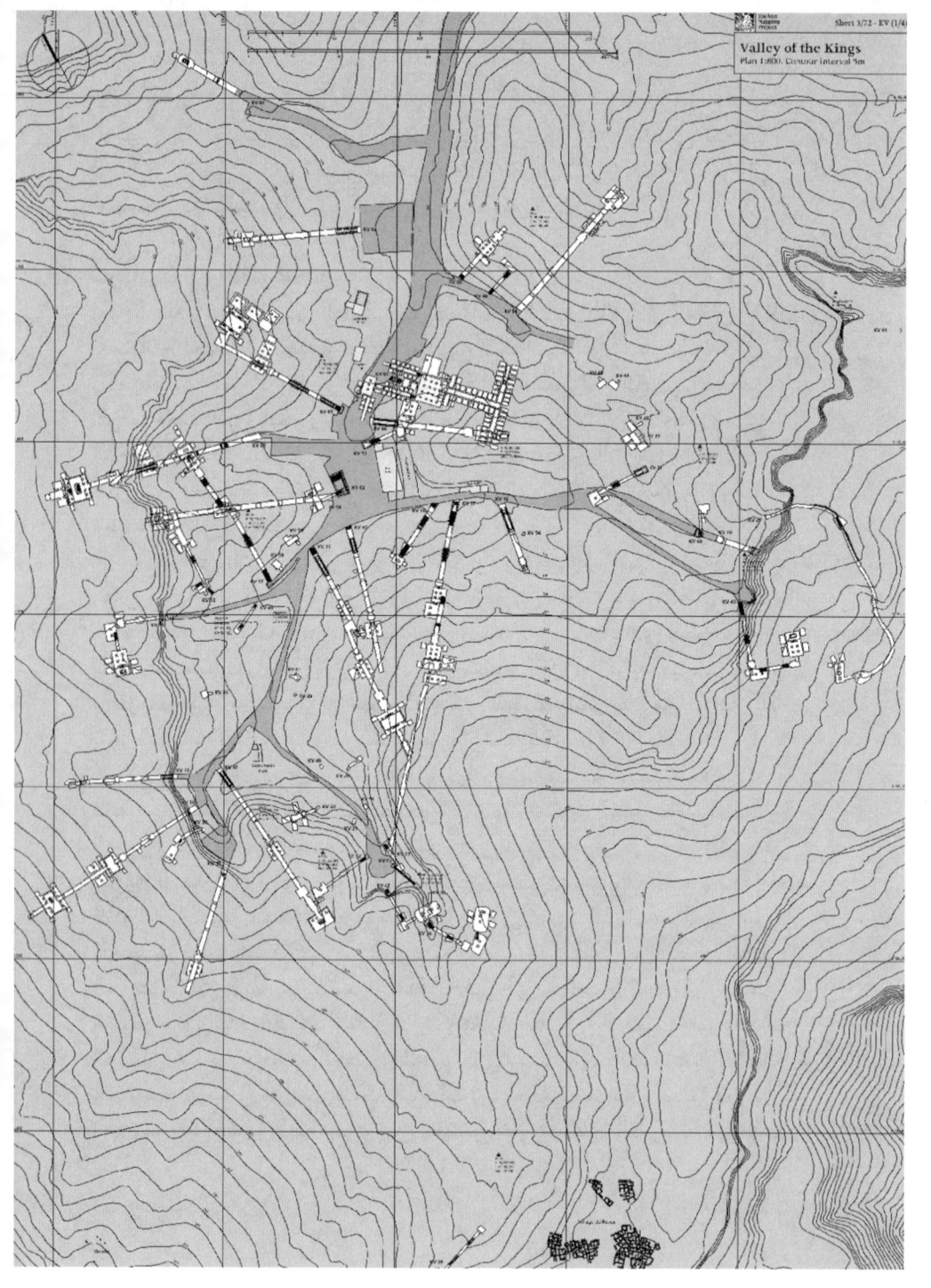

شكل 5: خريطة الوادي الشرقي © (Theban Mapping Project)

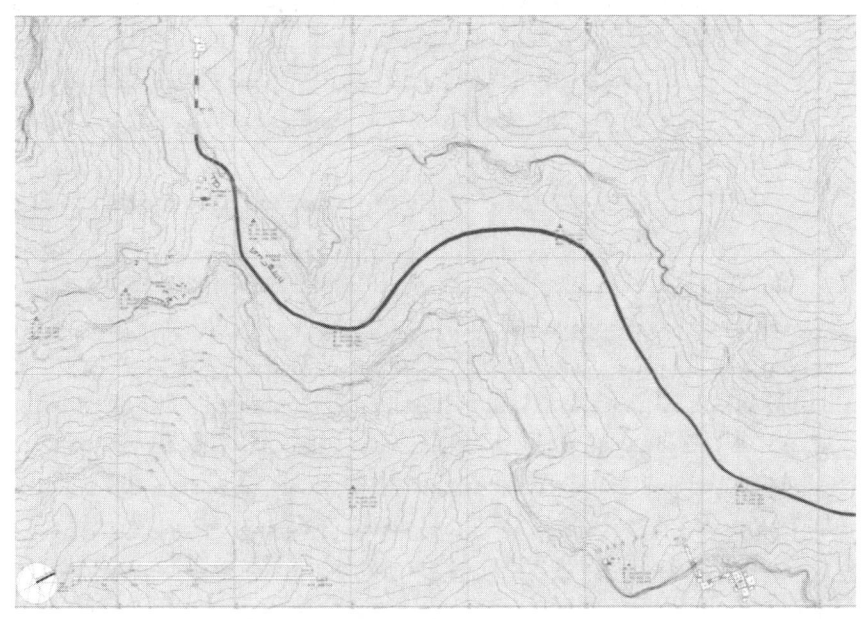

شكل 6: خريطة الوادي الغربى © (Theban Mapping Project)

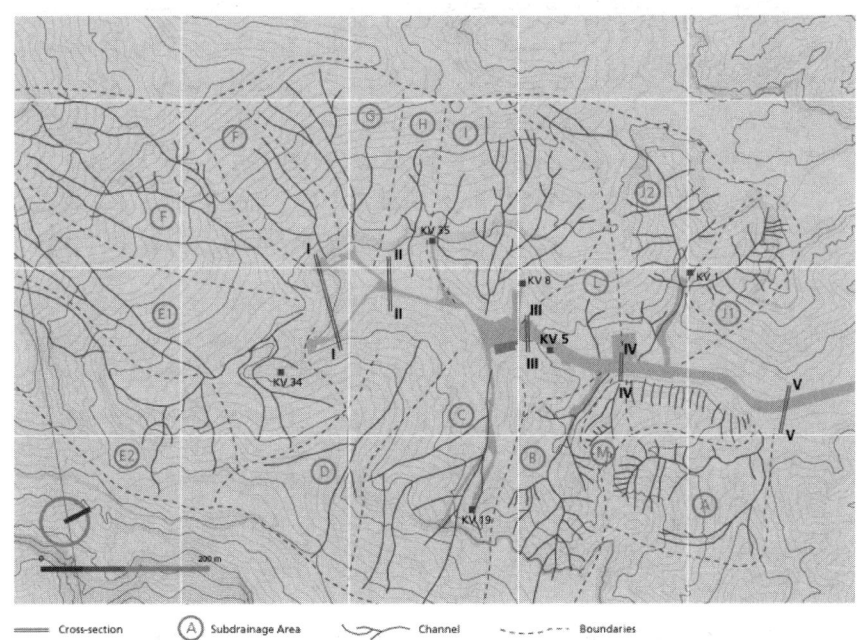

شكل 7: خريطة مستجمع أمطار الوادي الشرقى لوادي الملوك © (Theban Mapping Project)

تعريف بالموقع | 11

طفلة إسنا معروفة فى وادي الملوك، ويمكن رؤيتها ظاهرة فى العديد من منحدرات تلال ومقابر وادي الملوك. عندما تتعرض تلك الطفلة للمياه أو حتى رطوبة عالية تتمدد ويمكن أن تسبب ضغطًا هائلًا على طبقات الحجر الجيرى فوقها. وعند حدوث تمدد لها يمكن أن تدمر المقابر التى نقرت فيها.

وادي الملوك عبر العصور

تمهيد

اسِتُخدم وادي الملوك مكانًا لدفن فراعنة مصر خلال الدولة الحديثة، منذ عام 1550 حتى عام 1070 ق.م. ولأول مرة، شيد المصريون المقابر الملكية بعيدًا عن الأجزاء الأخرى المكونة للمعبد الملكى التذكارى. فقد شيدوا المعابد بطول حافة الأرض الزراعية، حيث يمكن الوصول إليها بواسطة مواكب جنائزية تبدأ من معبد الكرنك بالمراكب بطول قنوات شُقت فى الحقول. أما المقابر فقد نحتت على بعد كيلومترات، فى الصخرة الأم الصلبة القاحلة لوادي الملوك المنعزل والذى يسهل حمايته. ربما يكون تحتمس الأول هو أول حاكم دفن هنا، وهو ثالث فراعنة الأسرة الثامنة عشرة، أما آخر من دفن بالوادي فهو رمسيس الحادى عشر، آخر ملوك الأسرة العشرين.

خلال القرون الخمسة التى استُخدم فيها الوادي، نُقِر فيه 64 مقبرة على الأقل. قام جون جاردنر ويلكنسون فى منتصف القرن الثامن عشر (شكل 8) بإعطاء كل مقبرة رقمًا من 1 إلى 22.

كانت خطة ويلكنسون ترقيم المقابر جغرافيا من مدخل الوادي باتجاه الجنوب ومن الغرب إلى الشرق. ومنذ هذا التاريخ، تم ترقيم المقابر بناءً على تاريخ كشفها. أحدث تلك المقابر المكتشفة مقبرة توت عنخ آمون رقم 62، (التى كشفها هوارد كارتر عام 1922) والمقبرة رقم 63 (كشفها أوتو شادن عام 2005) ،ومقبرة رقم 64 التى كشفتها البعثة السويسرية عام 2011. وأعيد

شكل 8: مثال لترقيم مقابر وادي الملوك الذى قام به ويلكنسون © (Theban Mapping Project)

وادي الملوك	مقبرة	وادي الملوك	مقبرة
1	رمسيس السابع	32	تيا
2	رمسيس الرابع	33	غير معروف صاحبها
3	لأحد أبناء رمسيس الثالث غير مسمى	34	تحتمس الثالث
4	رمسيس الحادى عشر	35	أمونحتب الثانى، خبيئة
5	بعض أبناء رمسيس الثانى	36	النبيل ماى حربرا
6	رمسيس التاسع	37	غير معروف صاحبها
7	رمسيس الثانى أو رمسيس العظيم	38	تحتمس الأول
8	مرنبتاح	39	ربما مقبرة أمونحتب الأول
9	رمسيس الخامس والسادس	40	غير معروف صاحبها
10	آمون مس	42	حتشبسوت مريت رع
11	رمسيس الثالث	43	تحتمس الرابع
13	باى	44	غير معروف صاحبها
14	تاوسرت ثم أعاد استخدامها ست نخت	45	النبيل أوسر حات
15	ستى الثانى	46	يويا وتويا
16	رمسيس الأول	47	سي بتاح
17	سيتى الأول	48	النبيل آمون أم أوبت
18	رمسيس العاشر	50	غير معروف صاحبها
19	منتو حر خبش إف	51	غير معروف صاحبها
20	حتشبسوت وتحتمس الأول	52	غير معروف صاحبها
22	أمونحتب الثالث	54	خبيئة توت عنخ آمون
23	آى	55	تي (؟) أو أخناتون (؟)
24	غير معروف صاحبها	56	غير معروف صاحبها
25	غير معروف صاحبها	57	حورمحب صاحبها
27	غير معروف صاحبها	58	غير معروف صاحبها
29	غير معروف صاحبها	60	ست رع (؟)
30	غير معروف صاحبها	61	غير معروف صاحبها
31	غير معروف صاحبها	62	توت عنخ آمون

جدول 2: مقابر وادي الملوك و أصحابها © (Theban Mapping Project)

كشف المقبرة رقم 5 الخاصة بأبناء رمسيس الثاني عام 1995. ولكن مدخلها شاهده ويلكنسون منذ قرن ونصف مضى وأعطاها رقمها. إضافة إلى حوالى أربع وعشرين "بدايات" آبار مقابر شُرع في إعدادها ثم توقف العمل فيهم فورًا لأسباب غير معروفة. وتخص المقابر التى نحتت لأفراد غير ملكيين فى وادي الملوك العديد من الموظفين، وأفراد من العائلة المالكة والكهنة. يقع وادي الملوك حوالى 1 كم (نصف ميل) غرب السهل الفيضى للنيل بطيبة (الأقصر حاليا). وهو وادٍ صغير شقته المياه الغزيرة والتعرية خلال عدة عصور مطيرة خلال عصر البليستوسين فى طبقة سميكة من الحجر الجيرى تقع على مقربة من طبقة متقطعة من طفلة إسنا. يقع الوادي حوالى 70م (230 قدم) فوق مستوى نهر النيل (140م [460 قدم] فوق مستوى سطح البحر). ترتفع التلال المحيطة مباشرة وتحدد الوادي الشرقى حوالى 80م (265 قدم) فوق أرضية الوادي. ربما اختير الموقع مكانًا لدفن الملوك بسبب جيولوجية المكان، وسهولة الدخول إليه نسبيا من السهل الفيضى للنيل والشكل الهرمى للجبل وهو "القرن" أو "القمة" التى ترتفع حوالى 300م (985 قدم) فوق نهايته الجنوبية. وربما اعتبروها رمزًا للمعبودات الشمسية.

بناء المقبرة

لا تتبع مقابر وادي الملوك تخطيطًا واحدًا، واعتمد تخطيطها وزخرفتها على معتقدات خاصة برحلة الفرعون وإله الشمس عبر سماء الليل إلى الحياة الأخرى.

شكل 9: خريطة توضح القرن الذى يعلو التلال © (Theban Mapping Project)

ولدور الكهنة البارز فى مراجعة هذه المعتقدات تغير تخطيط المقبرة. وبالتالى فإن العمارة الجنائزية كان لها أهمية عقائدية. كانت مقابر الأسرة الثامنة عشرة صغيرة نسبيًّا وذات ممرات شديدة الانحدار وتشكل أحيانا منحنيات ذات زاويا قائمة قبل الوصول إلى حجرة الدفن البيضاوية أو المستطيلة. وتميزت مقابر الأسرة التاسعة عشرة بممرات شديدة الانحدار (أو تغيير مفاجئ فى الاتجاه) تؤدى عبر محور واحد إلى حجرة دفن واسعة وحجرات جانبية متعددة. وفى الأسرة العشرين، أصبحت المقابر مرة أخرى أصغر، وشبه مستوية، وذات ممرات أوسع وأكثر ارتفاعًا (شكل 10).

زينت جدران مقابر وادي الملوك بنقوش بارزة ملونة أو مرسومة فوق طبقة من البلاستر وضعت فوق الصخرة الأم من الحجر الجيرى المصقول. بعد الانتهاء من نحت تجويف المقبرة، يبدأ العمل بتشذيب الجدران، ثم توضع طبقة رقيقة من بلاستر من طين مخلوط بتبن قمح، ثم تلون بطلاء أبيض أو رمادى، ثم تحدد الخطوط الخارجية للمناظر والهيروغليفى بحبر أحمر، ثم ينقحها إذا احتاج الأمر، كتبة أعلى درجة وصناع مهرة باستخدام حبر أسود لتصحيح الأخطاء اللغوية أو لتغيير تناسب الأشكال. كانت النقوش البارزة تنقش، ثم تُخطط الأشكال وتلون. وكانت لوحة ألوان الرسام تتكون من ستة ألوان فقط، كل منها مصنوع مــن مكونات طبيعية، عادة غير عضوية: أسود (مصنوع من سخام وفحم)، أبيض (جبس)، أحمر (هيماتيت أو مغرة)، أصفر (ليمونيت أو مغرة صفراء)، أزرق (فيانس أرضى)، أخضر (ونادرًا ما استعمل، صنع من نحاس أو خليط من أصباغ صفراء وزرقاء).

كان اختيار موقع مقبرة ملكية فى وادي الملوك يتم بواسطة الوزير ومِعمَارِي البلد البارزين، وربما لاحقا يقر الفرعون الاختيار. خلال أوائل الدولة الحديثة وأوائل الأسرة الثامنة عشرة، كان اختيار مكان المقبرة يتم بناءً على وقوعه على المنحدرات شديدة التحدر المحيطة بوادي الملوك، حيث الأفضلية للمكان الواقع تحت أخاديد المياه التى تتجمع بعد الأمطار نادرة الحدوث، حيث تتساقط المياه من فوق الجرف وتترسب كتل الحجارة فوق مداخل المقابر، وتدفنها تحتها عبر القرون. أما فى أواخر الأسرة الثامنة عشرة والأسرة التاسعة عشرة، فكان المكان المفضل حيث ركام المنحدرات السفلية، ثم فى الأسرة التاسعة عشرة كان المكان المفضل أحد النتوءات الصغيرة للصخرة الأم التى تمتد من جوانب وادي الملوك إلى منتصفه. تلك التغييرات فى تفضيل مكان المقبرة ربما تشير إلى أن مقابر الأسرة الثامنة عشرة كان من المقرر أن تُختم وتُغلق تماما وبشكل دائم بعد الدفن، فى حين أن مقابر الأسرتين التاسعة عشرة والعشرين كان من المقرر أن تظل مفتوحة جزئيا لفترة طويلة بغرض استمرار الشعائر فيها بعد دفن الفرعون. بالنسبة لتلك الحالة الأخيرة، من المحتمل أن

حجرة الدفن وحجرات التخزين كانت تُغلق بشكل دائم بعد الدفن. فيما يتعلق باتجاه المقبرة من الواضح أن اختياره كان يتم بناءً على اعتبارات جيولوجية. وليس رغبة في أن تتجه المقبرة إلى أي من الاتجاهات الأربعة الأصلية: يمتد محور المقبرة في اتجاه البوصلة ويتغير من 68° إلى 357°. من أجل وضع المناظر بشكل صحيح على الجدران. كان الفنان يفترض اعتباطيا أن المحور الأساسي للمقبرة يمتد من الشرق إلى الغرب، بصرف النظر عن الاتجاه الحقيقي بالفعل.

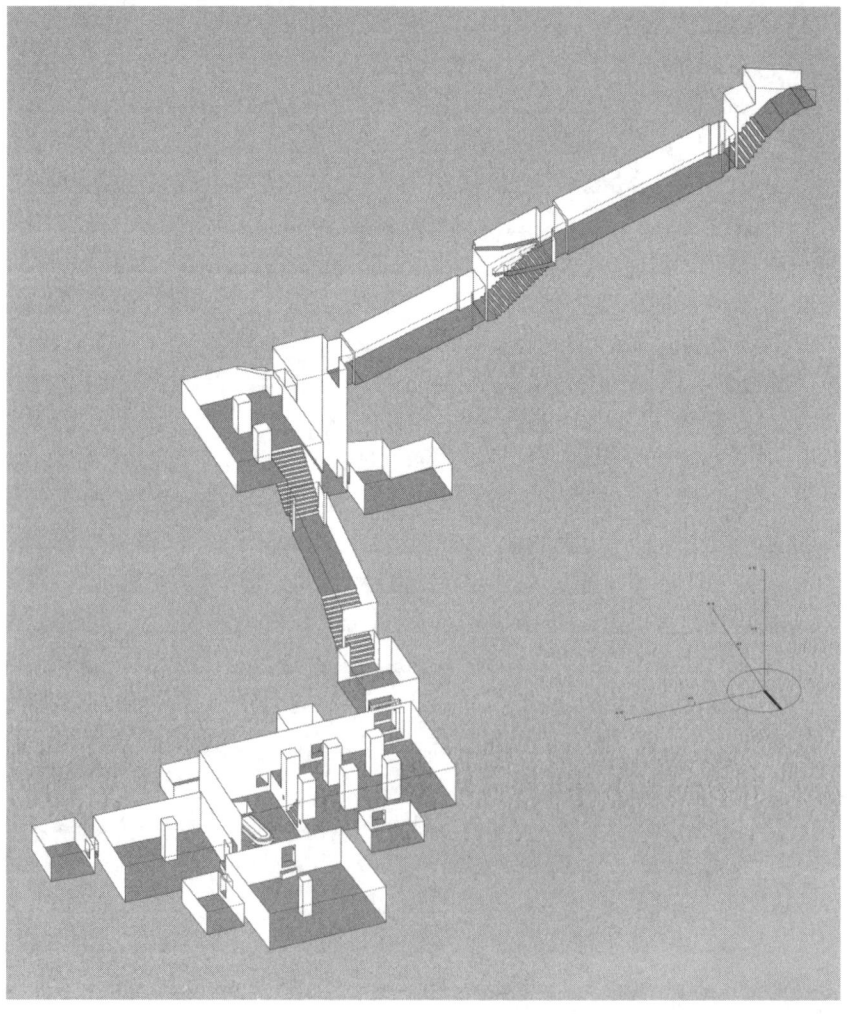

شكل 10 أ: طراز مقبرة من الأسرة العشرين

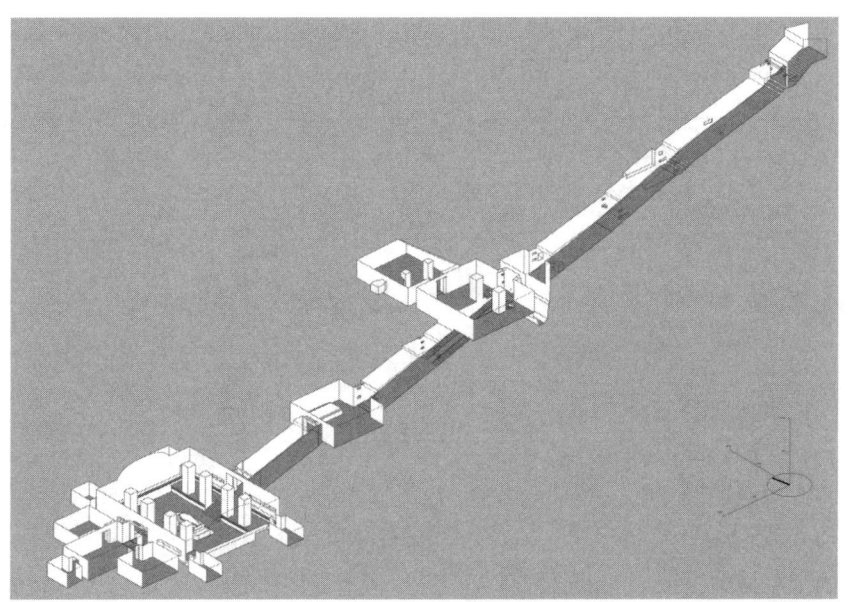

شكل 10 ب: طراز مقبرة من الأسرة التاسعة عشرة

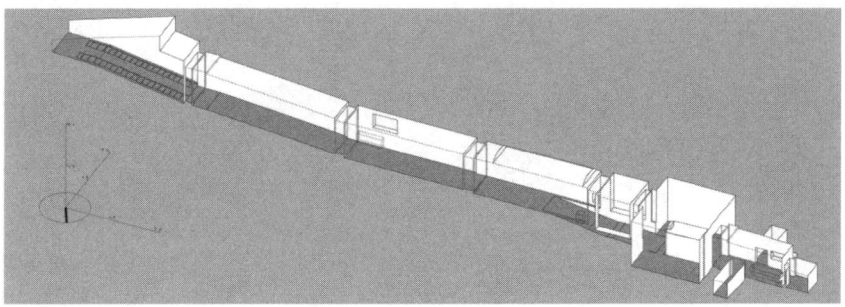

شكل 10 ج: طراز مقبرة من الأسرة الثامنة عشرة

مع أواخر الدولة الحديثة أصبح وادي الملوك مزدحمًا بالمقابر، وأضحى من الصعب إيجاد مكان لحفر مقابر أكثر. هذا الازدحام سبب مشاكل، ولا يبدو أن المعماريين القدماء كان لديهم خريطة عامة للوادي توضح أماكن المقابر، لأننا نعرف ثلاثة أمثلة حدث فيها أن نَفَذَ العمال القائمون على نقر مقبرة جديدة إلى مقبرة أقدم. عند حدوث مثل هذا التداخل، من المفترض أن العمال كان أمامهم ثلاثة خيارات: إما أن التغيير الفوري لمحور المقبرة الجديدة والابتعاد عن المقبرة الأقدم؛ أو التخلي عن المقبرة الجديدة وحفر مقبرة أخرى؛ أو دمج جزء من المقبرة القديمة فى المقبرة الجديدة (شكل 11).

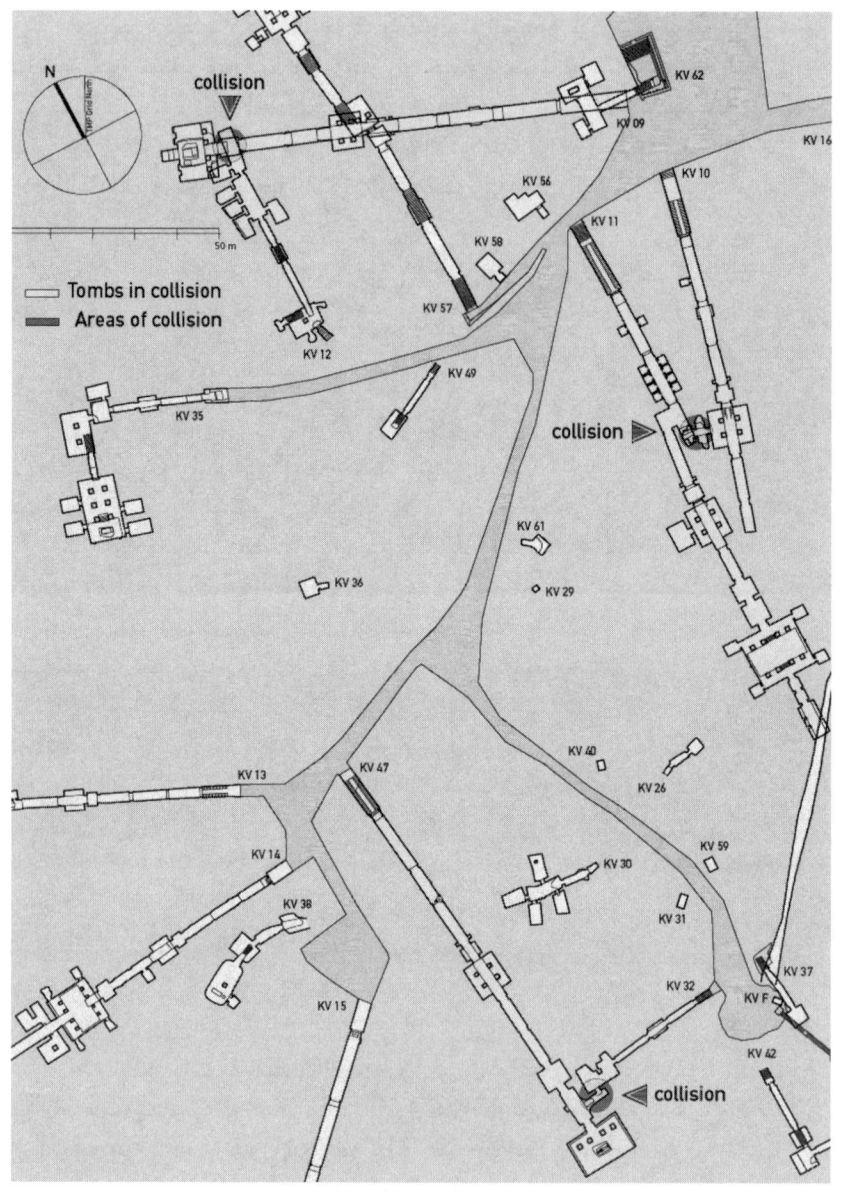

شكل 11: خريطة توضح تداخل مقابر وادي الملوك

وبمجرد تحديد مكان المقبرة، كانت تقام الشعائر لتكريس المقبرة. ويشمل هذا شق حُفَر صغيرة، ربما أربع حُفَر أو خمس، حيث توضع فيهم أدوات بناء مصغرة، وأوانٍ من الطين والحجر، و تمائم، وطعام. تلك الحُفَر تحوى ما يسمى ودائع الأساس. عُثِرَ على مثل هذه الأدوات والرموز فى تسع مقابر فى وادي الملوك، رغم أن بعض الدارسين يعتقدون أن كل المقابر الملكية كان بها مثل تلك الحُفَر.

بفضل ما كشف عنه من آلاف القطع الأثرية والنقوش فى قرية العمال بدير المدينة، أصبح لدينا معرفة لا بأس بها عن كيفية نحت مقابر وادي الملوك وزخرفتها. يقع دير المدينة على بعد حوالى كم (0,6 ميل) جنوب وادي الملوك، واستخدم خلال الدولة الحديثة مكانًا لمعيشة ودفن الفنانين والحرفيين، الذين قاموا بنقش وزخرفة مقابر وادي الملوك، ودفنهم. ويمكن رؤية بقايا حوالى 70 منزلا فى موقع القرية، وأقام فى القرية خلال الدولة الحديثة ما يقرب من 400 فرد فى هذه منازل صغيرة مشيدة من الحجر بطول شارع ضيق. وعاش فى دير المدينة كثير من المتخصصين أصحاب المهارات اللازمة لإعداد المقابر الملكية: عمال محاجر ونقاشين وكتبة ونحاتين ومعماريين ورسامين، وكان عملهم يورث أبًا عن جد، وقمنا بتسجيل ستة أجيال من أسرة واحدة عملت فى وادي الملوك. وكان يتم الدفع لهم مقابل عملهم عينًا: فى صورة خبز، وبيرة وسمك مجفف وبصل وخضروات أخرى. تشمل النصوص التى كشفت فى القرية يوميات، وخطابات غرامية، ووثائق عمل، وقوائم جرد، وقوائم تسوق، ومستندات قانونية-تناولت النصوص كل مناحى الحياة- ومن خلالها تعلمنا الكثير عن العمل فى وادي الملوك.

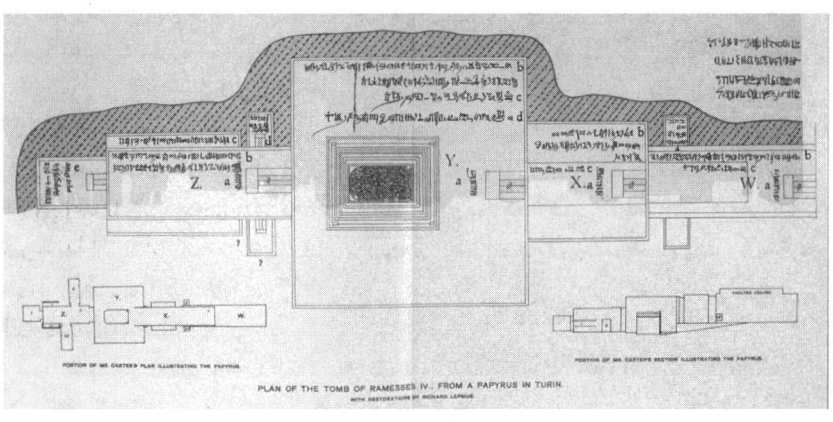

شكل 12: رسم تخطيطى لمقبرة رمسيس الرابع رقم 2

كان العمل فى المقابر يقسم بين عمال المحاجر إلى "جماعة يسرى" و"جماعة يمنى". تتكون كل مجموعة من عدة عشرات من الرجال. ويترأس كلا منهم كبير عمال. وتبدأ تلك الجماعات حفر المقبرة الملكية بعد اعتلاء فرعون جديد العرش واختيار موقع مقبرته. كان العمل يتم بأدوات من الصوان. كان يقوم واحد أو اثنان من كل جماعة بالحفر فى الصخرة الأم من الحجر الجيرى فى حين يقوم آخرون فى صورة جماعات بحمل كتل الحجارة بعيدًا عن مكان المقبرة. كانت الإضاءة أثناء العمل بواسطة مصابيح زيت تضاء بفتيل من الكتان معد بطول خاص؛ وعندما ينتهى الفتيل-كان مخططا أن يشتعل الفتيل لمدة أربع ساعات-يكون ذلك وقت التوقف للغذاء أو العودة إلى المنزل. وكان الملح يضاف إلى الزيت حتى لا ينبعث منه دخان. وكان العمال يعملون لثمانى ساعات يوميًّا على مدار ثمانية أيام، ثم يأخذون يومين للراحة. بالإضافة إلى عطلات أخرى عديدة خلال العام. ومن المؤكد أن عملية الحفر كانت شاقة وغير مسلية إطلاقاً. ونحن ندرك جيدًا من خلال العمل فى الحفائر الأثرية فى وادي الملوك اليوم أن المقابر كانت حارة جدا ورطبة ومليئة بتراب خانق، وهناك دوما خطر الإصابة بقطع أو جرح بشظية مدببة الحافة من الحجر الجيرى أو انهيار كتلة من الصخرة الأم من السقف فوق رأس أحدهم.

ولابد أنه كان من الصعب حفر المقابر بدقة كبيرة، لذا كان لابد أن يقوم المشرفون بكتابة علامات تصحيحية على الجدران وسقف المقابر لمساعدة عمال المحجر للتأكد من استقامة المحور، أو عمل منعطف بزاوية قائمة أو توقيع مكان مدخل. وكانت أدوات المسح بسيطة لكن فعالة، وتمثلت فى: مربعات النجارين لتحديد الزوايا القائمة، والشاقول للتأكد من كون الجدران عمودية، ومقياس طول من الخيط لقياس الطول. وبالصبر والدقة أتاحت هذه الأدوات البدائية دقة عالية فى حفر المقبرة. ويوجد فى المتحف المصرى فى تورين بايطاليا بردية رَسَمَ عليها معمارى قديم تخطيط للمقبرة رقم 2 بوادي الملوك (شكل 12)، الخاصة برمسيس الرابع، مزودة بملاحظات ومقاييس حجراتها. ويمكن تحويل القياسات القديمة المذكورة فى البردية إلى وحدات مترية حديثة - 1 ذراع =52,3سم طول (20 بوصة)؛ 1 كف =7,47سم (3 بوصات) أو7/1 ذراع؛ و1 إصبع =1,87سم (0,8 بوصة) أو كف - ومقارنتهم بالأبعاد التى نستخدمها اليوم. إذا افترضنا أن الخريطة رسمت قبل البدء فى نقر المقبرة، وليس بعد ذلك- وهذا لا يمكن إثباته- من ثم فإن عمال المحاجر عملوا فى إطار كسور السنتيمتر لتحقيق المواصفات المطلوبة.

تتميز الصخرة الأم التى حفرت فيها مقابر وادي الملوك بكونها ضعيفة نسبيا ويمكن العمل فيها. يتميز الصخر فى أجزاء كثيرة من وادي الملوك بكونه متين التكوين، ودقيق التحبب وثابت، ولكن فى أماكن أخرى يكون الصخر متشقق

ومتصدع، ويزخر بعُقيدات من الشرت (يسمى غالبًا صوان)، فى حجم كرة التنس، تجعل عملية النحت صعبة جدًّا (كانت عُقيدات الشرت، بالمناسبة، مادة ممتازة لصناعة الأدوات الحجرية مثل فؤوس يدوية خفيفة، وأزاميل ومطارق. تلك كانت الأدوات التى استخدمها الحجارون لنقر مقابر وادي الملوك. وعثر على كثير من أدوات الصوان فى وادي الملوك). فى حالة ما إذا كان الصخر صلبًا كانت زخارف الجدران تنفذ على هيئة نقوش بارزة أو غائرة، أما حين يكون الصخر ضعيفًا فكانت الزخارف ترسم فوق طبقات سميكة من البلاستر توضع فوق الجدران لإعداد سطح أملس يصلح لهذا الغرض.

كان إعداد المقبرة نتاج مجهود فريق عمل واحد، بالأحرى أشبه بخط تجميع. ففى حين كان عمال المحجر يقومون بحفر المقبرة، كان هناك عمال آخرون خلفهم، يقومون بمحاذاة الجدران والسقف وصقلها بمكاشط من الحجر الرملى والتأكد من أن الأركان والمداخل مربعة الزوايا. ثم يليهم الحرفيون يقومون بوضع طبقة رقيقة من البلاستر على الجدران، ورسم الخطوط لتقسيم الجدران إلى مناظر وصفوف، ثم رسم الخطوط الخارجية للأشكال والهيروغليفى بحبر أحمر لنقشـــها هناك (شكل 13). بعد ذلك يقوم الفنانون والكتبة بتصحيح نسب الأشكال أو تصحيح الأخطاء الإملائية باستخدام الحبر الأسود. كانت المناظر والنصوص تحفر بالنقش البارز أو ترسم فوق البلاستر.

ربما كان نحت مقبرة ملكية فى وادي الملوك وزخرفتها يستغرق أعوامًا قليلة. وربما يشارك فى العمل 50 عاملًا أو 60. وبمجرد الانتهاء من مقبرة الفرعون، كان يمكن لعمال دير المدينة المشاركة فى مشاريع أخرى ملكية- فى مقابر النبلاء أو فى مقابرهم أنفسهم التى نقرت بالقرب من قريتهم- وذلك حتى تتويج فرعون تالٍ، ومن ثم يبدأ العمل فى إعداد مقبرته.

كانت المقابر الملكية أحيانًا، وليس دومًا، أكبر من مقابر النبلاء، فهناك تفاوت كبير فى الحجم بينها. يُظهر الجدول رقم 3 ، عدم وجود علاقة بين حجم المقبرة الملكية وطول فترة حكم الفرعون الذى من أجله أُعدت المقبرة. لكن هناك زيادة متدرجة فى حجم المقبرة منذ الأسرة 18 حتى الأسرة 19، أعقبه نقصان فى الأسرة 20.

تصميم المقبرة

قامت عالمة المصريات الأمريكية الراحلة إليزابيث توماس بدراسة حجرات المقابر الملكية للدولة الحديثة وممراتها وقامت بتحديد دور كل منها تبعا للوظيفة المقررة لها (شكل 14). لا تشتمل كل المقابر الملكية على كل تلك الحجرات والممرات، وبعضها به أكثر من واحدة من هذه أو تلك.

شكل 13: مقبرة حور محب رقم 57. تخطيط أولي و تصحيحات

رقم المقبرة	اسم صاحب المقبرة	المساحة بالمتر المكعب	سنوات الحكم
وادي الملوك 8	مرنبتاح	2.266.08	10
وادي الملوك 7	رمسيس الثانى	2286,43	67
وادي الملوك 11	رمسيس الثالث	2174,29	31
وادي الملوك 5	ابناء رمسيس الثانى	2154,82	-
وادي الملوك 14	تااوسرت/ست نخت	2128,83	3/2
وادي الملوك 17	سيتى الأول	1900,53	11
وادي الملوك 4	رمسيس الحادى عشر	1,682,19	28
وادي الملوك 9	رمسيس 6/5	1572,26	8/5
وادي الملوك 47	سيبتاح	1,560,95	6
وادي الملوك 22	أمون حتب الثالث	1,485,88	38
وادي الملوك 57	حورمحب	1,328,17	28
وادي الملوك 6	رمسيس التاسع	1067,35	18
وادي الملوك 43	تحتمس الرابع	1,062,36	11
وادي الملوك 2	رمسيس الرابع	1,105,25	6
وادي الملوك 35	أمونحتب الثانى	852,21	24
وادي الملوك 10	آمون مس	821,23	3
وادي الملوك 15	سيتى الثانى	816,53	6
وادي الملوك 34	تحتمس الثالث	792,71	54
وادي الملوك 23	آى	618,26	4
وادي الملوك 1	رمسيس السابع	463,01	8
وادي الملوك 16	رمسيس الأول	283,83	1
وادي الملوك 62	توت عنخ آمون	277,01	9
وادي الملوك 38	تحتمس الأول	207,77	13

جدول 3: يوضح مقابر وادي الملوك بناءً على المساحة ومدة حكم الفرعون

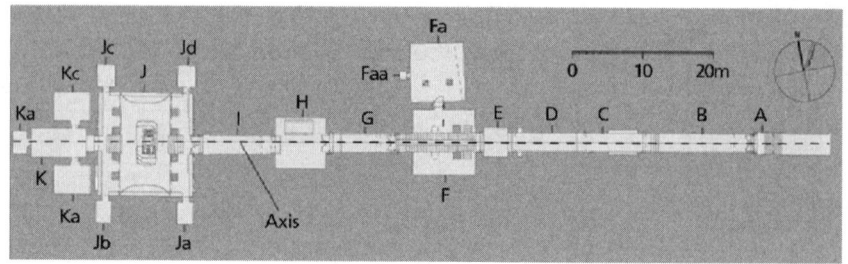

شكل 14: مقبرة رقم 8 بوادي الملوك (مرنبتاح) مع ترقيم للحجرات

حجرة A: مدخل المقبرة، أطلق عليه"الممر لطريق شو". كان شو معبود الهواء. وكان المدخل مفتوحًا إلى السماء بالكامل قبل فترة حكم تحتمس الرابع، ثم جزئيًّا بعد ذلك.

ممر B: الممر الأول، سمى "طريق الإله الثانى (لرع)" إشارة إلى أنه فى بعض المقابر، كان الممر يعتمد على اتجاه المقابر وانحدارها وتخطيطها، هذا الممر بعيد بحيث لا تنفذ إليه أشعة الشمس. وفى الغالب كانت ابتهالات المعبود رع تنقش على جدران هذا الممر.

حجرة C: كانت فى البداية حجرة منحدرة، ثم زُودَت بعد ذلك بدرج وفجوات فى الجدار، ثم تحولت إلى دهليز "C" (أو كوات نقرت فى جدرانه) الذى سمى "الصالة التى ترقد فيها". يقصد "بها" تماثيل السبع والثلاثين معبوداً الذين ذكروا فى الابتهالات الشمسية.

ممر D: وهو ممر ربما كان اسمه القديم "الطريق أو الممر الرابع للإله".

دهليز E: هذا الدهليز عبارة عن حفرة عميقة أو "بئر" أُطلق عليه "حجرة الإعاقة أو المنع". كان يعتقد فى السابق أنه حفر لمنع مياه الفيضان من التسرب إلى المقبرة، أو لإعاقة لصوص المقابر. فى عام 1817، كشف جيوفانى بيلزونى أن الممر الواقع خلف الجدار الخلفى لـهذا الدهليز فى مقبرة سيتى الأول رقم 17، كان مسدودًا ومرسومًا. وكشف أيضًا أن اللصوص قاموا بعمل فجوة فى هذه السدة، وتسللوا إلى المقبرة. وإذا كان من المفترض أن هذه الآبار حيل الهدف منها تأمين المقبرة من النهب، فقد فشلت دوما. وحفرت فى هذه الآبار عدة حجرات، يعتقد دارسو المصريات، حاليًا، أن الغرض منها فى المقام الأول أن تكون مدفنًا رمزيًّا للمعبود أوزيريس.

حجرة F: صالة ذات أعمدة تعرف بـ"حجرة العربات." (عثر فيها على بقايا عربات فى عدة مقابر، أشهرها مقبرة توت عنخ آمون). ويفترض بعض علماء المصريات أن هذه الحجرة تحدد نقطة الانتقال بين الجزء العلوى للمقبرة

المساوى لـــ"العالم الآخر العلوى" (جزء من العالم الآخر). والجزء السفلى أو "العالم الآخر السفلى".

دهاليز G H I: يبدو أن وظائف هذه الدهاليز كانت بسيطة: وهى توفير أسطح إضافية على الجدران للزخارف والنصوص، وربما لتوفير أماكن أكثر لتخزين الأمتعة الجنائزية. أطلق على الدهليز "G" "الطريق الآخر للإله". بداية كان درج سُمِّيَ "الطريق الآخر، الثانى للإله"، أما "H" فكان فى البداية بئر سلم، ثم تحول فيما بعد إلى دهليز ثم إلى حجرة على الأقل فى المقبرة رقم 57 و8 و11 وادي الملوك. أما "I" فكان فى البداية حجرة ثم تحول إلى دهليز فى المقابر المتأخرة. تصف بردية تورين هذا الدهليز فى المقبرة رقم 2 وادي الملوك بـ"المنحدر."

حجرة J: حجرة الدفن،"J" ،أطلق عليها فــى العصور القديمة "الحجرة التى يرقد أو يستريح فيها المرء"، أو"بيت الذهب"، وهى إشارة واضحة إلى التابوت والمقاصير التى وضُعِت فيها. ولها اسم آخر هو"الحجرة المخفية". تغير تخطيط هذه الحجرة عبر الزمن، فقد تكون على شكل خرطوش، أو مستطيلة، أو ذات أعمدة، أو مقبية، و/ أو يكون بها فجوة غائرة فى المنتصف. ونحت دوما فى جدرانها أربع حجرات جانبية صغيرة (عرفت ب Ja-Jd). اثنتان منها لتخزين الطعام والشراب، واثنتان للتماثيل الصغيرة والعتاد الجنائزى. أحيانًا، كما هو الحال فى مقبرة أمونحتب الثالث، وحور محب، وسيتى الأول، قد يكون هناك أكثر من أربع حجرات جانبية.

حجرة K: توجد فى قليل من المقابر وأطلق عليها "معبر الإله الواقع فى مكان تماثيل الأوشابتى"، وسميت أيضا "معبر الإله على الجانب الداخلى لبيت الذهب"، وهى موجودة فى مقابر قليلة. غير معروف الغرض منها، كانت فى البداية دهليزًا ثم تحولت مؤخرًا إلى حجرة.

حجرة L: هذه الحجرة غير معروف الغرض منها، كانت فى البداية دهليزًا، ثم تحولت فيما بعد إلى حجرة سميت "الطريق الثانى للإله" الواقع خلف بيت الذهب. ولا نجدها غالبًا فى مقابر وادي الملوك.

حجرة M: موجودة فقط فى المقبرة رقم 17، وغير معروف الغرض منها.

وادي الملوك بعد الفراعنة بعد أن هُجر

وادي الملوك عند نهاية الدولة الحديثة، لم تحفر مقابر أخرى هناك، ولكن سرعان ما أصبح مزارًا سياحيًّا. وارتحل التجار اليونانيين والرومان إلى طيبة من الإسكندرية والفيوم بين عام 332 ق م و300 ميلادى. وقاموا بنقش المخربشات على الآثار والتلال، وعُثَر على مخربشات كثيرة على جدران مقابر وادي

الملوك. واستخدمت المقابر أماكن للإقامة. وتسببت النيران التى كانوا يشعلونها والطعام الذى كانوا يعدونه فى سواد الجدران وتدمير المناظر الملونة.

المخربشات ليست صعبة الفهم. لكنها مؤشر مهم لمعرفة نوعية السياح الذين قاموا بزيارة طيبة منذ ألفى عام مضت. وكان الباعث وراء زياراتهم القصص التى بلغت مسامعهم عن تمثالى ممنون ومقابر وادي الملوك. وقد اتفقوا

شكل 15: مخربشات مسيحية فى مقبرة رمسيس الرابع رقم 2

مع ديودور الصقلي (حوالى 59 ق.م) على أن طيبة تزخر "بمبانى عظيمة، ومعابد فخمة، ومفاخر أخرى.... [كانت مدينة] أكثر ثراءً من المدن الأخرى فى مصر أو فى أى مكان آخر." وربما اتفقوا مع ديودور الصقلى أيضًا فى خيبةأمله لأن البقايا العظيمة ربما كانت أكثر عظمة مما هى عليه وكتب: "بينما ظلت الأبنية نفسها باقية حتى عصرنا. فإن عتاد الملك من الفضة والذهب والعاج والأحجار الكريمة حملها الفرس إلى بلادهم عندما أحرق كامبيسوس المعابد المصرية." (لا يوجد دليل على ذلك).

تلا هؤلاء المسيحيون الأوائل، الذين استخدموا المقابر صوامع وأحيانًا قاموا بتشويه مناظر المعبودات المصرية، أو استبدالها بأيقونات مسيحية. ومع قدوم القرن الثانى الميلادى أصبحت المسيحية الديانة الشائعة فى مصر. وبين عام 45-1065 ميلادى، عند حدوث مجاعة شديدة فى مصر وهلاك سكانها، تحولت كثير من مقابر طيبة ومعابدها إلى أديرة وكنائس، وشوهت تماثيل المعبودات الوثنية ومناظرها. فى عام 390 ميلادى، نقل قنسطنطين مسلتين من طيبة إلى الإسكندرية، ثم نقل واحدة إلى سيركوس ماكسيموس بروما، والأخرى إلى إسطنبول. وكانت تلك أول شحنة من آثار طيبة إلى الخارج، وسيلى ذلك عديد من الشحنات.

وادي الملوك فى العصر الحديث

لا يوجد أى ذكر لطيبة فى أى نص حتى القرن الثامن عشر. بل وفقدت حتى أى معلومة عن موقعها بالتحديد. وكان كلود سيكارد القس اليسوعى أول أوربى من العصر الحديث "يعيد" اكتشاف طيبة. فعندما أتى عام 1726 أدرك أن الآثار التى يحدق فيها هى تلك التى تخص المدينة القديمة البائدة. لقد ظن الرحالة الأوائل إلى مصر العليا أن طيبة هى ممفيس وأنتينوبوليس فضلا عن مواقع أخرى،

> فى الساعة التاسعة تماما، عند الانعطاف بشدة حول سلسلة هضاب شاهقة، ظهر أمامنا فجأة موقع طيبة القديمة كلها، هذه المدينة المجيدة، التى عبر هومر عن عظم حجمها بوصفها طيبة ذات المائة باب... هذه المدينة الشهيرة... وفجأة وقف الجيش كله مندهشا عند رؤية أطلالها، مهللاً، وكأنما تحقق الهدف من كفاحهم المجيد، وتم وتأكد فتحهم الكامل لمصر بفرض قبضتهم على الأطلال العظيمة لهذه العاصمة القديمة.
>
> دينون عندما شاهد البر الغربى لأول مرة عام 1803

شكل 16: خريطة لوادي الملوك كما رسمها بيكوك عام 1743

28 | مقدمة عن الموقع

وفشلوا فى تحديد موقع المدينة نفسها. وبمجرد إعادة اكتشافها، أصبحت مصدرًا مهمًّا لسوق الآثار الأوروبى.

كان عدد الزوار الأوربيين لطيبةخلال القرن الثامن عشر قليلا، لكن هؤلاء الزوار نشروا يوميات وتعليقات ساهمت فى زيادة الاهتمام بمصر القديمة خلال القرن التاسع عشر وإلى زيادة شعبية السياحة فى وادي النيل. وانتشر الولع بالفن والعمارة المصرية فى أوروبا وتهافت مصممو الديكور والمهندسون المعماريون على رسوم الآثار القديمة بل وعلى الآثار ذاتها.

قام ريتشارد بيكوك (1704-1765) برسم أول خريطة لوادي الملوك وقام بعمل رسم تخطيطى لتسع مقابر، والرامسيوم والمعبد البطلمى بدير المدينة. أما جيمس بروس (1730-1794) الذى اكتشف مقبرة رمسيس الثالث بوادي الملوك، التى سميت مؤخراً "مقبرة بروس" فقد قام أيضا بعمل وصف دقيق عن كيفية تنفيذ مناظر معبد مدينة هابو.

أما أهم محاولة مبكرة لتسجيل آثار طيبة فكانت تلك التى قام بها نابليون رغبة فى معرفة الكثير عن البلد التى ينوى احتلالها. جاء جيشه إلى مصر عام 1799-1801، مصطحبا أكثر من 130 عالمًا فى جميع تخصصات العلوم والفنون. وكانت لديهم تعليمات بتسجيل كل شيء، بدءاً من الملابس الحديثة إلى التاريخ الطبيعى والآثار القديمة. وكانت نتيجة أبحاثهم نشر كتاب "وصف مصر". الذى ظهر ما بين عامى 1809-1828. وخصص مجلدين من 19 مجلدًا لوحات الكتاب لآثار طيبة، مما أتاح للأوربيين لأول مرة وصفًا دقيقًا لآثارها. وقام عالمان من علماء الحملة، هما بروسبر جولوا وإدوارد دوفيلار، بإعداد خريطة دقيقة لوادي الملوك مع خرائط لعدة مقابر فى وادي الملوك وآثار كثيرة أخرى فى طيبة.

فتح كتاب وصف مصر، وأعمال أخرى من القرن التاسع عشر عن مصر، شهية الأوربيين للثقافة المصرية وشجع عددًا كبيرًا من المكتشفين والمغامرين والتجار والدارسين على زيارة طيبة، ودراسة الآثار وحملها معهم إلى بلادهم. وهناك أعمال أخرى رائجة كان لها مثل هذا التأثير، مثل كتاب إميليا إدوارد (1831-1892) "ألف ميل أعلى النيل". ورسوم مناظر طيبة الحقيقية والتخيلية التى رسمها فنانون مثل إلما تاديما (1836-1912)، وديفيد ويلكى (1785-1841)، وإدوارد لير (1812-1888)، وجون فريدريك لويس (1805-1876)، وخاصة ديفيد روبرت (1796-1864).

أما جيوفانى باتيستا بلزونى (1778-1859)، فكان أحد أنجح الرحالة الأوائل، أتى إلى مصر لبيع جهاز لرفع المياه إلى الحكومة المصرية. لكنه فشل فى هذه المهمة، وسرعان ما عمل فى نقل الآثار من مواقع طيبة إلى أوربا. وقام بلزونى برسم خريطة تعتبر واحدة من أقدم المحاولات لتسجيل مقابر وادي

الملوك (شكل 17). لكــن أهم اكتشافاته كانت مقبرة سيتى الأول رقم 17 التى يشار إليهـا دائما بــ"مقبرة بلزونـى".

> يصف بلزونى البحث عن مقابر الأفراد والآثار فى القرنة: "وقفت محاطًا بجثث شكلت أكوامًا من المومياوات فى كل اتجاه... وجدران يعلوها السواد، وضوء شموع خافت يبحث عن منفذ للهواء. وبدا أن كل ما يحيط بى من أشياء مختلفة يتحدث مع بعضه، والعرب بمشاعلهم، عراة يغطيهم التراب، أشبه بالمومياوات. منظر لا يمكن وصفه".

جون جاردنر ويلكنسون (1797-1875)، عمل فى طيبة من 1824-1828، وقام بنسخ مناظر مقابر الأفراد ونقوشها، التى أدت بالتالى إلى دراسته الممتعة عن الحياة فى مصر القديمة. وهى دراسة عرقية دقيقة لعصور الأسرات. قام ويلكنسون أيضًا بعمل مسح للمقابر المعروفة فى وادي الملوك وترقيم المقابر العشرين المعروفة فى ذلك الوقت وأنشأ نظام ترقيم ما زال مستخدمًا حتى اليوم.

بعد فك رموز اللغة المصرية القديمة عام 1822، أصبحت الحاجة ملحة لنسخ دقيقة للنصوص المصرية. نجح جان فرانسوا شامبليون (1790-1832) فى فك رموز اللغة المصرية القديمة، وتسجيل نصوص ومناظر من طيبة. وكان أول من أكد على أن نقوش المقبرة الملكية نصوص دينية، وليست سير ذاتية. وعمل نيكولو فرانشيسكو ايبوليتو بلدسارا روزالينى (1800-1843) مع شامبليون، وقاما بنشر 400 لوحة لنصوص ومناظر مصرية. وظل هذا العمل مع كتاب وصف مصر، المرجِعين الرئيسيين لعلماء المصريات لعدة عقود، وما زالا حتى اليوم مرجعين مهمين. لم يكن جل اهتمام شامبليون بطيبة حميدًا، إذ أنه قام أيضاً بقطع مناظر تزين جدران مقبرة سيتى الأول ونقلها وعرضها بمتحف اللوفر.

كانـت بعثة كارل ريتشـارد لبسيوس (1810-1884) مـن أهم بعثات تسجيل النقوش خلال القرن التاسع عشر، وأدت إلى نشر Denkmäler aus Ägypten und Aethiopien (1859)، ويتكون من 894 لوحة لنصوص ومناظر ورسوم معمارية، وسلسلة صور وخرائط مصرية، تشمل مجلدين عن آثار طيبة. لذا يعتبر أكبر عمل فى المصريات نشر حتى الآن. واليوم، مع تدهور حالة الآثار، تزداد أهميته باعتباره أهم سجل للمواقع القديمة. وهناك من سجل النقوش، وفنانون آخرون عملوا فى طيبة مثل إدوارد هنرى نافيل (1844-1926)، الذى نشر أربع مقابر فى وادي الملوك عام 1887. وساعده هوارد كارتر. الذى عمل فى معبد حتشبسوت بالدير البحرى عام 1894-1908.

استخدم ماكسيم دى كامب (1822-1894)، وفرانسيس فريث (1822-1898)، ومصورون آخرون قبلهما التصوير الفوتوغرافى فى طيبة، لكنهم لم يحاولوا إنتاج تسجيلات منهجية للآثار. ربما كان فيلس جيلمانت أول من أنجز تسجيل تصويرى فوتوغرافى كامل لمقبرة رمسيس التاسع. أما هارى بورتون (1879-1940)، مصور متحف المتربوليتان للفنون فكان مسئولاً عن عدة دراسات تصويرية فوتوغرافية هامة فى طيبة، تشمل تغطية كاملة لاكتشاف مقبرة توت عنخ آمون والقطع التى كشفت فيها.

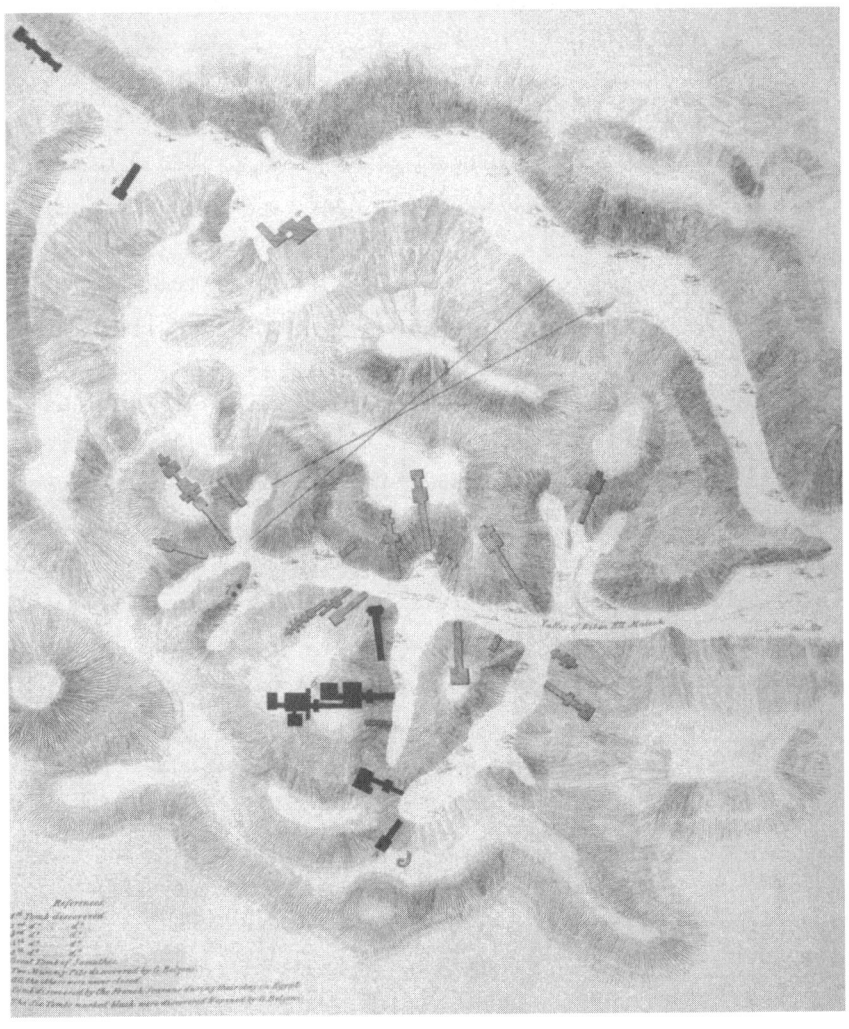

شكل 17: خريطة وادي الملوك كما رسمها بلزونى عام 1821

منذ القرن التاسع عشر فصاعدًا، أصبحت الآثار المصرية مطمعًا لجامعى التحف الأوربيين والمتاحف. وترددت كثير من القصص عن معارك بالبنادق وقعت بين بعثات متنافسة، ومشاجرات دبلوماسية عنيفة من أجل اقتناء القطع. ولكن مع أوائل القرن العشرين، انتهت تلك الصورة الشرسة للبر الغربى، وتناقص عدد القطع المسروقة أو المُباعة بصورة كبيرة. لم يتوقف ذلك بالكامل، لكن ما زالت أعمال السرقة والتخريب المتعمد تحدث فى طيبة رغم الجهود الفائقة التى تبذل من قبل السلطات لمنعها. وساعد إصدار قوانين الآثار فى مصر، وإدراج طيبة ضمن قائمة مواقع التراث العالمى لليونسكو عام 1979، وإعلان اليونسكو عن السيطرة على التجارة العالمية فى الآثار. ولكن طالما يوجد عملاء فسوف يكون هناك أناس يرغبون فى إمداد السوق بما يحتاجه.

تنوعت طرق العمل الأثرى فى طيبة إلى حد كبير خلال المائة والخمسين عاما الماضية، انتقالا من التدمير الشديد والنهب المدمر للمقابر والمعابد إلى التحليل شديد التدقيق لأصغر البقايا. لكن للأسف الشديد، وحتى وقت قريب ظل الأسلوب السابق فى العمل الأثري هو الأكثر شيوعا إلى حد بعيد.

شملت الحفائر الممولة من رجل الأعمال الأمريكى ثيودور ديفيز (1837-1915) فى وادي الملوك العمل بواسطة هوارد كارتر وإدوارد إيرتون وآرثر ويجل. ثم قام كارتر فى وقت لاحق بالكشف عن مقبرة توت عنخ آمون (كشفت عام 1922، واستمر العمل حتى 1932). وهو مشروع ضخم لم يتم نشره كله حتى الآن. يمكن القول إن سبع حفائر تعتبر هى الأفضل ضمن حفائر كثيرة تمت فى طيبة، وأدت بالتالى إلى أن تحتل طيبة العناوين العالمية التى ساهمت فى تشكيل تصور الناس عما كانت عليه طيبة القديمة، وهى: الكشف عن مقبرة سيتى الأول بواسطة جيوفانى بلزونى عام 1817؛ والكشف عن خبيئتى المومياوات الملكية عام 1881(فى مقبرة الدير البحرى رقم 320) وعام 1898 (فى مقبرة أمونحتب الثانى)، والكشف عن مقبرة نفرتارى بواسطة أرنستو شيبارلى عام 1903، وكشف جيمس كويبل عن مقبرة يويا وثويا، والدى الملكة تيى، بوادي الملوك عام 1905، و كشف هوارد كارتر لمقبرة توت عنخ آمون عام 1922، وكشف مشروع خرائط طيبة عام 1995عن مقبرة رقم 5 وادي الملوك الخاصة بأولاد رمسيس الثانى. وما زالت هناك اكتشافات حديثة أكثر لمقابر صغيرة ألهبت خيال الناس مثل مقبرة رقم 63 و64 وادي الملوك.

لكن الاهتمام بحماية مقابر وادي الملوك لم يبدأ إلا فى التسعينيات فقط. وظهر ذلك فى الحفائر العلمية للمقابر رقم 5 ورقم 10 ورقم 14 ورقم 16 وادي الملوك. وأعمال الصيانة للمقبرة رقم 17 و62 وادي الملوك.

الاهتمام بالصيانة

كان ريتشارد بيكوك من أوائل الزوار الذين وجهوا الأنظار إلى ضرورة الاهتمام بصيانة آثار طيبة. حيث يرثي قائلا "إنهم يدمرون كل يوم تلك الكسرات الدقيقة للآثار المصرية، وشاهدت بعض الأعمدة تُقَطع إلى حجر جيرى". وانتقد أوجست ماربيت (1821-1881) بشدة كل السياح الذين يجيئون إلى طيبة "حاملين قِدْرًا من القطران فى يد وفرشاة فى اليد الأخرى، تاركين خلفهم تسجيلا مشينًا لوجودهم هناك فوق كل المعابد لا يمكن محوه. "ثم يتوسل إلى زملائه بالعمل على "حفظ آثار مصر "بكل عنايةً. بعد 500 عام من الآن لابد أن تكون مصر قادرة على أن تتيح للدارسين الذين يزورونها رؤية الآثار نفسها التى نصفها الآن". لم ينصت أحد إلى رجاء ماريت، وأصبح تدمير الآثار أكثر حدوثًا أواخر القرن التاسع عشر.

لكن لابد من الإشارة إلى بعض المحاولات للحفاظ على الآثار، فهناك وثائق عن حماية وادي الملوك من الفيضان إلى جوار مقبرة سيتى الأول رقم 17، قام بها ج . ويلكنسون، وروبرت هاي، وجيمس بورتون عندما قاموا بإزالة رديم نتاج حفائر سابقة قام بها بلزونى. لكن لم يتم عمل خرائط و تسجيل و مسح كامل للوادي حتى القرن الحادى والعشرين. سيلخص هذا العمل فى الفصل الخامس.

" ليس هناك اهتمام بعلوم الملاحظة والتسجيل والتوثيق. لا يوجد شىء له أهمية إلا إذا كان نقشاً أو نحتاً. إن العمل فى مصر لمدة عام علنى أشعر أنها أشبه بمنزل يحترق، لسرعة ما يحدث من تدمير." و.م. بترى، 1931

الفصل الثاني: عوامل الخطر الراهن

نبحث في هذا الفصل الأخطار الراهنة التى يتعرض لها وادي الملوك، والأسباب الكامنة وراءها. وقبل القيام بأية محاولة لعلاج مشكلات الموقع يجب أن نُكَوِّن فكرة واضحة عن تركيبة وادي الملوك والعمليات التي أدت إلى الإضرار به. وبعد أن نحدد التهديدات التي تؤثر في استمرارية وادي الملوك، يمكن وضع استراتيجيات لإزالة هذه الأخطار أو التحكم فيها. ولابد من التفرقة بين الأخطار الناشئة عن البيئة الطبيعية وتلك الناجمة عن العامل البشري.

البيئة الطبيعية

جيولوجية وادي الملوك

تَشكل وادي الملوك في صخرة أم من حجر جيري بسبب الأمطار الغزيرة والفيضانات العاتية التي انهمرت على القارة الأفريقية منذ ملايين السنين. ويمتد الحجر الجيري فوق طبقة تحت-سطحية متقطعة من طفل إسنا بسمك حوالي 50م. هذا الطفل نوع من حجر رمادي اللون غير مستقر وضعيف ويمكن أن يتمدد حتى 50% من حجمه عند تعرضه للرطوبة، مما يسبب ضغطًا هائلًا على الطبقات التى تعلوه ويتسبب فى انهيار المقابر التى نحتت فيه. فعلى سبيل المثال حدث مثل هذا الانهيار فى مقبرة رمسيس الحادى عشر رقم 7، التي حفر جزء من حجرة الدفن الخاصة بها في طبقة طفل إسنا تحت-السطحية، فعندما تمدد الطفل أثناء عديد من الفيضانات، تسبب ذلك فى الضغط على أعمدة الحجرة وجدرانها مما أدى إلى تهدمها وسبب أضرارًا خطيرة للمقبرة.

طبقة الحجر الجيري السميكة تعرف بتشكيل سيراى (Serai) لمجموعة طيبة. يتكون هذا التشكيل من ثلاث طبقات رئيسة من حجر جيري (شكل 18)، تتفاوت في خصائصها من حجر جيد صلب شديد التحمل كما هو الحال فى المقبرة رقم 5 أو 57، إلى حجر ضعيف ومتكسر كما هو الحال فى المقبرتين رقم 7 و 11 وادي الملوك.

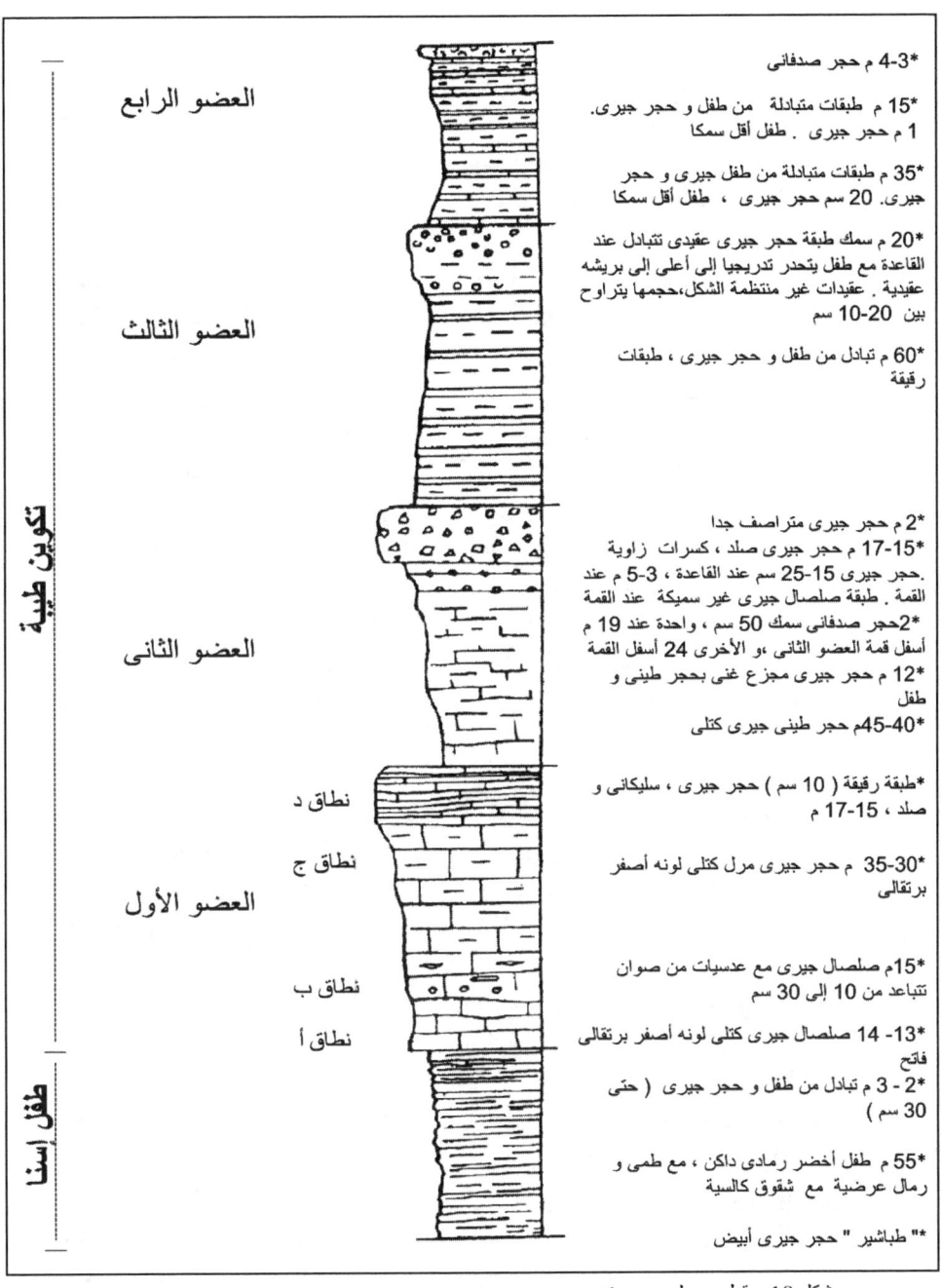

شكل 18: مقطع جيولوجي مستعرض

يبلغ سمك الطبقة الأدنى من مجموعة طيبة، المسماة وحدة 1 (وحدة الحميدات، وهى وحدة استراتجرافية للصخور) 120سم، نحتت أغلب مقابر وادي الملوك في هذه الطبقة. من الناحية التركيبية، تتفاوت نوعية الحجر من ردىء إلى جيد، وتأثرت المقابر التي نحتت في الطبقة الأدنى من تلك الطبقة بطفل إسنا تحت- السطحى، حتى لو لم تكن على اتصال مباشر بها. إن قرب طفل إسنا وتنوع جودة الحجر الجيري يعني أن حالة المقابر التي نقرت هنا تتفاوت إلي حد كبير. فبعض المقابر حتى بعد 3000 سنة بقيت ثابتة من الناحية البنائية. أما البعض الآخر فعانى من أضرار خطيرة: سقطت أعمدتها، وتشققت جدرانها، وامتلأت حجراتها بالرديم الذى حمله الفيضان، وانهارت سقوفها واختفى منها البلاستر والألوان. وبالفعل تضررت بشدة المقابر التى مست حجرات الدفن الخاصة بها طفل إسنا مثل المقابر رقم 7 و17 و47 وادي الملوك، فى حين لم تتأثر مقابر أخرى، مثل المقبرة رقم 5 أو 57 وادي الملوك بأى ضرر.

ويمكن ملاحظة صدوع وكسور ممتدة على جوانب تلال وادي الملوك حيث تتكشف الأجزاء الأدنى من الوحدة 1. وقد تكونت منذ حوالي 20000 سنة نتيجة نشاط زلزالي، وربما تمتد مئات من الأمتار تحت سطح الأرض، وتعمل بمثابة قنوات تسمح لمياه الأمطار بالتسرب إلى المقابر، وتتخلل طفل إسنا تحت-السطحى وتسبب مشاكل فى بنية الصخر. قام مشروع خرائط طيبة بإعداد خريطـة للوادي توضح أماكن هذه الكسور (شكل 19 و 20)، وقام المشروع أيضا بتنظيف هذه الكسور وسدها على منحدر التل فوق المقبرة رقم 5عام 1997.

الطبقة الوسطى، وهى الوحدة الثانية (الدبابية) تصل إلى سمك 140 م. ولابد من ذكرها لاحتوائها على إحفورات، وتَكثُر فيها حيوانات كبيرة ذوات صدفتين (Lucina thebaica) ونجم البحر ونيموليت. وتمتد بطول المدق المؤدى من وادي الملوك إلى دير المدينة أعلى التل.

الطبقة العلوية، وهى الوحدة الثالثة (الشجاب) تصل إلى سمك 30م، لونها أكثر اصفرارًا من الطبقات الأسفل. ويمكن رؤيتها على النتوءات العلوية للقرن عند السير من وادي الملوك إلــى قرية السكون.

تمت دراسة أولية لتقييم خطر الزلازل على منطقة وادي الملوك/الأقصر. بالرغم من أن المراجع الأثرية تشير أحيانًا إلــى زلازل قوية أثرت في طيبة القديمة، لكنها غير موثقة جيدا. وهناك دراسة تمت عن الزلازل التى وقعت قديمًا، اعتمدت على دراسة قام بها مأمون وآخرون (عام 1985). ويظهر فى الشكل 21 ما سجلته الدراسة من زلازل كانت قريبة من الأقصر بما يكفى للتأثير عليها. وهذه الزلازل تعود إلى الفترة من 600 قبل الميلاد حتى 1972 ميلادية. ويظهر الشكل 21 أن أية خطورة محتملة على الأقصر من أغلب الأحداث الزلزالية تركزت على مسافة تبعد 200 متر أو أكثر، طبقا لما صدر عن الجمعية المصرية لهندسة الزلازل (1988).

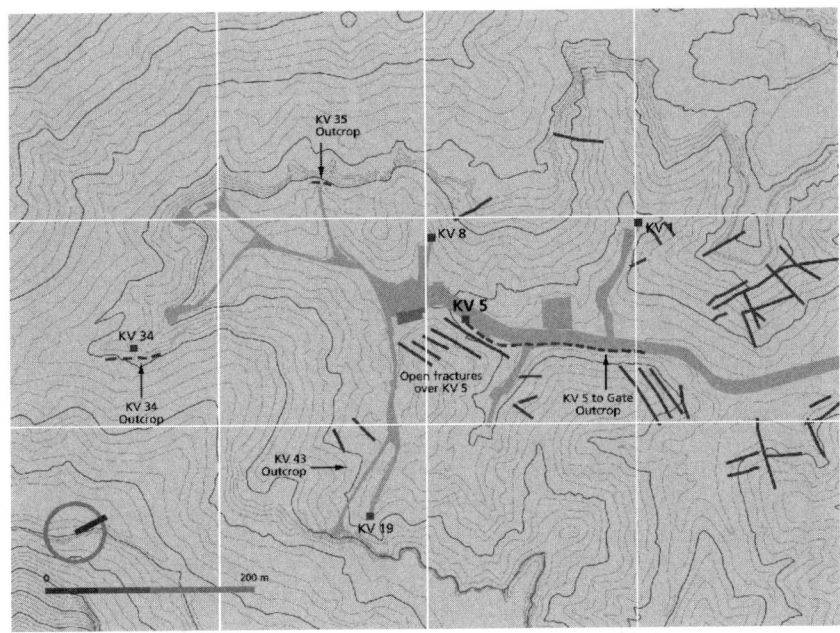

شكل 19: منكشفات وكسور صخرية رأسية بوادي الملوك

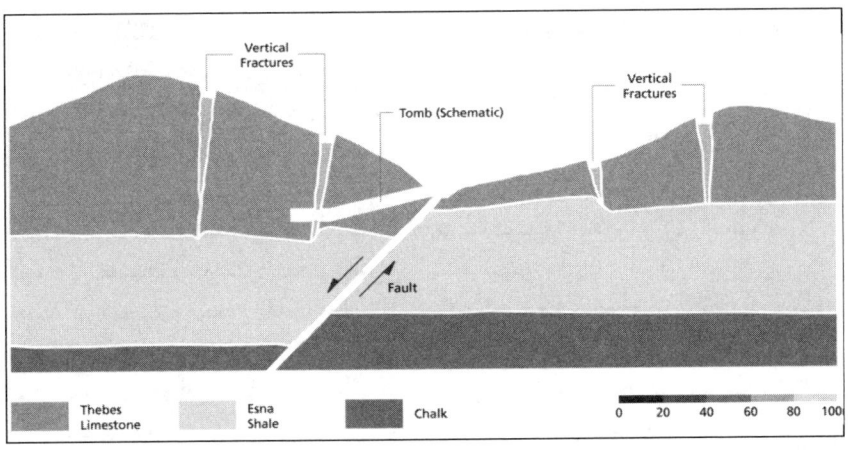

شكل 20: مقطع مستعرض يوضح الكسور الصخرية بوادي الملوك

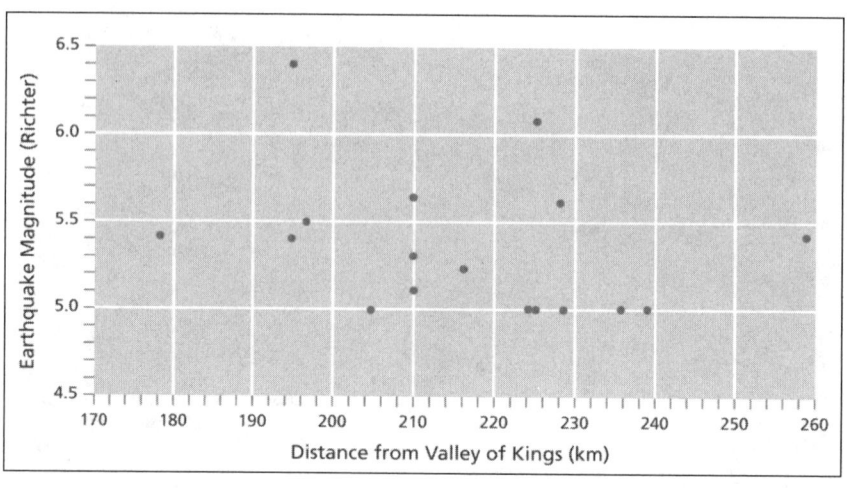

شكل 21: شكل بيانى للنشاط الزلزالى منذ 300 ق.م حتى الآن

طبوغرافية الوادي

يتحدد الجزء الأوسط من وادي الملوك بجرف صخري منحدر يرتفع من 20 - 60 م ويمتد حول جوانبه الشمالية والجنوبية والغربية (شكل 22). نحتت هذه المقابر في هذه المنحدرات الصخرية أوائل الدولة الحديثة، ثم فى وقت لاحق، نحتت فى التلال المنخفضة الدائرية ومنحدرات الوادي شديدة الانحدار. هذه التلال المنخفضة تنفصل بعضها عن بعض بممرات طبيعية تمتد مثل أصابع اليد المفلطحة عبر أرضية الوادي. وتغطى عقيدات الصوان والأحفورات، التى تَغير شكلها بفعل تعرضها للعوامل الجوية، جوانب تلال وادي الملوك العلوية. فى حين تغطى طبقات كثيفة من شظيات حجر جيرى ورمال التلال الممتدة المنخفضة. بعض هذا الرديم نتاج عمليات نحت مقابر وادي الملوك قديما؛ وبعضه الآخر نتاج حفائر القرن التاسع عشر وأوائل القرن العشرين؛ بعض الرديم جاء نتيجة إلقاء الدبش الناتج عن توسيع دروب وادي الملوك وبناء جدران حاجزة منخفضة؛ وبعضها انجرف من التلال العالية التى تعلو وادي الملوك أثناء العواصف الرعدية التى تتسبب فى فيضانات مفاجئة تحدث من وقت لآخر. واقترح المجلس الأعلى للآثار ضرورة إزالة كل هذا الرديم حتى الصخرة الأم، مثل ما حدث منذ سنوات قليلة ماضية بوادي الملكات. وإنجاز هذا المشروع بشكل جيد يستغرق فترة زمنية ويحتاج إلى مخصصات مالية وذلك لتسجيل ما يتم الكشف عنه من معلومات وبيانات. وإذا ما نحينا الاهتمامات

الجمالية والهيدرولوجية جانبًا، فمن المؤكد أن عمليات التنظيف سوف تكشف عن أكواخ عمال قديمة كثيرة ومقاصير وودائع أساس وخبيئات قطع جنائزية، ولابد أن جميعها سيحتاج إلي حفائر أثرية منهجية. ولابد من ذكر أن أغلب ما تم الكشف عنه هو نتيجة أعمال التنظيف التى يقوم بها حاليًا السويسريون والأمريكيون والإنجليز. كل هذا يوضح ضرورة القيام بدراسات طبوجرافية أكثر قبل البدء فى أى أعمال أخرى.

شكل 22 : حفائر المجلس الأعلى للآثار بوادي الملوك حاليا أمام مقبرة رقم 8

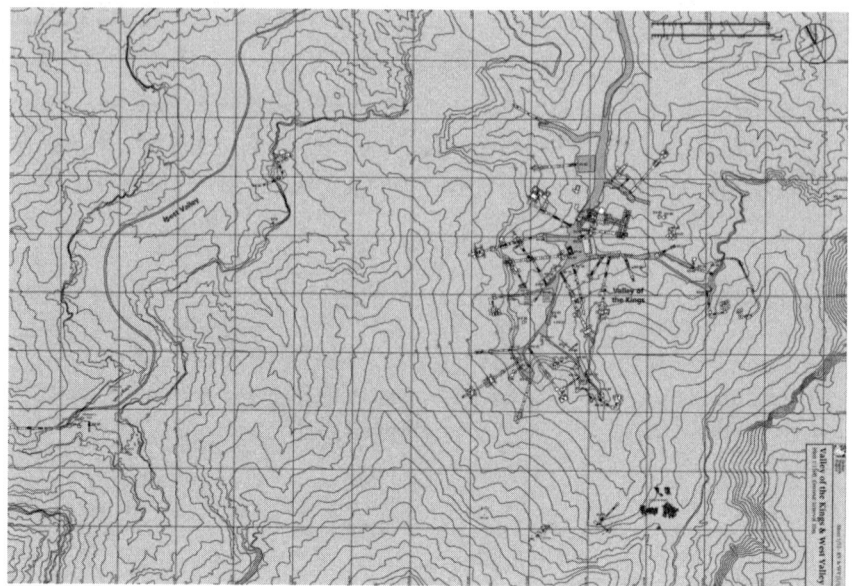

شكل 23: خريطة طبوغرافية لوادي الملوك

قام المجلس الأعلى للآثار عام 2009-2010 بعمليات تنظيف مشابهه في الجزء الأوسط لوادي الملوك. وكان أغلب هذه المنطقة قد تمت بها حفائر ثم أعيد ردمها حتى مستوياتها الأصلية. لكن المنطقة الواقعة بين مقبرة توت عنخ آمون رقم 62 ومقبرة مرنبتاح رقم 8 تُركت مكشوفة حتى الصخرة الأم. مما جعل من الصعب على السياح الوصول إلى المقبرة رقم 8 وادي الملوك. وأسفر الاستكشاف المتعجل لموقع العمل العثور على أعداد كبيرة من القطع الأثرية ملقاة وسط العديد من المنشآت القديمة. وستظهر الأيام القادمة خطط المجلس الأعلى للآثار النهائية لهذه المنطقة، ونتائج أعمال الدراسة والتوثيق.

الظواهر والأحوال الجوية

من كل التهديدات التي تهدد وادي الملوك ليس هناك أكثر خطورة (أو يمكن الوقاية منه) من السيول التي تسببها الأمطار الغزيرة التي تندفع بسرعة نحو مستجمع أمطار الوادي. ففى دقائق، يمكن أن تجرف هذه السيول أطنانًا من الرديم إلى أسفل جوانب تلال وادي الملوك وتتسرب إلي المقابر غير المؤمنة. ومن المؤكد أن مياه الفيضانات تضعف الصخرة الأم التي نحتت فيها المقابر

وتحطم جدرانها المنقوشة وترسب كميات من طمى وحجر يرتفع لعدة أمتار فى حجراتها، مما يسبب تغييرات مفاجئة وضارة في مستويات الرطوبة داخل حجرات المقبرة.

على سبيل المثال، العواصف التي اجتاحت مصر العليا في أكتوبر ونوفمبر عام 1994 تسببت في أضرار جمة. ففي مصر العليا بصفة عامة، أعلنت الحكومة عن مقتل أكثر من 500 شخص وتحطم 11000 منزل وتدمير 25000 فدان من المحاصيل. وفى طيبة أيضا، حدث تدمير شديد للآثار. أما في وادي الملوك فقد تسببت العواصف المطيرة في غمر مقابر عديدة بالمياه، واضطر تفتيش الآثار إلى طلب مضخات من القرى المجاورة لشفط المياه المتراكمة في المقابر. من المقابر التي غمرتها المياه بشدة مقبرة "باى" رقم 13 وادي الملوك: وقام المفتشون بقياس مستوى المياه في الحجرات السفلية فكانت 140م. وغمرت المياه أيضا المقابر رقم 14 و15 و35 و57 ومقابر أخرى بوادي الملوك لكن بكمية أقل من أمطار ورديم. أثناء هذه العواصف، شق المطر المنساب على سطح الأرض من مستجمع أمطار الوادي قنوات فى أرضية الوادي (فى طبقة عميقة من كسرات حجر جيري)، وأتلف طريق الإسفلت المتجه شرقًا من استراحة وادي الملوك الجديدة. وفيما يخص الوادي الغربى، مازال يمكن رؤية تلك القنوات التي شُقت فى أكوام الحجر الجيري والرمال بعمق مترين وعرض ثلاث أمتار، وهناك شواهد كثيرة من أحجار تزن 10 كيلوجرام أو 15، تدحرجت بطول أرضية الوادي الغربي.

تجمعت مياه السيول التي اندفعت إلى الوادي من وادي الملوك ومستجمعات مياه الوادي الغربي بأمطار جارفة من الأودية الشمالية. وبالقرب من استراحة هوارد كارتر شكلت هذه القوى المجمعة المنهمرة جدارًا من المياه وصل ارتفاعه أكثر من مترين كما وصفه بعض أهالى طيبة الشمالية. ثم اندفع هذا السيل باتجاه معبد سيتي الأول وأتلف السور المحيط بالمعبد والأبنية الملحقة وحول لوحات حجر جيرى وجدران طوب لبن إلى ما يشبه العصيدة. وعلي بعد أمتار قليلة شمالا، قُطع الطريق الممهد من المعبد، وتحطمت شواهد مقابر بجبانة المسلمين الحديثة وانبعج الطريق نفسه. وإلى شرق المعبد مباشرة، تحولت منازل قرية مجاورة من الطوب اللبن إلى كومة من كُسارة الطوب. كل هذه الأحداث استغرقت أقل من 15 دقيقة. بعد انقضاء الحدث، نفق العديد من الحيوانات وتهدمت عشرات المنازل، بل وتضرر المئات منها. (لابد من ذكر أن مثل هذه السيول التى حدثت عام 1994 عند النهاية الشمالية من الجبانة تبدو مشابهة إلى حد كبير للسيول التي ضربت المنطقة عام 1949).

على مدى 90 عاما مضت، أدرك الأثريون أخيرا أن السيول في وادي الملوك حدث متكرر، ويجب التعامل معه بجدية لمنع أي ضرر قد يلحق بالآثار القديمة. إن العواصف الحديثة، والنمط التاريخي للعواصف التي بدأنا نتتبع آثارها الآن فقط تبرز أهمية هذا العمل. أغلب هذه المشروعات مازالت في مراحلها الأولى من التخطيط، وجميعها ينصب على وادي الملوك. لكن بالرغم من أن وادي الملوك يشكل منطقة مستجمع مياه منفصلة، فهو ليس إلا جزءًا من منطقة أوسع- القطاع الشمالي لجبانة طيبة- كانت عرضة لهطول أمطار وسيول على مدى قرنين على الأقل.

ولا يجب أن يندهش المرء من حدوث عواصف قوية ضربت طيبة، أو أن الأمطار الناتجة عنها أضرت بمناطق محددة. إن الأمطار الغزيرة التي حدثت عام 1994 هي فقط الأحدث على مدى تاريخ طويل للعواصف، خرب الكثير منها آثار طيبة بشدة. يُظهر استعراض تاريخ الظواهر والأحوال الجوية للضفة الغربية (لا يعرف عن تاريخها إلا القليل) أن مكان هذه العواصف يمكن التنبؤ به، وأن السيول التي سببتها تتكرر في المناطق نفسها على الفترات نفسها عقدًا بعد عقد. وتملي طبوغرافية الضفة الغربية هذا النمط. وتأكد هذا بأمطار غزيرة هطلت عام 2005 وسببت فيضانًا محدودًا في المناطق نفسها مثل أمطار عام 1994.

شكل 24 أ، ب: آثار فيضان عام 1994 في وادي الملوك

التكرار المنتظم للعواصف المطيرة

يُظهر شكل 25 المُعد بِناءً علي بيانات مشروع خرائط طيبة التى أعدهاد. شريف الديدي أستاذ علم الهيدرولوجي بجامعة القاهرة، مدعومًا بمعلومات لمشروع خرائط طيبة من القوات الجوية المصرية، تاريخًا جزئيًّا للعواصف المطيرة بمنطقة طيبة-الأقصر منذ إنشاء أول محطة رصد جوي بالأقصر في الثلاثينيات. هذه الأشكال تسجل بيانات لمدينة الأقصر، وخاصة محطة الرصد الجوي لمطار الأقصر الواقعة على حافة صحراء البر الشرقي. لكن محور اهتمامنا هو وادي الملوك الواقع علي بعد 19 كم غربا. وعلي أي حال، وحتى يتم إقامة محطة رصد جوي علي البر الغربي (هذا ما يسعى مشروع خرائط طيبة الحصول على تصريح به) فإن هذه أفضل بيانات متاحة. (كانت توجد محطة بوادي الملوك عملت بصورة محدودة عام 1997-1998، لكن تم فكها ولم نستطع معرفة مكان حفظ وثائقها). يوضح شكل 25 حدوث هذه العواصف المطيرة منذ الأربعينيات وحتى التسعينيات وما ترتب عليها من سقوط أمطار غزيرة- على الأقل 1مم أمطار على مدي ساعة من الزمن. فى حالة حدوث العديد من العواصف المطيرة لمدة ساعة في سنة واحدة، فإن العاصفة المطيرة ذات الأمطار الأكثر غزارة يتم تسجيلها بيانيا. أكبر كمية أمطار سقطت في ساعة واحدة تظهر بمقياس رسم رأسى (بالرغم من أن العاصفة المطيرة إذا استمرت بكثافة أقل من ساعة واحدة أو أكثر، ربما تسقط أكثر من كمية ساعة واحدة بالطبع). ويلاحظ أن أغلب

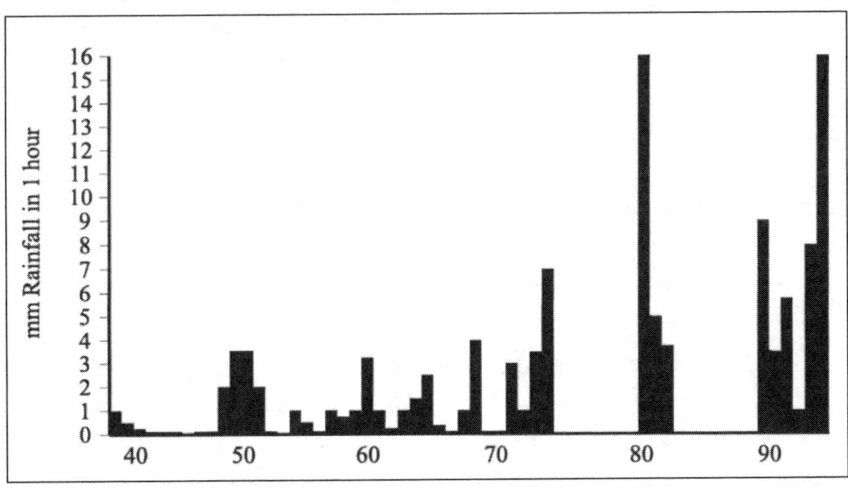

شكل 25: يوضح عواصف صحبتها سيول. حسب حدوثها بالعقد من 1940- 1996

العواصف المطيرة الغزيرة تحدث على ما يبدو تقريبا كل ثلاث سنوات أو أربع متتالية مرة كل عقد أو ما يماثله. كما رُصدت أنماط سنوية منتظمة لهطول أمطار في أجزاء أخرى من مصر أيضا، رغم أن فترات حدوثها يختلف عن تلك التي تحدث في الأقصر.

هذا النمط من أمطار غزيرة تحدث كل ثلاث إلى أربع سنوات كل عقد بالطبع ليس مطلقًا. لكن، كل عاصفة مطيرة حديثة أسقطت أكثر من 5 مم من أمطار في الساعة الواحدة (أعوام 1949، 1975، 1976، 1980، 1989، 1991، 1993، 1994) اندرجت تحت فئة الثلاث لأربع سنوات. إن حدوث عدد من العواصف العاتية خلال العقود الأخيرة أكبر مما حدث في المبكرة ربما يشير إلى وجود نمط دوري ذى أمد أطول للعواصف المطيرة أيضا.

كتب هوارد كارتر فى رسالة بعثها إلى والدته فى أكتوبر عام 1918:
"لثالث أكتوبر على التوالى هطلت سيول غزيرة وهذه المرة حدثت ظاهرة غريبة. بينما كنا فى حالة جفاف شديد كالعظام، فجأة أزبد الوادي الأكبر بأنهار... فى لحظات قليلة أصبح وادي مقابر الملوك، والتحق به الوادي الغربى الكبير... أقرب ما يكون لأنهار جبلية... وشق السيل أخاديد عريضة [كذا] فى قاع الوادي ودحرج أحجارًا يبلغ قطر بعضها قدمين- ولم يتمكن الأهالى العائدون إلى منازلهم مع حيواناتهم من الخوض فيها وبالتالى انقطعت السبل إلى منازلهم ."

موسمية العواصف المطيرة

ولوحظ أن كل العواصف المطيرة الغزيرة التى حدثت مؤخرا في طيبة (أو على الأقل تلك التى لدينا سجلات عنها) جاءت خلال شهر أكتوبر ونوفمبر أو أوائل ديسمبر. وبالرغم من كون ذلك أقل تواترا، فإن هطول الأمطار حدث أيضا في الأقصر خلال شهور أخرى. ولاحظ فيليرز ستيوارت (الخيمة الجنائزية لملكة مصرية The Funerary Tent of an Egyptian Queen)، سقوط أمطار في 23 فبراير عام 1882، لكن كانت قطرات قليلة فقط. وأُعلن أيضا عن هطول أمطار خفيفة فى فبرايرعام 1896. وإذا كان تفسير د. عبد العزيز صادق لتواريخ وردت في مخربشات طيبة لعصر الرعامسة صحيحا عن هطول أمطار غزيرة حتى أنها خلفت وراءها بركًا من المياه في وادي الملوك (حدث غير عادي استحق الزيارة والتعليق من جانب الكتبة القدماء الذين

44 | عوامل الخطر الراهن

اصطحبوا أطفالهم ليشاهدوا تلك الظاهرة) وذلك فـي 18 مارس عام 1210 قبل الميلاد (عهد مرنبتاح) ومرة أخرى هطول أمطار أقل تأثيرا في 6 يونيو عام 1150 قبل الميلاد (عهد رمسيس الرابع). أما في القرن العشرين الميلادى أصبحت مثل هذه الأمطار نادرة جدًّا. ومع ذلك هطلت الأمطار في مارس عام 2005م. معروف أنه في التقويم القبطي تتوافق شهور التقويم الجريجوري أكتوبر ونوفمبر مع الأشهر القبطية توت وبابه وهاتور (الأشهر الثلاثة لموسم "آخت" القديم، وهو الموسم المصري القديم الذى يلى مباشرة انحسار فيضان النيل). خلال هذه الشهور، يحذر التقويم أن الطقس سيكون غير مستقر لكن بصفة عامة عاصف وممطر. هناك عرف مماثل لأمطار أكتوبر ونوفمبر الغزيرة بين البدو في الصحراء المصرية الغربية.

مركز العواصف المطيرة

الأمطار الغزيرة في منطقة الأقصر محدودة جدا فـي نطاقها الجغرافي. فقد يسمع المرء كثيرًا عن هطول أمطار غزيرة على إحدى القرى، بينما علـى بعد أمتار قليلة فقط توجد قرية أخرى جافـة (هذا سبب آخر لعدم اعتبار بيانات النشرة الجوية لمطار الأقصر أفضل مؤشر لحالة طقس البر الغربي). ورغم احتمال هطول بعض أمطار على الجبانة الطيبية أثناء العاصفة، فمن النادر أن تسقط الأمطار الغزيرة على أكثر من جزء صغير منها. في عواصف عام 1994، علي سبيل المثال، سقطت أمطار خفيفة علي كل الجبانة، لكن لم تكن خطيرة بحيث تحدث أي أضرار، فى حين سقطت أمطار أقل غزارة فوق أجزاء من منطقة الملقطة والشيخ عبد القرنة (مما تسبب فى فيضان المياه فى المزار الجنائزى رقم 139 "با إري"). وسقطت أمطار غزيرة جدًّا علي أجزاء من وادي الملوك والوادي الغربى وفي الأودية الواقعة إلى شمالهما. في وادي الملوك، هطلت أمطار غزيرة جدا فى تلك المناطق المحدودة جدا لمستجمع المياه الذى يصرف في أقصى الجزء الغربي الجنوبي للوادي- التلال فوق المقابر رقم 13 و14 و15 و31 و32 بوادي الملوك. وسجلت كميات قليلة إلى متوسطة من المياه فى المقابر رقم 8 و35 و57 و62 وادي الملوك. هذه المقابر تقع أيضًا أسفل المنحدرات الغربية للوادي.

بعد تتبع تسجيلات هطول الأمطار والسيول فى وادي الملوك في المخربشات القديمة، وما جاء فى يوميات رحالة القرن العشرين، وما يذكره مفتشو المواقع والحراس، ظهر لنا أن هناك نمطًا غالبًا، وهو احتمال هطول زخات من المطر عبر الوادي، لكن الجزء الغربي من وادي الملوك، وخاصة الجزء الجنوبي-الغربي كان عرضة لسقوط أمطار غزيرة وبالتالى أكثر تضررًا.

شكل 26: آثار العفن كما يظهر فى مقبرة توت عنخ آمون، رقم 62 وادي الملوك

46 | عوامل الخطر الراهن

المقابر الوحيدة خارج هذا المربع فى وادي الملوك التي تقدم أدلة تاريخية لسيول خطيرة هي المقابر رقم 5 و10 و17 و18، ولم يتأثر أي منها بسيول عام 1994.

صور هوارد كارتر في رسالة للورد كارنارفون التقسيم الجغرافي لهطول الأمطار:

> نحو غروب الشمس، حيث صحراء باردة، هبت عاصفة قوية من الشمال الغربي. لم تُسقط أمطاراً في الوادي، لكن انهمرت السيول من كل تلال طيبة علي وادي الملوك، مكونة أخاديد بعمق أربعة أقدام، مدحرجة أمامها حجارة يبلغ قطرها قدمين. ولم يستطع السكان الخوض في الفيضانات عند عودتهم من أعمالهم في الحقول، حيث تحولت المنطقة إلى بحيرة واسعة، بمجرد سقوط الأمطار.

النباتات والحيوانات

وادي الملوك وادٍ صحراوى يخلو من أية حياة نباتية طبيعية. حيواناته الوحيدة عبارة عن قليل من الفئران (تقتات على فتات علب وجبات السائحين) وأحيانًا ثعابين (تتغذى على الفئران). وهناك أيضًا قليل من عقارب وحشرات وطيور صغيرة، بالإضافة إلى ملاحظة وجود خنافس (عائلة Dermestidae) وحشرة السمك الفضي (Lepsimtidae). كانت الوطاويط مشكلة لعدة عقود سابقة في مقابر وادي الملوك، لكن اليوم، بفضل مداخل البوابات المغطاة بشباك، تنحصر هذه المشكلة فى المقبرة رقم 20 وادي الملوك (حتشبسوت)، فهى الوحيدة المسكونة بــها (بابها مخرب عن عمد). أما النباتات والحيوانات الأخرى فتتمثل فى كائنات حية دقيقة مثل الفطريات والبكتريا التي غزت القليل من مقابر وادي الملوك، ولها تأثير ضار يشاهد على الجدران المنقوشة. علي سبيل المثال جدران المقبرة رقم 62 وادي الملوك.

النشاط البشري

النشاط البشري بوادي الملوك استمر بشكل أو بآخر على مدى 500000 سنة. وفيما يلى نظرة عامة على هذا التدخل.

عصر ما قبل التاريخ

استُخدِمت التلال المحيطة بوادي الملوك خلال العصر الحجرى الأعلى والأوسط (وخلال عصر الأسرات أيضا) ورشًا لصنع فؤوس يدوية وسكاكين ومكاشط، حيث كانت تجمع عقيدات الصوان المطمورة في الصخرة الأم من الحجر الجيري. تم التعرف على هذه الورش لأول مرة فى خمسينيات القرن

التاسع عشر (وكانت أول دليل للعصر الحجرى يعثر عليها في أفريقيا)، وتقع بطول قمة الجرف شديد الانحدار الذي يحدد وادي الملوك وبطول المدقات التي تقطع التلال.

عصر الأسرات

خلال عصر الدولة الحديثة قام المصريون بنحت مقابر ملوكهم في وادي الملوك وبناء العديد من الأكواخ الصغيرة والملاجئ قرب مداخل المقابر ليحتموا فيها أثناء فترات الراحة من العمل. وأحيانًا، كان المهندسون القدماء يهملون فى أعمالهم، و فى بعض الأوقات يضطرون إلي الحفر في صخرة أم ضعيفة التركيب، أو بالمصادفة ينفذون إلى مقبرة موجودة بالفعل. لقد كانوا مدركين تماما للتنوع الجيولوجي لوادي الملوك، لكن ضيق الوقت وازدحام وادي الملوك بالمقابر، والغياب الواضح لأية خريطة شاملة لوادي الملوك تسبب في أخطاء مازلنا نحاول تصحيحها اليوم.

في الأزمنة القديمة، ربما بعد غلق المقبرة بسنوات قليلة، كان اللصوص يقومون باقتحامها والبحث عن عتاد المقبرة ليقوموا بصهره أو إعادة تشكيله وبيعه. وبسبب تعجلهم للحصول على تلك الكنوز، لم يكترث اللصوص بنقوش الجدران. وفي مرات عديدة حطموا المباني الهشة ودمروا الجدران.

وكانت هناك محاولات بدأت فى العصر الفرعونى لترميم ما اعتبر فى ذلك الوقت آثاراً قديمة وصيانتها، إلا أن ذلك لم يشمل وادي الملوك. وهناك مثالان لأعمال الترميم تلك حين قام تحتمس الرابع بالكشف عن تمثال أبى الهول الكبير وصيانته، وهناك أيضًا الأمير خع إم واس، ابن رمسيس الثانى، الذي أولي عناية خاصة لماضي مصر المجيد وقام بترميم العديد من أهرامات فراعنة الدولة القديمة في منف، لذا أُطلق على خع إم واس الأثرى الأول.

أواخر العصور القديمة

منذ العصر اليوناني الروماني والعصور المسيحية المبكرة حتى القرن العشرين استخدمت بعض مقابر وادي الملوك للسكنى المؤقتة من قبل الزوار والرهبان أو المكتشفين. وخلف غالبًا هؤلاء مخربشات على جدران المقابر وعلى منحدرات الوادي. وإذا كانت مثل هذه المخربشات قديمة، فإن لها دورًا مهمًا فى التسجيل الأثري، وإذا كانت حديثة، فتعتبر عملًا تخريبيًا.

عادة الاكتشاف فى القرن 19

منذ غزو نابليون فصاعدا، زاد الاهتمام بوادي الملوك وجذب زوار الآثار ولصوصها على حد سواء. حيث وضعت حركة التنوير خلال القرن 19مصر

بدون منازع على الخريطة السياحية للطبقة الأرستقراطية فى أوربا. وسبب زوار القرن 19 مشاكل خطيرة لمقابر وادي الملوك من احتكاك ومحو للنقوش واستخدام المشاعل لإنارة طريقهم داخل المقابر. وحدث الاحتكاك نتيجة محاولاتهم الحصول على نسخة من النقوش بالضغط على الجدران باستخدام ورق مبلل أو شمع سائل وتركه حتى يجف ثم نزعه. ولسوء الحظ، كانت ألوان الجدران تنزع معهم أيضا. وتضررت مقابر كثيرة بسبب هذا الضغط. ومن أكثر المقابر تأثرا بهذا الفعل، مقبرة سيتي الأول رقم 17 (شكل 27).

وخلال هذه الفترة تورطت المتاحف الكبيرة فى أوربا، وتورط الانتهازيون وجامعو التحف الأغنياء فى حملة لنهب آثار مصر، ولم يكن وادي الملوك مستثنى من هذه المغامرات.

شكل 27: يوضح أضرار لحقت بنقوش المقبرة رقم 17 بسبب محاولات القرن 19 لعمل نماذج للنقوش

> ربما نكون آخر جيل تتاح له رؤية عظمة النحت المصرى، الذى كشف لأول مرة للمستكشفين بداية القرن.... فدخان مشاعل الرحالة، والتشويه الذى حدث بسبب نهب الآثار أدى إلى أن أصبح الذهب فى العديد من النقوش والرسوم باهتا.   ويليام هوارد رسل، 1869

علم الآثار القديمة

كان للعمل الأثري في وادي الملوك تأثير ضار على بنية الموقع أيضا. فقد تخلف علم المصريات عن الكثير من العلوم الأخرى فى مناهجه الأثرية وفى تبنيه لأفكار جديدة، كما تأخر فى الوصول لمفهوم دراسة الآثار بأسلوب علمى. كان فلندرز بترى أول من قام بتسجيل منهجى، وبالتالى بزغ ما يمكن أن يطلق عليه علم الآثار. وعلى مدى 80 عامًا، سيطر اكتشاف مقبرة توت عنخ آمون على العمل الأثرى، وأذنب كثير من علماء المصريات بسعيهم وراء "إغراء الذهب"، وتصرفوا حتى وقت قريب، وللأسف، باعتبار هم صائدى كنوز.

انصب اهتمام الأثريين دومًا بمواقعهم (أى المنطقة التي يحددها المجلس الأعلى للآثار المصرح لهم العمل فيها) وليس بالنتائج الأوسع لعملهم على الموقع. ففى الماضى، أدى التنظيف الخاطئ لحجرات المقابر إلى نفاذ مياه الأمطار إلي الحجرات أحيانًا، وإلى تدمير الجدران المرسومة الهشة. كما أدى إزالة الرديم من حول الأعمدة إلى تشقق الصخرة الأم بل وسقوط الأسقف. وكان الرديم الناتج عن أعمال الحفائر يكوم غالبًا على جوانب التلال القريبة، مما أدى إلى انحراف مياه الأمطار نحو المقابر المجاورة. بل وحتى وقت حديث جداً، فشل الأثريون العاملون فى وادي الملوك فى تنظيف منطقة عملهم، مُخلفين وراءهم أكوامًا من الدبش والحجارة وفجوات مفتوحة على جوانب التلال. فعادة ما يقوم العمال المتعاقدون على رفع رديم الحفائر بإلقائه بطول الطريق المؤدى إلى الوادى عوضا عن إلقائه بعيدًا فى وديان أكثر بعدًا، لتوفير الوقت والمال. ونتيجة لذلك، يشاهد السائحون المتجهون إلى وادي الملوك فى حافلات منظرًا قبيحًا لطريق تنتشر على جانبيه القمامة.

بالإضافة لذلك، أدت أعمال الحفائر الأخيرة في وادي الملوك إلى تعديل طبوغرافية مستجمعات المياه هناك. لذا لابد من إعادة تفعيل الدراسات المائية التي تمت في الثمانينيات والتسعينيات حتى يتسنى تغيير مستويات المسارات واتجاه مداخل المقابر، وحتى يمكن تحويل مسار الفيضانات المستقبلية بعيدا عــن المقابر.

محاولات الصيانة السابقة

تعتبر المحاولات التى تمت حديثا لتنظيف نقوش مقابر وادي الملوك وتدعيمها وتثبيتها أو "ترميمها" ضارة أحيانًا أكثر منها نافعة. وينطبق هذا أيضا على تثبيت أجهزة للحماية مثل الأبواب وألــواح الزجاج (شكل 28) ودرابزينات وأرضيات وأضواء وضوابط بيئية. وأقدم مثال لهذا، ما قام به هوارد كارتر في مقبرة رمسيس السادس رقم 9 منذ 90 عامًا تقريبًا. حين قام بعمل ثقوب في الجدران عند مستوى سقف المقبرة، وأدخل فيها أوتادًا خشبية لتثبيت الكابلات

شكل 28: حواجز زجاجية حامية للنقوش

الكهربائية التي مدها عبر المقبرة لإنارة اللمبات الموضوعة بطول ممراتها. وتسبب ذلك في الإضرار بطبقة الرسوم والبلاستر الأصلية.

في السنوات الأخيرة، قامت البعثات الأجنبية بتنفيذ أعمال صيانة في المقابر رقم 5 و7 و9 و10 و14 و16 بوادي الملوك، وهناك تقارير متاحة عن هذه المشروعات. ولكن للأسف، لا توجد وثائق تسجل أعمال الصيانة التي قام بها المجلس الأعلى للآثار في الوادي. بل لم يحدث أي مسح منهجي لحالة المقابر حتى عام 2005، وكانت أغلب أعمال الصيانة التي تمت غير منهجية، ويحكمها توفر الدعم المالي والعمال والخامات والحاجة الملحة للصيانة. وأغلب أعمال الصيانة التي تمت حتى الآن كانت على نطاق ضيق، واقتصرت على ملء الشروخ والشقوق في جدران المقابر وأسقفها، وتغطية المخربشات (حتى القديم منها) بالبلاستر، وترميم الأعمدة المكسورة. ووضع إضاءة فلورسنت، وسلالم خشبية، ومنحدرات، وتغطية أرضيات ممرات الكثير من المقابر، وتزويدها بدرابزين على الجانبين، وإقامة ألواح زجاجية كبيرة أمام الحوائط المنقوشة لحمايتها. ولكن في الوقت ذاته لم يُلتفت إلى مشاكل كثيرة مثل تقشر طبقة اللون، ونمو الفطريات بدرجة كبيرة.

التغيرات الإنشائية في وادي الملوك

يكمن وراء تنفيذ تعديلات إنشائية بوادي الملوك سببان رئيسان: الأول مواجهة زيادة عدد الزوار والثاني الحماية من الفيضانات. وأنشئت دروب في وادي

الملوك لأول مرة في العشرينيات وطرأ عليها الكثير من التعديلات منذ ذلك الحين، وذلك قبل إجراء الدراسات المائية للوادي. ونتج عن إنشاء تلك المدقات زيادة خطورة السيول على المقابر. على سبيل المثال، عندما قام العمال بتعلية الدروب لتوسيعها أدى ذلك إلى انحراف مياه السيول إلى مداخل المقابر المجاورة التى تقع مداخلها علـى مستوى منخفض. وكذلك عند تمهيد الطريق من وادي الملوك إلى استراحة كارتر، تشكلت قناة جعلت مياه السيول تتجمع وتندفع خارج وادي الملوك بكمية كبيرة وبقوة دفع شديدة إلي مناطق مثل دراع أبو النجا ومعبد سيتي الأول والقرى المحيطة. وكما ذكر آنفا، في عام 1994 دمرت مثل هذه السيول أجزاء كبيرة من هذه المناطق مسببةً خسائر بملايين الجنيهات. ولا يبدو أن الحل هو بناء قنوات لتحويل المياه وحواجز بطول الطريق، فالقنوات غير متحدرة بشكل دقيق والحواجز لا تعترض الطريق الممهد.

ثبت حتى الآن أن المشاريع التى تمت لحماية مقابر وادي الملوك أو أجزاء أخرى من المنطقة الأثرية من مخاطر مياه السيول غير كافية، إضافة إلى أن البيانات التى اعتمدت عليها الدراسات المائية قديمة لأن الحفائر المستمرة على مدى العقد الماضي تسببت فى تغيير طبوغرافية الوادي. وتعتبر الجدران التى أنشئت حديثًا حول مداخل بعض مقابر وادي الملوك بوصفها حواجز من مياه السيول تشويهًا للناحية الجمالية لوادي الملوك (شكل 29).

السياحة

أصبح وادي الملوك مقصدًا للسياح بصورة متزايدة خلال القرنين الماضيين. وتزايدت أعداد السياح من عدة عشرات قليلة كل يوم في منتصف الستينيات إلي أكثر من 7000 سائح يوميًا 2005، تسببت زيادة أعداد زوار مقابر وادي الملوك إلى أضرار خطيرة لتلك المقابر. وأدت التغيرات السريعة في درجة الحرارة والرطوبة في المقابر بسبب مجموعات السياح الغارقين فى عرقهم بسبب الجو الحار إلى تأثير خطير علي الزخارف الملونة. ولعدم وجود نظام للتحكم في الأعداد الكبيرة من السياح وإدارة حركة السير جعلت الزيارة لـوادي الملوك غير ممتعة للسياح وتمثل خطرا على الآثار. إن تدنى مستوى البنية التحتية من دورات مياه، ومواقف سيارات، وإضاءة يهدد المظهر الجمالى لوادي الملوك. إن اللمس والاحتكاك غير المقصود بجدران المقابر من جانب الزوار يمثل مشكلة تحدث على نحو متزايد. وسوف نناقش هذه المشكلة بالتفصيل فيما يلى.

شكل 29: جدران حامية من السيول للمقبرة رقم 17

شكل 30: أحد السياح يلمس التابوت

التخريب المتعمد والسرقة

شهد وادي الملوك سرقات مشهورة منذ القدم وحتى الآن (تذكر النصوص القديمة بعضًا منها). لكن مثل هذه السرقات أصبحت نادرة جدًّا في وادي الملوك اليوم، ربما بسبب السياسة الفعالة، والعقوبات المغلظة، وأحكام السجن المشدد. (مازالت مصر تعاني من مشكلة سرقة الآثار، بما أن أغلب السرقات تتركز في مقابر النبلاء غير المسجلة وغير المحمية جيدًا والمستخدمة مخازن مؤقتة من قبل المجلس الأعلى للآثار). في واقع الأمر، حدثت سرقات قليلة جدا سواء لقطع أثرية أو كسرات جدران من وادي الملوك خلال القرن الماضي. (مثال واحد لكسرات جدار أفلتت من التفتيش عبارة عن عضدي باب أُخِذا من مقبرة سيتي الأول، ويُعرضان حاليا في اللوفر وفلورانس). وكان لزيادة أعداد السياح عامل فاعل في منع السرقة، وخضعت زيارة المقابر لمراقبة شديدة لمدة 10 ساعات يوميا. إن محاولة قطع جزء من جدار المقبرة رقم 43 في أوائل الثمانينيات كان مثالاً لإحدى السرقات الحديثة القليلة (شكل 31 ب). وقد فشلت محاولة السرقة لكنها تركت أثرًا سيئًا على الجدار بطريقة يصعب علاجها. يصور الشكل 32 و 33 تصويرا واضحا مدى التغيرات التي لحقت بالوادي عبر القرن الأخير.

شكل 31 أ، ب : النقوش قبل وبعد محاولة سرقتها. مقبرة رقم 43 وادي الملوك

شكل 32 أ، ب : درجات تؤدي إلي المقبرة رقم 34 وادي الملوك، حوالى عام 1910، 1999

شكل 33 أ، ب : مدخل المقبرة رقم 47 وادي الملوك، حوالى عام 1910، 1999

ملخص عوامل الخطر التى تهدد وادي الملوك

مخاطر كبيرة:
- مياه الأمطار والسيول
- العوامل الجوية داخل المقبرة
- عدم كفاءة إدارة المواقع والصيانة غير المناسب

مخاطر متوسطة:
- الشقوق وعدم ثبات بنية الصخرة الأم من الحجر الجيري
- تعدي الحيوانات والكائنات الحية الدقيقة
- الصيانة الغير مناسبة
- خطط ومشاريع الحماية من السيول الغير ملائمة
- الموقع السيئ وغير الجمالى للبنية التحتية
- الاحتكاك الغير مقصود ولمس الجدران من قبل الزوار
- الحفائر غير المنهجية

مخاطر ضئيلة:
- الانزلاقات الأرضية
- النشاط الزلزالي
- السرقة والتخريب المتعمد

الفصل الثالث: السياحة ووادي الملوك

> يعتبر تنوع التراث الطبيعى والثقافى، والكائنات الحية عوامل جذب سياحى هامة. لكن الإدارة غير الرشيدة، والسيئة للسياحة، والتطور المرتبط بالسياحة، تهدد طبيعتها المادية، وتكاملها وصفاتها البارزة. إن الوضع البيئى وثقافة حياة المجمعات المُضيفة وأسلوبها ربما تتأثر سلبا أيضا باستكشاف الزوار للمكان.
>
> المجلس العالمي للآثار والمواقع (ICOMOS)، 1999

السياحة فى مصر

احتلت السياحة عصب اقتصاد مصر خلال القرنين الماضيين. ولكنها خلال الجيل الماضى، أصبحت مكونًا رئيسيًا للاقتصاد وهى الآن مصدر 45% من العملة الصعبة السنوية للبلد، ومساهمتها فى إجمالى الناتج العام كبيرة وقابلة للقياس بسهولة. على أنه من الصعب قياس إسهام السياحة فى صنع مستويات العمالة، وخاصة، تأثيرها المباشر على صناعات مثل النقل والبناء والمواد الغذائية والمشروبات والترفيه.

فى عام 1980 زار مصر مليون سائح، وكان العائد المادى أكثر من 300 مليون دولار. وفى عام 2000 ارتفع الرقم إلى 5,5 مليون سائح مع إجمالى عائد بلغ 4,5 بليون دولار. علاوة على ذلك، فى عام 2004، زار مصر 8,1 مليون سائح، بزيادة قدرها 34,1% عن العام السابق، بإجمالى دخل حوالى 6,1 بليون دولار (جدول 5 و 6). إضافة إلى ذلك، كان هدف الحكومة المصرية زيادة عدد الزوار إلى 9,5 مليون ورفع العائد إلى 10 بليون دولار سنويًا خلال هذا العقد.

وتم استثمار كبير جدا فى هذا المجال سواء من القطاع الخاص والقطاع العام فى البنية التحتية لمتطلبات صناعة السياحة، ومن المفترض الاهتمام بتنمية البنية التحتية فى كل تخطيط ميزانية للحكومة المصرية لتواكب الزيادة المطردة فى عدد السائحين. وحديثا تنفق الدول العربية المجاورة ملايين الدولارات سنويا لتشجيع السياحة وتدعيمها، وتمثل حالياً قطاعاً متزايد النمو لسوق السياحة المصرى. وقيل إن قليلاً من سياح" الطبقة الراقية" أفضل لأنهم سيحافظون على الآثار، وتزيد من الأرباح الناتجة من مجال السياحة، وفى الوقت نفسه يمثلون ضغوطًا أقل على المصادر الأثرية والطبيعية. على أن مصر، التزمت (بقرارات وزارية صادرة منذ عقود مضت) باستقبال أعداد غفيرة من السياح، ومثل هذا النمط من المستبعد أن يتغير فى المستقبل القريب. ومع ذلك هناك أنواع مختلفة من السياحة لابد من الترويج لها.

حددت سلطات السياحة المصرية 16 مجموعة من فئات الجذب السياحى وأنواعه:	
مصر الفرعونية	المتنزهات الطبيعية
مصر اليونانية - الرومانية	المنتجعات
مصر القبطية	الجولف
مصر الإسلامية	السياحة النيلية
منتجعات الغوص	الواحات
المتاحف	مصر الحديثة
رحلات السفارى	أنشطة رياضية
المؤتمرات	السياحة العلاجية

جدول 4: فئات الجذب السياحى

إحصاءات سياحية

من خلال ما تم مناقشته آنفًا، نرى أن السياحة زادت بمعدل لم يسبق له مثيل. رغم بعض النكسات التى شهدتها السياحة فى عام 1997 من هجمات إرهابية على السياح فى القاهرة والأقصر، إلا أن سوق السياحة تعافى بسرعة كبيرة. ومرة أخرى حدث انخفاض بسيط بعد هجوم 11 سبتمبر بالولايات المتحدة عام 2001. وما تلاه خلال معارك العراق وأفغانستان، ومع كل ذلك تعافت السياحة

فى مصر بسرعة كبيرة. وتسببت الأحداث المحلية الحديثة، مثل ثورة 2011 فى هبوط طفيف فى أشكال السياحة، ومرة أخرى تعود بسرعة إلى الانتعاش.

واقترح العديد من المحللين أنه في ضوء الأحداث العالمية، سيعانى السائحون من الإرهاب، ولكنهم وجدوا أنه على الرغم من القلق من هذه الأحداث، فإن السائحين لن يدعوا هذه الأحداث تؤثر على خطط عطلتهم. إن الأحداث العالمية والإرهاب سيكون لها تأثير سيئ على السياح، على أن ذلك لم يحدث، ولم يتركوا تلك الأحداث تنعكس سلبًا على خططهم لقضاء عطلاتهم. وتعتبر ثورة الشعب المصرى عام 2011 هى الأخيرة فى تلك الأحداث التى تعيق الزيادة المطردة فى عدد السياح (انخفض عدد السياح إلى حوالى 50%)، ولكن هذا أيضا، من المرجح أن يكون وقتيًا فقط.

عام	1995	1996	1997	1998	1999	2000	2001	2002	2003	2004
وصول إجمالى (مليون)	3,133	3,896	3,961	3,454	4,797	5,506	4,648	5,192	6,044	8,100
% زيادة		24,35	1,67	-12,80	38,88	14,78	-15,58	11,70	16,41	34,02

جدول 5: يوضح أعداد السياح القادمين إلى مصر عام 1995- 2004

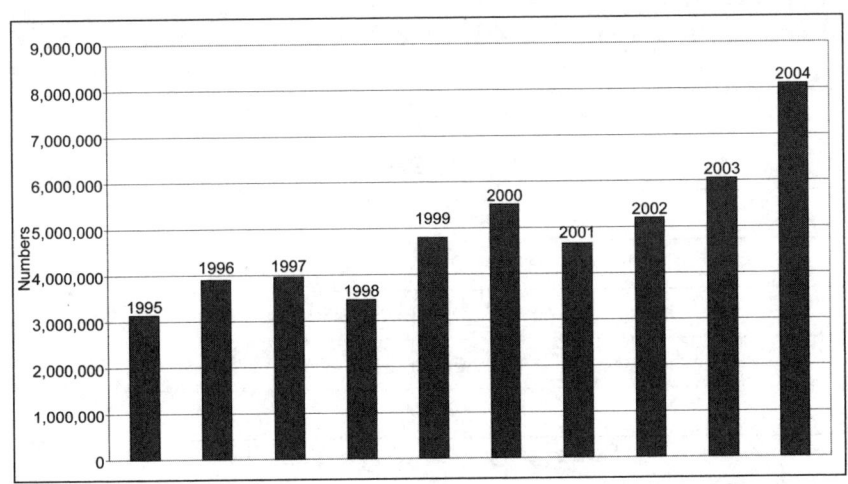

جدول 6: أعداد السياح القادمين إلى مصر عام 1995-2004

تأثيرات السياحة

حتى وقت قريب، كان يُعتقد أنه يمكن تحقيق نمو سياحى بدون حدوث تأثيرات سلبية على مصادر التراث الثقافى لمصر. وكان يعتقد أن السياحة صناعة غير قابلة للاستنفاد، ومكون ضروري لاستراتيجية تنمية الدولة دون جوانب سلبية. وواقعيا، اعتُبِرت ضرورة لنجاح الاقتصاد المصرى. لكن اتضح لاحقاً أن هذا غير صحيح، وأن السياحة تستنفذ بالفعل مصادر الدولة المُضيفة، ليس فقط المصادر الطبيعية ومصادر من صنع الإنسان بل والمصادر الثقافية أيضاً. إن الموارد الثقافية محدودة ويجب أن تدار مثل أى مورد آخر نادر. وهذا واقع مستجد يجب أن تتصرف بناء عليه السلطات المصرية الآن. وقامت الإدارات السابقة بإجراء مزدوج بفتح مواقع أثرية أكثر للزوار، وتنشيط السياحة لزيادة الدخل. لكن هذا النهج يواجه تحديا الآن.

فوائد السياحة
اقتصادية
التنمية العامة وتنمية البنية التحتية للتراث الثقافى
الترابط الاجتماعى
الترميم والصيانة
التعرف على العالم
لجوانب السلبية للسياحة
تدهور التراث الثقافى، وزيادة أعمال الصيانة، إلخ
الطبيعة الاستعمارية الجديدة للسياحة
التواجد فى المواقع
الوضع الأمنى
سياحة الأعداد الغفيرة
إعادة البناء مقابل الترميم
تجميل الأثر بما يطمس حقيقته
بيع مصر
الاعتماد على السياحة: هل هى دائمة؟

جدول 7: السياحة والتراث الثقافى فى مصر

حتى وقت قريب، كان تحرك مصر بطيئاً فى اعتناق منهاج لتطوير استراتيجيتها السياحية. هناك الكثيرون الذين يدعون الآن إلى تعديل سياستها تجاه السياحة وتطبيق مدونة لممارسة السياحة. وفيما يلى مثال لمقترح طرحه المجلس العالمى للآثار والمواقع ICOMOS، ويمكن تنقيحه وتعديله بما يتناسب مع السوق المصري:

- ضرورة وضع خطط تنمية سياحية شاملة بوصفها شرطًا مسبقًا لأية تنمية سياحية محتملة.
- يجب أن يكون جوهر أى خطة تنمية سياحية أن تستفيد منها كل من الصيانة، بمعناها الأوسع، والسياحة. ويجب أن يكون هذا المبدأ جزءًا من الهدف الأساسى لكل التوكيلات السياحية الوطنية، وهيئة السياحة المحلية، والسياحة الترفيهية.
- لابد أن يخصص جزء كبير من الدخل الناتج من السياحة للترميم والصيانة، على المستوى الدولى والمستوى الإقليمى على حد سواء.
- لابد أن يكون الناس الذين يعيشون ويعملون فى أى مجتمع مُضيف هم العامل الفعال فى انتقاء خيارات التنمية السياحية لجنيِ المنفعة على المدى الطويل.
- ولابد أن تسهم البرامج التعليمية فى تدعو السائحين إلى احترام وتفهم طريقة الحياة المحلية، والثقافة والتاريخ والدين. ويجب على خطط السياحة أن تأخذ فى الحسبان كل تلك الاعتبارات.
- يجب أن يقلل تصميم المبانى الجديدة، والمواقع ونظام المواصلات من التأثيرات البصرية الضارة المحتملة على السياحة. ومراعاة أن يكون الحد من التلوث فى صلب كل أشكال البنية التحتية. ويجب تجنب إقامة أبنية حيث مواقع الجمال الطبيعى الخلاب ما أمكن.
- يجب أن تحدد الإدارة الجيدة مستوى التنمية السياحية المقبولة ووضع الضوابط للحفاظ على هذا المستوى.

السياحة فى الأقصر

الأقصر مدينة متوسطة المساحة طبقا للمواصفات المصرية، تعداد سكانها حوالى 150000 نسمة. ومع ذلك فقد أُعلنت مدينة بقرار جمهورى عام 1989 نظرًا لأهميتها لاقتصاد مصر.

حتى ذلك التاريخ كانت الأقصر تعتبر جزءًا من الإدارة المحلية للقرنة. إداريًا، تضم مدينة الأقصر أيضا القرى الخمس المجاورة (الكرنك والكرنك الجديدة والقرنة والمنشية والعوامية) ليزيد عدد السكان إلى 360000 نسمة.

شكل 34: لافتة حديثة بالأقصر

يمنح القرار الجمهورى مدينة الأقصر منزلة تتيح لدواوينها موقعا متفردًا فى السياسة المصرية، وأن يرفعوا بمقتضى ذلك مكاتباتهم مباشرة إلى مكتب رئيس الجمهورية، ولهم سلطة فوق الوزارات الحكومية داخل حدود المدن. وهذا يمنح المحافظ سلطة كبيرة فى اتخاذ القرارات التى تؤثر على مستقبل آثار الأقصر.

تاريخ الأقصر من نواحٍ عدة هو أيضًا تاريخ السياحة العالمية فى مصر، وكما توسعت السوق السياحية، توسعت الأقصر بالمثل. بعد ما كانت يوما ما قرية أصبحت الآن مدينة يعتمد وجودها بصورة أساسية على النمو المستمر لسياحة المجموعات. تعتبر الأقصر واحدة من أغنى المدن المصرية، ولكنها بخلاف بقية المدن المصرية ليس بها أية صناعة أخرى غير السياحة فى قطاع اقتصاد الأقصر. فهناك عدد كبير من السكان يعمل سواء بشكل مباشر أو غير مباشر فى صناعة السياحة. ومع ذلك فإن أغلب العائد الاقتصادى من الأقصر يغذى الاقتصاد المصرى القومى، وليس الأقصر أو سكانها.

تقع أماكن الإقامة والمرافق السياحية بشكل أساسى على الضفة الشرقية للنيل، متمثلة فى فنادق أربع نجوم أو خمس، وأسطول يزداد دوما من الفنادق العائمة (حاليا أكثر من 300 فندق عائم على النيل بقوة استيعابية تبلغ أكثر من30000 حجرة). وحاليا، يوجد على البر الغربى للنيل فورة من الفنادق

62 | السياحة ووادي الملوك

الصغيرة. هذه الفنادق تلبى فى الغالب متطلبات الرحالة الفرادى والعاملين فى المجال الأثرى بالمنطقة.

فى عام 1976 أصدر مجلس الوزراء القرار رقم 134 باعتبار الأقصر منطقة سياحية، وبمقتضاه يجب الموافقة من قِبل وزارة السياحة على إقامة أى مبنى جديد. ويحدد القرار مبدأين أساسيين هما:

- عدم إقامة توسعات حضرية أو فنادق على الضفة الغربية للنيل، فيما عدا إعادة تسكين السكان الذين يعيشون فوق مقابر أو قربها.
- سيتم إنشاء مناطق حماية بيئية/ وصيانة حول الآثار على كل من شرق النيل وغربه.

لكن هذه القوانين طبقت اعتباطيًا. ففى بعض الحالات، سُمح بالبناء قرب الآثار؛ وفى حالات أخرى، أزيلت مثل هذه الأبنية المخالفة قرب الآثار. هذه المبانى لا تؤثر تأثيرًا مباشرًا على وادي الملوك، لكن لها تأثيرًا ضارًا على أجزاءأخرى من البر الغربى، وبصفة خاصة المنطقة الواقعة حول معابدها التذكارية. وكانت القاعدة الأولى، وتشير إلى إعادة تسكين السكان الذين يعيشون بالقرب من المقابر، مسألة خلافية لسنوات عديدة. وتمت محاولات عديدة لم يكتب لها النجاح عبر القرن الماضى لإعادة تسكين سكان القرنة، وحديثًا تم نقل سكان القرنة إلى مدينة جديدة تقع فى الجزء الشمالى لطيبة، وهُدمت قرى القرنة القديمة.

> " إن تفسيراً متوازناً للماضى الأثرى يتطلب وجود خطة إدارة للمواقع الأثرية التى تضم البر الغربى للأقصر بحيث تقبل هذه الخطة وجهة النظر القائلة بأن جبانات الأسرات القديمة لم تكن أبدا أماكن مهجورة و هو التصور الذى يدعو إليه مفهوم حديقة وطنية أو متحف مفتوح". كيس فان در سبك، 2006

ونظرا لأهمية مدينة الأقصر للاقتصاد المصرى ككل، فقد استحوذت على كثير من مبادرات التخطيط (شكل 35). وأسفر العمل لمدة عشرين عامًا عما لا يقل عن اثنتى عشرة خطة عمل منفصلة لتطوير المدينة. وتغطى تلك الخطط موضوعات متنوعة كالقضاء على الفقر، وخلق فرص عمل، وحماية التراث، والتخطيط العمرانى والسياحى، والقاسم المشترك بينها سياسة الفصل والتخصيص للمناطق والأنشطة. أحد المفاهيم هو الهدف من إعلان الأقصر

1979: Shankland Cox Partnership. الأقصر – طيبة القديمة. تقرير مقدم إلى اليونسكو.
1981: دراسة إدارة زيارة البر الغربى- الأقصر: التأثير المحتمل لأعداد السياح المتزايد على مقابر البر الغربى بالأقصر P. Mora, G. Torraca, Schwartzbaum, E. Smith تقرير المركز العالمى للصيانة بروما. روما.
Arther D. Little International ,Inc. in association with Shankland Cox Partnership, William R. Fothergill, Sherif M. ElHakim and Associates. دراسة عن إدارة الزيارة وما يرتبط بها من استثمارات على البر الغربى للنيل بالأقصر، تقرير مبدئى، مجلدين. مقدم إلى وزارة السياحة والطيران المدنى.
1987: وزارة الإسكان. الامتداد العمرانى لمدينة الأقصر.
التنظيم العام للتخطيط الطبيعى (GOPP). تخطيط مفصل للمرحلة الأولى لمدينة طيبة الجديدة (بالعربى، غير مؤرخ).
المجلس الأعلى لمدينة الأقصر. الأقصر 21 برنامج للتطوير والتنمية (بالعربى، غير مؤرخ).
1993: GOPP (المكتب الهندسى والاستشارى، APCO). الامتداد الفعلى لمدينة الأقصر. التقرير الخامس، التقرير النهائى (بالعربى).
1994: مجلس مدينة الأقصر/ الاستشارى الهندسى. مشروع دراسة توطين أهالى القرنة بمنطقة الطارف الجديدة غرب مدينة الأقصر.
1995: .Camp, Dresser & McKee International Inc، مشروع المدن الثانوية، مدينة الأقصر، تقرير بيئى (بالعربية والإنجليزية).
1994: وزارة الإسكان، تقرير مبدئى عن صيانة التراث الثقافى للأقصر (بالعربية).
1999: وزارة الإسكان، مشروع برنامج الأمم المتحدة للتنمية الشاملة لمدينة الأقصر، 1996-2003.
2000: Abt Associates Inc ووزارة الإسكان، المؤسسات والمجتمعات العمرانية، التطوير الشامل لمدينة الأقصر.

شكل 35: عرض مقترحات التخطيط العمرانى للأقصر

"متحف مفتوح" أو "منطقة تراث". هذا هو الهدف الرئيسى للخطة رقم 12 فى القائمة التالية، واقترحتها مؤسسة Abt Associates. وهى الخطة التى تنفذ الآن فى الأقصر. هذه الخطة قد فُعلت بقوة خلال السنوات الخمس الماضية، وأسفر تنفيذها عن مزيد من العزلة للزوار عن المجتمع المحلى وخلق سياحة "مُطوقة". على الرغم من حقيقة أن الأهداف المعلنة لكثير من هذه الخطط والمبادرات للأقصر كانت لحماية التراث الثقافى، وتنشيط السياحة العالمية ومزيد من

الاهتمام بالسكان المحليين، وحظى البند الثانى فقط من هذه البنود بالاهتمام بشكل جيد، مع التأكيد الأساسى على زيادة أعداد السياح. لكن هناك اهتمام قليل بإدارة صحيحة لتأثير السياح على البيئة الطبيعية والاجتماعية والأثرية للأقصر. تحتاج هذه المشروعات إلى مستوى عال من التعاون بين أصحاب المصلحة إذا أريد لها أن تكون ناجحة، وألا ينظر إلى كل مشروع على حده لكن بتأثيره الأوسع على المجتمع وتراث ومستقبل الأقصر.

السياحة فى وادي الملوك

يعتبر وادي الملوك من أكثر مناطق المجلس الأعلى للآثار جذبا للزيارة. (يحتل معبد الكرنك والدير البحرى المركز الثانى). لا توجد بيانات دقيقة، لكن يمكن القول إن 90% من إجمالى زوار مناطق التراث الثقافي فى المدينة، يزورون وادي الملوك. حيث يدرج الموقع فى كل برامج الشركات السياحية وكذلك الذين يقومون بزيارة الأماكن الأثرية بمفردهم يختارون وادي الملوك للزيارة. وتظهر الأرقام فــى عام 2004 (جدول 10) أن 1,8 مليون سائح زاروا وادي الملوك، بمعدل 5000 زائر يوميًا فى المتوسط. وهذا العدد يزيد بنسبة 40% تقريبًا عن عدد السياح عام 2003، فى حين يعتبر بعضهم هذا تعافيًا من تأثيرات الإرهاب العالمي لكن الاتجاه الضمنى هو النمو المستمر.

إحصاءات سياحية

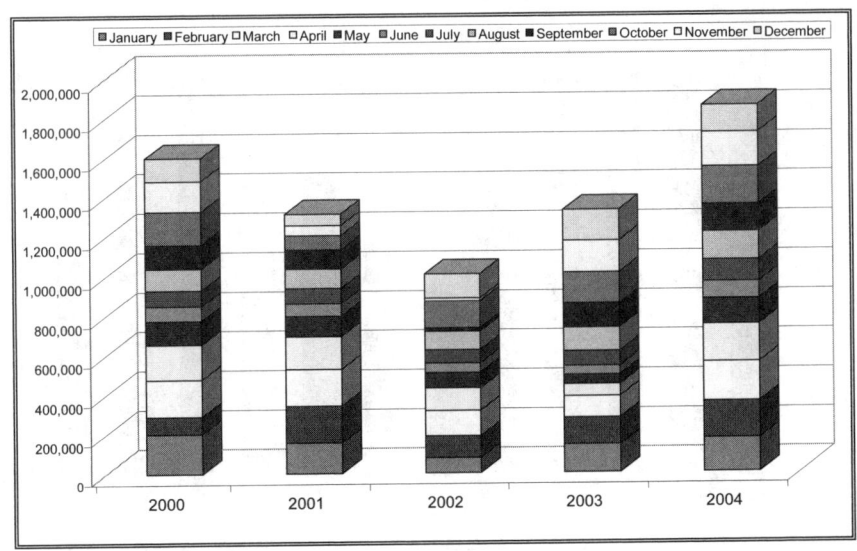

جدول 8: أعداد زوار وادي الملوك شهريًا، 2000- 2004

	2000	2001	2002	2003	2004
يناير	204,434	157,034	77,468	142,448	173,517
فبراير	87,876	186,767	111,298	135,948	185,326
مارس	186,431	186,364	128,461	108,135	199,088
أبريل	178,434	166,260	113,321	60,931	190,274
مايو	120,068	102,029	78,583	47,486	129,840
يونيو	74,621	65,311	48,089	45,370	86,862
يوليو	81,471	78,393	67,574	74,999	109,441
أغسطس	109,409	98,772	93,236	118,663	143,300
سبتمبر	121,752	96,102	18,365	122,619	138,000
أكتوبر	166,485	72,232	135,393	159,133	190,958
نوفمبر	155,944	50,166	16,950	161,273	175,913
ديسمبر	118,469	58,399	121,533	154,532	136,171
الإجمالي	1,605,394	1,317,829	1,010,271	1,331,532	1,858,690
نسبة التغير%		-17,91%	-23,34%	31,80%	39,59%

جدول 9: أعداد زوار وادي الملوك شهريًا، 2000-2004

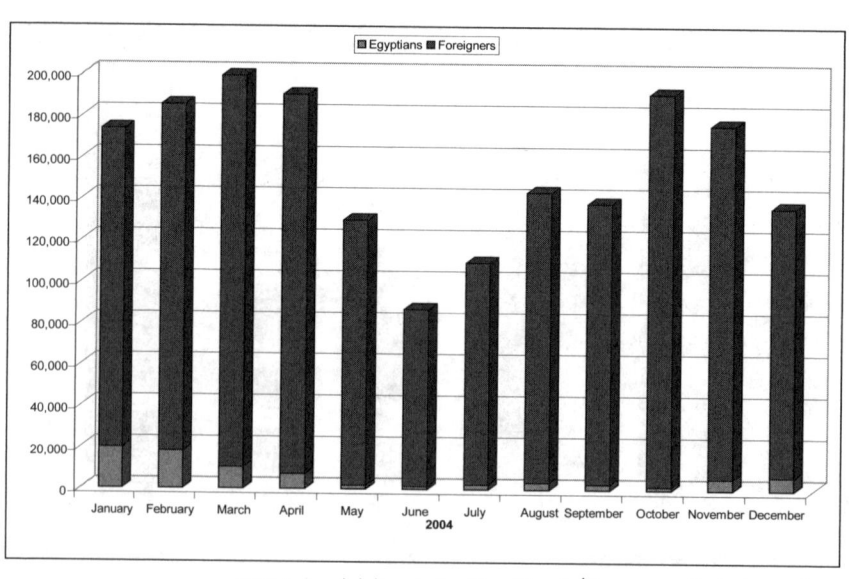

جدول 10: أعداد المصريين والأجانب الذين زاروا وادي الملوك عام 2004

السياحة ووادي الملوك | 66

الشهر	مصري	أجنبى	الإجمالى
يناير	19,927	153,590	173,517
فبراير	18,302	167,024	185,328
مارس	10,462	188,626	199,088
إبريل	7,169	183,105	190,274
مايو	1,817	128,023	129,840
يونيو	1,462	85,400	86,862
يوليو	2,440	107,001	109,441
أغسطس	3,511	139,789	143,300
سبتمبر	2,624	135,376	138,000
أكتوبر	1,683	189,275	190,958
نوفمبر	5,463	170,450	175,913
ديسمبر	6,478	129,693	136,171
الإجمالى	338,81	352,777,1	1,858,690
متوسط العدد اليومى			5,092

جدول 11: أعداد زوار وادي الملوك من المصريين والأجانب عام 2004

تأثيرات السياحة

كما هو موضح فى الصور أعلاه، تغير وادي الملوك بشكل كبير خلال القرن الماضي. وكان للسياحة الجماعية تأثير كبير على بيئته الطبيعية والمادية.
وكانت التغييرات التى تمت لاستيعاب زيادة أعداد الزوار جوهرية وتشمل:

- توسيع الطرق والممرات.
- بناء مظلات ومقاعد واستراحات ودورات مياه.
- توفير كافيتريات ونقاط تأمين ومكاتب للموقع.
- وضع لوحات إرشادية.

عند التخطيط للسياحة فى وادي الملوك، يجب أن نفترض أن عدد الزوار سوف يستمر فى الزيادة سنويا. وقررت وزارة السياحة فعلا أن غايتها مضاعفة عدد السياح ثلاثة أضعاف العدد خلال السنوات العشر القادمة. ولمنع الأضرار التي لا يمكن علاجها للآثار، لابد أن يدرج فى خطة إدارة وادي الملوك أن المعدل الحالي 7000 زائر يوميًا، وأن العدد قد يصل من 15000 إلى 20000 يوميًا عام 2015. وبالتالي، فإن المرافق المتاحة اليوم يجب زيادة قدرتها عند مرحلة التصميم.

شكل 36 أ, ب: المدخل إلى وادي الملوك حوالى عام 1910، 1996، طبقا لفيكتور لوريه

الفصل الرابع: استبيان آراء زوار وادي الملوك

أول أهداف الدراسة المبدئية لإعداد خريطة شاملة لوادي الملوك الاستطلاع وتبادل الرأى مع أصحاب المصلحة فى الموقع. وجدير بالذكر أن هذا لم يحدث فى أى موقع للتراث فى مصر. أصحاب المصلحة، المدرجون أدناه، لهم مصلحة أو حصة فى أية تنمية مستقبلية للوادي، وإدراج وجهة نظر هم فيما يتعلق بأى تطوير مستقبلى أمر ضرورى لنجاح تنفيذه. ونتيجة لذلك تم تحديد قائمة شاملة لأصحاب المصلحة، وبناءً على ذلك وضعت استراتيجية عن أفضل السبل للاسترشاد بآرائهم. ولهذه الاستراتيجية مرحلتان. فى المرحلة الأولى من الاستبيان، استهدفنا سياحًا، ومرشدين سياحيين، وعاملين بالمنطقة، وتجمعات سكانية بالبر الغربى تربطهم علاقات بوادي الملوك. وفى المرحلة الثانية، طُرح استبيان للرأى على الموقع الإلكترونى لمشروع خرائط طيبة www.thebanmappingproject.com.
وذلك لاستطلاع وجهات نظر من سبق لهم زيارة وادي الملوك وآرائهم.
فى عام 2007، قام معهد جيتى للصيانة- والحفظ (GCI) بتنفيذ أعمال أخرى فى هذا المجال فى وادي الملكات، وذلك باستخدام منهاج مماثل لمسح وادي الملوك. تظهر فى الجداول والإحصاءات الملحقة بعض من نتائجهم، ومشار إليها أنها نتيجة مسح معهد جيتى للترميم لعام 2007.

المرحلة الأولى من الاستبيان- مسح وادي الملوك

فى يونيو عام 2004، قمنا بتفويض مركز الدراسات الاجتماعية بالجامعة الأمريكية بالقاهرة لاستطلاع آراء مجموعة مختارة من رواد وادي الملوك.

المنهج المتبع فى الاستبيان
أصحاب المصلحة فى وادي الملوك
تحددت 14 مجموعة رئيسة من أصحاب المصلحة، وصُنفت المجموعات إلى فئات بناءً على أهداف الدراسة.

- آثاريون وباحثون فى علم الآثار
- وزارة الدولة لشئون البيئة المصرية
- السياح
  - مرتادو رحلات اليوم الواحد، الآتية من البحر الأحمر
  - سياح الفنادق النيلية العائمة
  - مجموعات السياح التى تقيم فى الفنادق
  - السياح الفرادى
  - سياح متكررو الترحال
  - زوار مصريون
- خبراء فى السياحة
  - منظمو الرحلات السياحية
  - مرشدون سياحيون
  - سائقو سيارات الأجرة
  - سائقو الحافلات السياحية
- التجار
- العاملون بالمنطقة
  - مفتشو الآثار
  - عمال الصيانة
  - الحراس
  - القائمون بأعمال النظافة
  - القائمون على دورات المياه
- المجلس الأعلى للآثار / وزارة الثقافة
- وزارة السياحة
- الأمن / الجيش
- مجلس مدينة الأقصر
- المجتمع المحلي
- هيئات التراث العالمي—اليونسكو/ ايكوموس ICOMOS (المركز العالمى لدراسة صيانة وترميم التراث الثقافى)، معهد جيتى للصيانة ـ والحفظ
- الصندوق العالمي لتمويل الآثار
- المانحون / الممولون

أهداف الاستبيان

استطلع فريق استبيان وادي الملوك آراء السائحين، ومنفذى الرحلات السياحية والباعة المحليين والعاملين بوادي الملوك والمجتمعات المحلية فيما يخص المشاكل التالية التي تواجه المنطقة:

- الاكتظاظ والازدحام
- كمية وجودة الخدمة المقدمة للزوار
- الصيانة
- الإدارة
- الأمن

من المزمع استخدام نتائج الاستبيان فى تصميم مشروع مركز زوار وادي الملوك والانتهاء من إعداد خرائط وادي الملوك.

منهج الاستبيان

استخدمت الدراسة كلا من المنهج النوعي والمنهج الكمي. يشمل المنهج الكمي مقابلات تدار ذاتيا مع الزوار والمرشدين المصاحبين لهم. تمت الدراسة من 13- 19 يونيو 2004، لأكثر من خمسة أيام. وجرت استطلاعات الرأى طوال ساعات فتح الموقع (صباحًا وبعد الظهر). تم تنفيذ 610 مقابلة مع زوار يمثلون 44 جنسية مختلفة. بالإضافة إلى تنفيذ 208 مقابلة مع المرشدين السياحيين. وشمل المنهج النوعي ست مجموعات نقاشية. ركزت مجموعتان منها على التجار، ومجموعتان على العاملين بوادي الملوك، ومجموعتان على السكان المحليين.

أدوات الدراسة

وضع استبيانان لتوسيع الدراسة الكمية لتشمل طرفين: واحدًا للزوار، وآخر للمرشدين السياحيين. جمع الاستبيانان معلومات عن:

- خصائص خلفية المشاركين (الجنس، والعمر، والجنسية، إلخ)
- ملاحظات الزوار فيما يخص الخدمات المتاحة فى وادي الملوك (حوانيت الهدايا، ودورات المياه، وقطار الطفطف، وأماكن انتظار السيارات، وطريقة الوصول إلى المقابر، إلخ)
- اقتراحات لتحسين زيارة وادي الملوك

وُضع الاستبيان كل من مشروع إعداد خرائط طيبة و(SRC) مركز البحوث الاجتماعية، ثم عرض على د. زاهى حواس الأمين العام السابق للمجلس الأعلى للآثار. وتُرجم استبيان الزوار إلى اللغات الفرنسية والألمانية

شكل 37: فريق عمل استبيان وادي الملوك

والإيطالية، إضافة إلى النسخة الإنجليزية والعربية. وشمل استبيان معهد جيتى للصيانة والحفظ عام 2007 عمليات مسح باللغات الإنجليزية والفرنسية والألمانية والروسية واليابانية.

غطت المناقشات مع المجموعات المستهدفة النقاط الآتية :-

- علاقة المشاركين بوادي الملوك
- آراء المشاركين عن الفوائد والمشاكل مع وادي الملوك
- اقتراحات لتحسين الوضع الحالى بوادي الملوك

قام بتسجيل آراء كل مجموعة مُستهدفة ثلاثة مندوبين لإجراء الحوارات: مشرف، ومترجم، ومدون ملاحظات. وقاموا بتسجيل المناقشات باستخدام جهاز مسجل كاسيت قياسى.

العمل الميداني

توظيف فريق العمل

تم توظيف ستة مندوبين لإجراء المقابلات ومشرفين للعمل إلى جانب مدير حفظ مشروع خرائط طيبة. وأُختير فريق العمل الميدانى والمحررين ممن لهم خبرة سابقة فى مثل هذه الاستبيانات.

التدريب

تدرب المندوبون فى الأسبوع الأول من شهر يونيو عام 2004. وشمل برنامج التدريب كيفية إجراء مقابلات، وإجراءات ميدانية، واستعراض تفصيلى لموضوعات الاستبيان. وحصل فريق العمل على سلسلة دورات تمهيدية بالضفة الغربية بالأقصر قبل بداية العمل الميدانى، شملت جولات فى منطقة الآثار وتعريف بوادي الملوك، ومقدمة مختصرة عن الموضوعات ذات التأثير على الموقع.

العمل الميداني الرئيسى

تكون فريق العمل الميداني من مجموعة واحدة. وخلال العمل الميداني، نُظِّمَ فريق العمل طبقا للدراسة الكمية والنوعية. وتم توظيف ملاحظين لمراقبة الجودة. وجرى العمل الميداني من 13-19 يونيو عام 2004. ويقدم جدول 12 عدد الاستبيانات التى تمت بناءً على اللغة خلال فترة العمل الميداني. (قام معهد جيتى للصيانة والحفظ فى 2007 باستطلاع آراء زوار وادي الملكات باللغة الإنجليزية والفرنسية والألمانية والروسية واليابانية.)

	13 يونيو	14 يونيو	15 يونيو	16 يونيو	17 يونيو	الإجمالى	%
عربي	42	0	2	9	1	54	8,85
إنجليزي	87	74	21	69	28	279	45,74
فرنسي	23	32	7	7	23	92	15,08
ألمانى	27	30	20	19	20	116	19,02
إيطالي	0	0	34	35	0	69	11,31
المجموع	179	136	84	139	72	610	100,00

جدول 12: الاستبيانات النهائية بناءً على اللغة، يونيو 13-17، 2004

معالجة المعلومات

بعد جمع المعلومات الأساسية والتحرير الميداني لأسئلة الاستبيان للوصول إلى كمال المعلومات واتساقها، تم توظيف محررين ذوى خبرة لتنفيذ التحرير والترميز المكتبى.

بدأ إدخال المعلومات والتحقق منها بعد أسبوع من معالجة المعلومات مكتبيا. وشمل إدخال معالجة المعلومات- التحرير، والتنظيف، وإعادة إدخال 100% ، وتسهيل العملية باستخدام أجهزة كمبيوتر شخصية وتطوير برنامج قاعدة بيانات خاص بهذا الاستبيان. انتهت عملية تجهيز بيانات الاستبيان فى نهاية شهر يونيو 2004. ثم حلل مناقشات المجموعة المستهدفة متخصص فى المنهج النوعى.

إجراءات التحكم النوعي
ولضمان جودة البيانات المجمعة رُوعى الآتى:
- اختيار فريق عمل ميدانى مؤهل
- تحرير المعلومات ميدانياً (بواسطة مشرفين)
- المراجعة الميدانية بواسطة مشرفين
- تصحيح المعلومات بالمكتب
- إعادة إدخال 100% من أسئلة الاستبيان

القيود المفروضة على الدراسة
تمت الدراسة خلال منتصف شهر يونيو عام 2004، وذلك لضيق الوقت. على أن توقيت الاستبيان ومحدوديته ربما تؤثر على نتائج المسح للأسباب الآتية:
- قلة عدد الزوار فى هذا الوقت من العام مقارنة بشهور السنة الأخرى، خاصة أشهر الشتاء البارد (جدول 14 أ). مما يكون له رد فعل مختلف على الزائر، أن الأعداد القليلة للزائرين تؤثر على آرائهم فيما يتعلق بمدى كفاية الخدمات المتاحة فى وادي الملوك وكفاءتها، مما ينعكس إيجابا على إجابات الزوار.
- ربما يكون هناك عدم توافق بين رأى المرشد والزائر وهو ما ينطبق على أغلب الحالات. ففى حين يعكس رأى المرشد مدى رضاه عن الخدمات المقدمة خلال العام كله، يعتمد رأى الزائر على زيارة واحدة فقط.
- بما أن هذا المسح يتم لمرة واحدة فقط فقد يؤدى هذا إلى الحصول على نتائج فيها انحياز طفيف. لهذا لابد من إعداد دراسة أقل انحيازا تمثل كل شهور السنة (أو على الأقل مواسمها).

و يمثل (جدول 13) أعداد الزائرين خلال فترة الدراسة وحجم العينة الفعلي وجزء عينة من الزوار خلال كل يوم من أيام العمل الميداني.

النوع	13 يونيو	14 يونيو	15 يونيو	16 يونيو	17 يونيو
أجانب بالغون	3162	3134	3842	2200	1300
أجانب طلبة	150	212	140	150	159
مصريون بالغون	72	74	37	28	46
مصريون طلبة	2	22	7	9	0
عدد الزوار /باليوم	3386	3442	4026	2387	150
الزوار الذين تم مسحهم	179	136	84	139	72
النسبة المئوية للعينة	%5,29	%3,95	%2,09	%5,82	%4,78

جدول 13: مبيعات تذاكر وادي الملوك، 13-17، يونيو 2004

سمات المُجيبين

شملت أسئلة الاستبيان التى وجهت لجميع المُجيبين: تاريخ المقابلة ووقتها، وعمر المشاركين وجنسهم وعدد المجموعة التى رافقوها. فى حين شمل استبيان المرشدين أسئلة أخرى تتصل باللغات التى يجيدونها، والدراسة، ومكان الإقامة، والخبرة فى العمل. وعلى الجانب الآخر، شمل استبيان الزوار أسئلة عن عدد الزيارات لمصر، وعدد الزيارات لوادي الملوك، وفترة مكوثهم فى مصر ووادي الملوك، ونوع الرحلة (بمفرده أو ضمن مجموعة منظمة)، وعدد الزوار المرافقين للزائر ووسيلة الانتقال إلى وادي الملوك.

سمات المرشدين

- **الجنس:** أغلبية المرشدين من الذكور (92%).
- **العمر:** أكثر من نصف المرشدين (53%) فى الثلاثينيات من العمر، وحوالى 27% أصغر من ذلك، و20% أكبر من هذا، وكان متوسط عمر العينة حوالى 34 عامًا.
- **إجادة اللغات:** أكثر من 64% من عينة المرشدين يتحدثون الإنجليزية، و 26% يتحدثون الألمانية، و21% يتحدثون الفرنسية، أو الأسبانية، و13% يتحدثون الإيطالية، ونسبة ضئيلة .تتحدث لغات أخرى.
- **التعليم:** أغلب المرشدين من خريجى السياحة والفنادق (56%)، أو اللغات (43%)، أو الآثار (9%)، أو من الحاصلين على دراسات عليا فى هذه الكليات.
- **محل الإقامة:** كثير من المرشدين (38%) يُقيمون فى الأقصر، و40% فى القاهرة أوالجيزة، و13% فى محافظة البحر الأحمر أو أسوان، وحوالى 6% فى الدلتا.

- **خبرة العمل:** أكثر من ربع المرشدين 26% لديهم خبرة أقل من خمس سنوات؛ وحوالى 40% منهم لديه 10 سنوات أو أكثر خبرة فى العمل. ومتوسط عدد سنين الخبرة ثمانى سنوات.
- **عدد زوار وادي الملوك:** كثير من المجموعات كانت قليلة العدد. فحوالى خمسى المجموعات (39%) كانت تضم أقل من 10 زائرين، بينما حوالى خمس المجموعات كانت تضم 30 زائرا أو أكثر. وبلغ متوسط عدد المجموعة حوالى 17 فردًا.

سمات الزوار
- **بلد الزائر:** أوضح توزيع عينة الزوار طبقا للبلد الذى أتوا منه أن الأغلبية من الأوروبيين، وأن النسبة الأكبر من الألمان والبريطانيين (على التوالى 17% و14%).
- **الجنس:** أظهرت النتائج أن العينة موزعة بالتساوى تبعا للجنس (47% من الزوار من الرجال و53% من النساء).
- **الفئة العمرية:** تراوحت أعمار أغلب الزوار (حوالى 70%) بيــن 20- 49 سنة. و4% أقل من 20 سنة، والربع كان عمرهم 50 سنة أو أكثر.

شكل 38: بعض الزوار يكملون الاستبيان

- **عدد الزيارات إلى مصر:** زار أكثر من أربعه أخماس (82%) الزوار مصر مرة واحدة، وحوالى 18% فقط زار مصر أكثر من مرة. وبلغ متوسط عدد الزيارات 1,7.
- **عدد الزيارات إلى وادي الملوك:** 49% تقريبا من السياح كانت تلك أول زيارة لوادي الملوك و11% فقط سبق لهم زيارته. وبلغ متوسط عدد الزيارات وادي الملوك 1,5.
- **زائر بمفرده أو مصاحب للأسرة/ للأصدقاء:** قام أغلب الزوار بزيارة مصر برفقة عائلاتهم أو أصدقائهم (47% و40% على التوالى). وكان متوسط عدد المرافقين للسائح 5,4 أفراد. و13% فقط من الزوار أتوا فرادى.
- **فرادى أو مصاحبون لمجموعة سياحية:** زار أكثر من أربعه أخماس الزوار (83%) مصر ضمن مجموعات منظمة. وبلغ متوسط عدد المجموعة 18,8 فرد. وجاء حوالى 17% من الزوار إلى مصر بمفردهم.
- **مدة الزيارة إلى مصر:** أمضى كل الزوار (97%) تقريباً أقل من ثلاثة أسابيع فى مصر. وكان متوسط فترة زيارتهم حوالى 12 يوم.
- **مدة الزيارة للأقصر:** زار حوالى ثلثي الزوار الأقصر لمدة يوم أو يومين. وبلغت متوسط مدة زيارتهم للأقصر 3,4 أيام.

فى المسح الخاص بزوار عام 2007 لوادي الملكات، كان السؤال الذى وجهه معهد جيتى للصيانة والحفظ عن أى من المواقع زارها المشاركون فى الاستبيان خلال رحلتهم الحالية إلى مدينة الأقصر (الأرقام تظهر بالنسبة المئوية، بناءً على عينتين، واحدة فى فبراير والأخرى فى يونيو عام 2007، كل عينة تمثل 784 سائح) وفيما يلى الإجابات:

وادي الملوك	90%
معبد الكرنك	88%
معبد الأقصر	82%
الدير البحرى	61%
تمثالى ممنون	54%
متحف الأقصر	38%
مقابر النبلاء	32%
دير المدينة	16%
مدينة هابو	15%
الرامسيوم	14%
متحف التحنيط	13%

(بما أن هذا المسح تم فى وادي الملكات، فإن 100% من المشاركين كانوا من زوار الموقع).

بلد الزائر							
	مشروع خرائط طيبة 2004	معهد جيتى للصيانة 2007			مشروع خرائط طيبة 2004	معهد جيتى للصيانة 2007	
	يونيو	يونيو	فبراير		يونيو	يونيو	فبراير
ألمانيا	16,9	1,3	7,1	الأرجنتين	0,5		
بريطانيا	14,1	33,7	18,8	كولومبيا	0,5		
إيطاليا	11,8	11,9	0,7	دنمارك	0,5		
فرنسا	10,8	8,4	17,0	العراق	0,5		
مصر	7,2	-	-	ماليزيا	0,5		
استراليا	4,3	2,5	0,8	السويد	0,5		
هولندا	4,3	0,08	4,1	يوجسلا	0,5		
الولايات	4,1	11,1	12,2	الصين	0,3		
أسبانيا	3,4	3,9	0,7	اليونان	0,3		
بلجيكا	3,1	3,2	4,1	لبنان	0,3		
نيوزيلاند	2,5			بولندا	0,3		
النمسا	1,5			روسيا	0,3	0,4	7,3
ايرلندا	1,5			بلغاريا	0,2		
كوريا	1,3			كندا	0,2		
سويسرا	1,3			جامبيا	0,2		
الهند	1,0	-		كينيا	0,2		
سلوفاكيا	0,8			ليتوانيا	0,2		
جنوب	0,8			المغرب	0,2		
اليابان	0,7	0,7	4,8	باكستان	0,2		
المكسيك	0.7			برتغال	0,2		
السعودية	0,7			صربيا	0,2		
تايوان	0,7			أوكرانيا	0,2		

جدول 14 أ : يوضح خصائص الزوار

بلد الزائر			
		الفئة العمرية	
ذكور	46,8	20 >	3,9
إناث	53,2	29-20	32,7
		39-30	21,5
عدد الزيارات إلى مصر		49-40	16,8
1	82,0	+50	25,0
2	10,0		
3	3,0	**عدد أفراد المجموعة**	
+4	5,0	< 10	31,6
المتوسط = 1,7		19-10	21,3
عدد الزيارات لوادي الملــــــوك		29-20	24,2
1	89,0	39-30	15,2
2	6,2	49-40	5,1
3	1,6	50+	2,7
4+	3,1	المتوسط = 18.8	
المتوسط = 1,5		**فترة الزيارة إلى مصر(عدد الأيام)**	
بمفرده أو مع الأسرة/الأصدقـــاء		< 7	4,1
مستقل	13,0	13-7	44,5
عائلة	47,3	20-14	48,8
أصدقاء	39,7	27-21	0,7
عدد الأقارب / الأصدقاء		28+	2,0
1	23,5	المتوسط = 12,1	
2	40,0	**فترة الزيارة للأقصر (عدد الأيام)**	
3	10,2	1	33,3
4+	26,3	2	33,1
المتوسط = 5,4		3	12,3
زائر بمفرده أو ضمن مجموعة		4	4,4
بمفرده	17,0	5+	16,9
مجموعة سياحية	83,0	المتوسط = 3,4	

جدول 14 ب: خصائص الزوار

ملاحظات الزائرين على وادي الملوك

وجه سؤال إلى السياح والمرشدين عن آرائهم فى الخدمات المقدمة داخل وادي الملوك. وجَمع كل من استبيان الزوار والمرشدين الآراء فيما يتعلق بالتسوق والمواصلات وإدارة زيارة المقابر، ودورات المياه والزحام داخل وادي الملوك.

	زيارات وادي الملوك		الزوار			
	مرة	+2	بمفرده	مجموعة	الإجمالى	المرشدون
هل منطقة التسوق فى موقع مناسب ؟						
نعم	%81,6	%75,4	%83,0	%80,3	%80,9	%57,5
لا	18,4	24,6	17,0	19,7	19,1	42,5
هل عدد الحوانيت مناسب ؟						
نعم	81,1	74,6	80,2	80,3	80,4	89,9
لا	18,9	25,4	19,8	19,7	19,6	10,1
هل السلع متوفرة بشكل مناسب؟						
نعم	80,9	78,6	82,6	80,1	80,6	60,2
لا	19,1	21,4	17,4	19,9	19,4	39,8
هل حجم الحوانيت مناسب ؟						
نعم	82,9	81,0	80,7	82,9	82,7	60,8
لا	17,1	19,0	19,3	17,1	17.3	39.2
هل تمتعت بمنطقة التسوق ؟						
نعم	71,1	64,4	67,4	70,9	70,4	-
لا	28,9	35,6	32,6	29,1	29,6	-
هل تعتقد أن منطقة التسوق مناسبة						
نعم	-	-	-	-	-	42,2
لا	-	-	-	-	-	57,8

جدول 15: آراء أصحاب المصلحة فيما يخص منطقة الحوانيت والتسوق فى وادي الملوك

التسوق

يظهر جدول 15 وجهة نظر السياح والمرشدين فيما يتعلق بمنطقة التسوق، وعدد الحوانيت، والسلع المتاحة، وحجم الحوانيت، وتجربة التسوق فى وادي الملوك. وتشير النتائج إلى قناعة الزوار بالتسوق فى وادي الملوك أكثر من المرشدين. حيث أبدى حوالى أربعة أخماس الزوار قناعتهم بمنطقة التسوق، وعدد الحوانيت، وتوفر البضائع، وحجم الحوانيت. لكن، رغم هذه النتيجة، استمتع 70% فقط من الزوار بمنطقة التسوق. أما عن رأى المرشدين فيما يخص منطقة التسوق فى وادي الملوك، أبدى ما يقرب من 40% من المرشدين رضاهم عن منطقة التسوق. هذه النتائج توضح أن القناعة بمنطقة التسوق فى وادي الملوك ترتبط بمدى طول الخبرة مع وادي الملوك. فالمرشدون، لطول تجربتهم عن تجربة الزوار، كانوا أقل رضا؛ وكذا الحال بالنسبة للزوار الذين زاروا وادي الملوك أكثر من مرة كانوا أيضا أقل قناعة بالتسوق فى وادي الملوك عن هؤلاء الزوار الذين زاروا المنطقة لأول مرة.

وسيلة الانتقال

سُئل الزوار عن كيفية حضورهم إلى وادي الملوك يوم المسح. يوضح جدول 16 أن الغالبية (71,3%) حضروا بحافلات، وأن 11% حضروا بعربة أجرة. وهناك نسبة مئوية جديرة بالملاحظة (17,7%) استخدموا وسائل أخرى للتنقل مثل الدراجات والحمير والعربات الخاصة، إلخ. وتظهر النتائج أيضاً أن

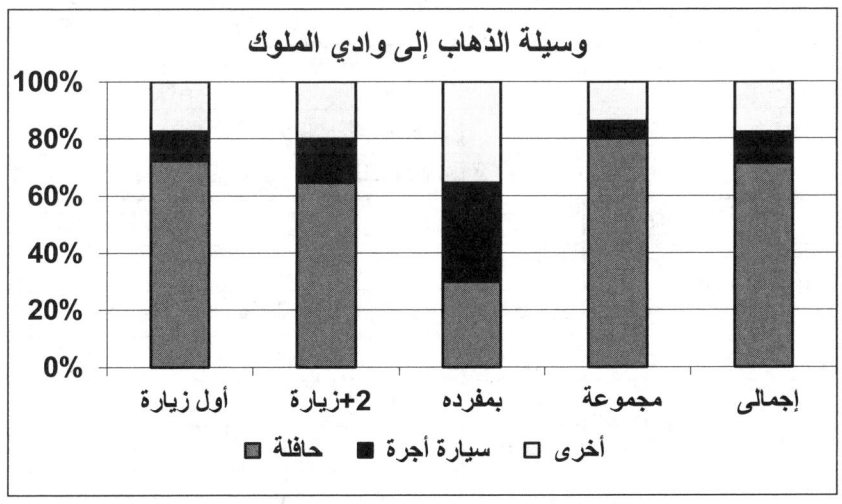

جدول 16: يوضح وسيلة الانتقال إلى وادي الملوك

الزوار الذين حضروا بمفردهم استخدموا عربة أجرة (34,6%) أو وسائل انتقال أخرى (35,6%) والحافلات (29,8%).

سُئل كلا من الزوار والمرشدين عن رأيهم فى مكان انتظار الحافلات والطفطف (وهو قطار صغير كان يستخدم داخل وادي الملوك وقت المسح). يظهر الجدول رقم 17 تلك النتائج. وتشير النتائج إلى أن المرشدين عانوا من مشاكل فى التنقلات أكثر من الزوار. وعند السؤال عن مدى ملائمة مكان انتظار الحافلات، قال أكثر من نصف المرشدين تقريبا و92% من الزوار أن موقعه ملائم. وأعرب حوالى 75% من المرشدين و35% من الزوار أن مكان انتظار الحافلات له تأثير بيئى على وادي الملوك (تلوث و/أو ضوضاء).

	الزيارات لوادي الملوك		الزوار			
	مرة	+2	بمفرده	مجموعة	الإجمالى	المرشدون
هل مكان انتظار الحافلات مناسب ؟						
نعم	%92,8	%88,7	%88,6	% 93,1	% 92,4	%52,1
لا	7,2	11,3	11,4	6,9	7,6	47,9
هل مكان إنتظار الحافلات يسبب ضوضاء وتلوث ؟						
تلوث	28,5	32,2	29,8	29,0	28,9	58,1
ضوضاء	15,4	18,6	11,7	16,9	15,4	49,7
لا	65,2	59,3	63,8	64,4	65,2	26,7
هل الطفطف وسيلة مناسبة لوادي الملوك						
نعم	94,8	90,5	94,0	94,2	94,8	77,8
لا	5,2	9,5	6,0	5,8	5,2	22,2
هل ظهور الطفطف مناسب فى وادي الملوك ؟						
نعم	82,5	88,8	88,7	89,6	46,2	
لا	17,5	11,2	11,3	10,4	53,8	
هل الطفطف يسبب تلوث و ضوضاء ؟						
تلوث	15,1	18,6	11,6	16,6	15,1	50,5
ضوضاء	12,1	10,2	11,6	12,4	12,1	50,5
لا	77,7	78,0	80,0	77,0	77,0	33,7

جدول 17: الآراء فيما يتعلق بوسيلة الانتقال إلى وادي الملوك

وأوضحت النتائج أيضا أن أغلبية المرشدين (77,8%) والزوار (94,3%) رأوا أن الطفطف ملائم تمامًا لوادي الملوك.

رغم هذه النتائج، فإن 53,8% من المرشدين و 11,1% من الزوار يعتقدون أن استعمال الطفطف غير مناسب لوادي الملوك. علاوة على ذلك، فإن أقل من ربع الزوار تقريبا وثلثي المرشدين قالوا إن قطار الطفطف يسبب تلوثًا أو ضوضاء فى وادي الملوك. وسُجلت اختلافات ثانوية فى إجابات الزوار بالنسبة لعدد الزيارات لوادي الملوك ونوع الزائر (بمفرده أو ضمن مجموعة).

إدارة زيارات المقابر

سُئل الزوار عن عدد المقابر التى زاروها يوم المسح والزمن الذى قضوه داخل وادي الملوك، ويظهر جدول 18 أن أغلبية الزوار زاروا ثلاث مقابر (69%)، وحوالي خُمس الزوار زاروا أربع مقابر أو أكثر. وكان متوسط عدد المقابر التى زاروها 3,35. على أن زوار وادي الملوك لأكثر من مرة زاروا أربع مقابر أو أكثر مقارنة بزوار وادي الملوك لأول مرة (30,2% مقارنة بـ 20,9%).

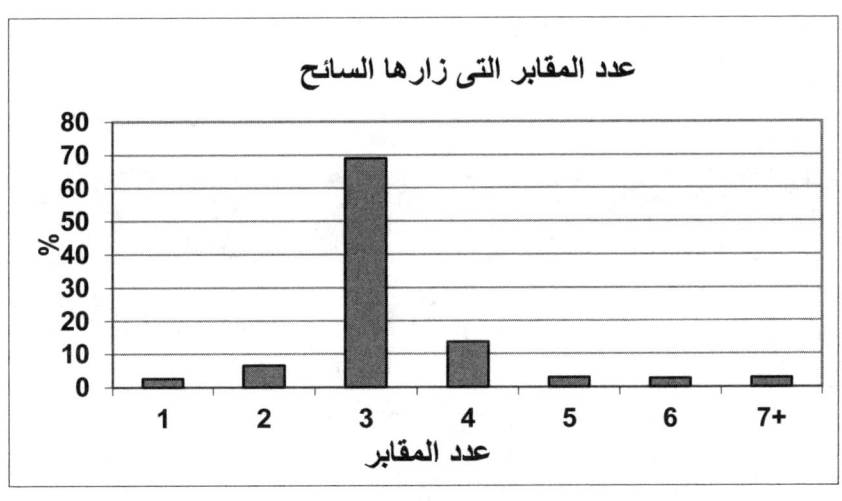

جدول 18: يوضح عدد المقابر التى زارها السياح

قضى أقل من ثلث الزوار تقريبًا مابين 90 دقيقة وساعتين فى زيارتهم لوادي الملوك. ويظهر جدول 19 أن أقل من 2% مكثوا أقل من نصف

ساعة، و17,2% مكثوا أكثر من ساعتين. أى أن متوسط عدد الدقائق التى أمضاها الزوار داخل وادي الملوك 108,6 دقيقة.

سُئل المرشدون والزوار عن مدى قناعتهم بعدد ساعات فتح المنطقة للزيارة، وعدد الزوار، والجو داخل مقابر وادي الملوك. أجاب حوالى أربعة أخماس المرشدين وأكثر من 90% من الزوار تقريبًا أن عدد ساعات فتح المقابر للزيارة كان مناسبًا (جدول 20). وعند سؤالهم عن عدد الأفراد الذين كانوا

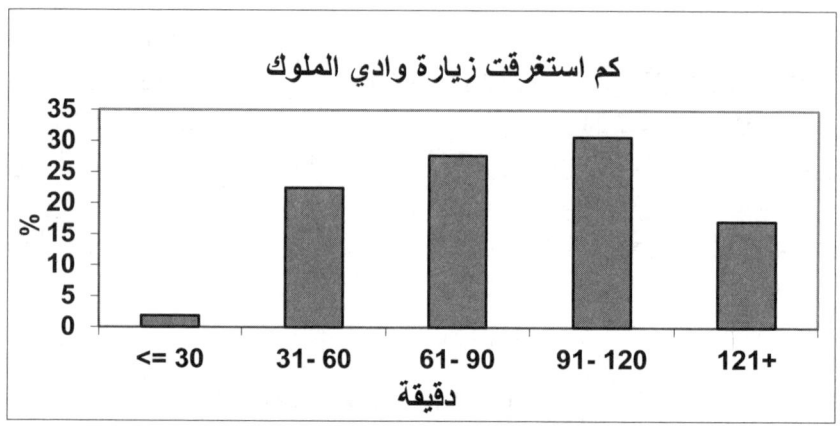

جدول 19: يوضح المدى الزمنى الذى استغرقته الزيارة لوادي الملوك

	زوار وادي الملوك			الزوار		
	فرد	+2	بمفرده	مجموعة	الإجمالى	المرشدون
هل ساعات فتح المقابر مناسبة ؟						
نعم	%93,6	%91,4	%92,9	%93,5	%93,4	%83,9
لا	6,4	8,6	7,1	6,5	6,6	16,1
هل المقابر مزدحمة ؟						
نعم	45,2	60,3	34,4	49,3	46,8	86,2
لا	54,8	39,7	65,6	50,7	53,2	13,8
هل كانت المقابر حارة و رطبة أم مريحة ؟						
مريحة	45,1	53,1	63,0	42,5	46,0	13,7
حارة	43,0	34,4	28,0	44,9	42,0	68,4
رطبة	25,2	25,0	17,0	27,0	25,2	55,3

جدول 20: الانطباع عن زيارة وادي الملوك

داخل المقابر وقت الزيارة، قال 86,2 % من المرشدين و46,8% من الزوار أن المقابر كانت مزدحمة. وأجاب 86,3% من المرشدين و54 % من الزوار أن الجو داخل المقابر كان غير مريح (حار و/أو رطب) .

دورات المياه

كانت دورات المياه فى وادي الملوك وقت إجراء المسح عبارة عن وحدة متنقلة. وكان السؤال للزوار والمرشدين يتعلق بمدى مناسبة هذا النظام، ومكان دورة المياه المتنقلة، وهل اضطروا للانتظار فى طوابير للدخول إليها. تشير النتائج (جدول 21) أن المرشدين كانت لهم شكاوى فيما يخص دورة المياه أكثر من الزوار. هذه النتيجة ترجع إلى وقت إجراء المسح إلى حد ما. حيث تم إجراء هذا المسح خلال شهر يونيو، وعادة يكون عدد الزوار منخفض هذا الوقت. ثلثا المرشدين وربع الزوار اعتبروا أن مكان دورة المياه المتنقلة مناسب. وجرب المرشدون والزوار الانتظار فى طابور انتظارا لدورهم أمام دورة المياه. مرة أخرى، هذه النتيجة غير كاملة حيث أن رأى الزوار جاء بناءً على تجربتهم المحدودة (ويوم زيارتهم)، فى حين أن إجابات المرشدين تعكس تجربة أطول بالموقع.

	زيارة وادي الملوك		الزوار			
	فرد	+2	بمفرده	مجموعة	الأجمالى	المرشدون
هل دورة المياه المتنقلة مناسبة ؟						
نعم	%74,5	%61,8	%78,4	%71,8	%73,1	%34,2
لا	25,5	38,2	21,6	28,2	26,9	65,8
هل مكان دورة المياه مناسب ؟						
نعم	80,5	74,1	76,7	80,6	79,8	38,3
لا	19,5	25,9	23,3	19,4	20,2	61,7
هل هناك طابور أمام دورة المياه ؟						
نعم	32,2	41,5	38,4	32,0	33,2	86,5
لا	67,8	58,5	61,6	68,0	66,8	13,5

جدول 21: آراء تتعلق بدورة المياه فى وادي الملوك

نُقلت دورة المياه المتنقلة عام 2009 من موقع مجاور للمقبرة رقم 5 إلى الممشى المؤدى إلى المقبرة رقم 1. وليس لدينا أى بيانات تُظهر أن هذا التغيير كان له تأثير على آراء الزوار. لكن منذ هذا التاريخ لم تتغير دورة المياه نفسها ولا الطوابير الطويلة للسياح انتظارًا لدورهم أمامها، ويمكن القول إن التأثير ضئيل جدًّا.

زيارات المقابر

وُجه سؤال للمرشدين عن المقابر التى زاروها يوم المسح وذلك لمعرفة المقابر الأكثر طلبا للزيارة من قبل السياح، وبالتالى عليها ضغط من أعداد الزوار. أغلب المرشدين (82,9%) زاروا مقبرة رمسيس الخامس والسادس رقم 9 (جدول 22). فى حين زار ثلثا المرشدين (65,2%) مقبرة رمسيس الثالث رقم 11، وزار أكثر من النصف بقليل (51,9%) مقبرة رمسيس التاسع رقم 6. وزار أكثر من ثلثى المرشدين (38,1%) مقبرة رمسيس الرابع رقم 2. أما المقابر الأخرى فقد زارها نسبة مئوية ضئيلة من المرشدين. وادعى أكثر من 7% من الزوار أنهم زاروا مقابر مغلقة، ربما بسبب خطأ فى رقم المقبرة أو أسماء الفراعنة.

منذ عام 2008، أصبح غير مسموح للمرشدين السياحيين بالشرح داخل مقابر وادي الملوك. حيث يقوم المرشد بتسليم كل سائح تذكرة تتيح له زيارة ثلاث مقابر، وإعطاء المجموعة بعض الشرح عن المقابر المسموح بزيارتها وذلك خارج المقابر (غالبا المقابر رقم 2 و6 و11، وهى المقابر الأقرب والأيسر للزيارة) ويعطيهم ساعة واحدة لزيارة المقابر الثلاث والعودة بعد ذلك إلى الاستراحة الواقعة منتصف الوادي. إضافة إلى أن زيارة المقبرة رقم 9 تتطلب تذكرة منفصلة (80 جنيها مصريا)، وكذلك المقبرة رقم 62 (توت عنخ آمون، 100 جنيها مصريا).

يلخص جدول 23 إجابات المرشدين، ردا على سؤال "ما هو المكان الذى استمتعت به مجموعتكم عند زيارة وادي الملوك؟" والإجابات التى أدلى بها السياح. أجابت نسبة مئوية كبيرة من المرشدين والزوار بردود عامة مثل "المقابر" (حوالى 30% من الزوار و23% من المرشدين). تكملة لما تم ملاحظته فى جدول 19، ذكرت نسبة عالية من المرشدين والسياح مقبرة رمسيس الخامس والسادس رقم 9: أكثر من نصف المرشدين تقريبا (51,8%) وحوالى ثلث الزوار 29,7%. وذكر 8% من الزوار و25% من المرشدين أن أكثر المقابر التى استمتعوا بزيارتها فى وادي الملوك مقبرة رمسيس الثالث. يبين جدول 19 أن أجزاء من وادي الملوك ذكرها بعض الزوار ولم يذكرها

المرشدون. كانت هناك إجابات محددة من الزوار عن بعض المظاهر المثيرة، مثل "المرشدين كانوا ممتازين جدا"، "الذهاب إلى وادي الملوك على ظهور الحمير"، "التجول في أنحاء وادي الملوك وزيارة المسرح القديم".

وادي الملوك رقم 9	رمسيس الخامس والسادس	82,9%
وادي الملوك رقم 11	رمسيس الثالث	65,2
وادي الملوك رقم 6	رمسيس التاسع	51,9
وادي الملوك رقم 2	رمسيس الرابع	38,1
وادي الملوك رقم 15	سيتى الثانى	16,0
وادي الملوك رقم 16	رمسيس الأول	8,8
وادي الملوك رقم 62	توت عنخ آمون	8,3
وادي الملوك رقم 14	تاوسرت وست نخت	6,1
وادي الملوك رقم 1	رمسيس السابع	3,3
وادي الملوك رقم 4	رمسيس الحادى عشر (مغلقة حاليا)	2,2
وادي الملوك رقم 43	تحتمس الرابع	2,2
وادي الملوك رقم 5	أبناء رمسيس الثانى (مغلقة حاليا)	1,1
وادي الملوك رقم 17	سيتى الأول (مغلقة حاليا)	1,1
وادي الملوك رقم 35	أمنحتب الثانى (مغلقة حاليا)	1,1
وادي الملوك رقم 3	أبناء رمسيس الثالث (مغلقة حاليا)	0,6
وادي الملوك رقم 8	مرنبتاح (مغلقة حاليا)	0,6
وادي الملوك رقم 10	آمون مس (مغلقة حاليا)	0,6
وادي الملوك رقم 47	سي بتاح	0,6

جدول 22: المقابر التى زارها المرشدون وقت الاستبيان

زيارة وادي الملوك الزوار							
		مرة	2+	بمفر	مجموعة	الإجمالى	المرشد
الزائر: ماهو المكان الذى استمتعت بزيارته اليوم ؟							
المرشد: أى جزء من الرحلة تعتقد أن السياح قد استمتعوا به؟							
رمسيس السابع	وادي الملوك 1	%0,4	-	-	%0,5	%0,4	-
رمسيس الرابع	وادي الملوك 2	5,4	9,6	5,7	5,8	5,8	18,9
رمسيس الثانى	وادي الملوك 5	0,4	1,9	-	0,7	0,6	-
رمسيس التاسع	وادي الملوك 6	-	-	-	-	-	8,7
رمسيس الثانى	وادي الملوك 7	2,5	1,9	1,1	2,7	2,4	-
مرنبتاح	وادي الملوك 8	-	-	-	-	-	2,6
رمسيس الخامس	وادي الملوك 9	30,2	25,0	20,0	31,6	29,7	51,8
آمون مس	وادي الملوك 10	0,2	-	-	0,2	0,2	2,1
رمسيس الثالث	وادي الملوك 11	8,5	5,8	0,8	8,2	8,2	24,6
تاوسرت وست	وادي الملوك 14	0,4	-	-	0,4	0,4	4,1
سيتى الثانى	وادي الملوك 15	1,8	3,8	3,4	1,7	0,2	6,7
رمسيس الأول	وادي الملوك 16	3,6	7,7	1,1	4,6	0,4	5,6
سيتى الأول	وادي الملوك 17	0,4	-	-	0,5	0,4	7,2
تحتمس الثانى	وادي الملوك 20	0,2	-	-	0,2	0,2	0,5
تحتمس الثالث	وادي الملوك 34	-	-	-	-	-	11,3
أمنحتب الثانى	وادي الملوك 35	-	-	-	-	-	3,1
تحتمس الرابع	وادي الملوك 43	-	-	-	-	-	0,5
سي بتاج	وادي الملوك 47	0,4	-	2,3	-	0,4	2,1
حور محب	وادي الملوك 57	-	-	-	-	-	2,1
توت عنخ آمون	وادي الملوك 62	0,8	13,5	4,6	9,4	8,6	8,7

المرشد	الإجمالي	مجموعة	بمفرده	+2	مرة	زيارة وادي الملوك الزوار
						الزائر: ماهو المكان الذى استمتعت بزيارته اليوم ؟
						المرشد: أى جزء من الرحلة تعتقد أن السياح قد استمتعوا به؟
23,6	29,9	27,7	40,2	17,3	31,5	المقابر عامة
1,5	-	-	-	-	-	مقابر مغلقة حاليا
-	0,2	0,2	-	-	0,2	مقابر تحوى مومياوات
-	1,2	1,2	1,1	1,9	1,1	مقبرة أحد الرعامسة
7,2	2,8	2,7	3,4	1,9	2,7	مناظر وألوان
-	0,2	0,2	-	-	0,2	جولة فى الوادي
	0,6	0,2	2,3	1,9	0,4	الذهاب للوادي بالحمير
10,8	16,1	15,9	17,2	17,3	16,1	كل الوادي
-	0,2	1,4	4,6	5,8	1,6	المرشدون
2,6	-	-	-	-	-	الرامسيوم
-	0,4	0,5	-	-	0,4	رحله بالقارب إلى البر الغربى
-	0,8	0,7	1,1	-	0,9	الشعب المصرى
-	0.8	0,2	3,4	-	0,9	قصص وتاريخ
-	0,2	0,2	-	1,9	-	البناء و التصميم
-	-	0,2	1,1	1,9	-	مقبرة رقم 3
-	0,2	0,2	-	1,9	-	"المسرح القديم"

جدول 23: أكثر المظاهر التى استمتع بها الزوار

اقتراحات أصحاب المصلحة فى الاستبيان

صيغَ السؤال الأخير فى استفتاء كل من الزائر والمرشد على شكل سؤال مفتوح حتى يتاح للمشاركين الإسهام برأيهم فيما يتعلق بمستقبل وادي الملوك. كان السؤال "كيف يمكن تحسين زيارة وادي الملوك؟" تم جدولة عدد الإجابات التى

وصلت وتغطي نقاط عديدة ومختلفة في إدارة الموقع. ولتقييم هذه الاقتراحات قمنا بتقسيم الإجابات إلى خمس مجموعات رئيسية وجزء لإجابات متنوعة:

- الخدمات المقدمة للزوار
- البنية التحتية للموقع
- إدارة الزائر
- معلومات عن الموقع
- مدخل المقبرة
- متنوعة

الخدمات المُقدمة للزوار

يُوضح جدول 24 اقتراحات لتحسين الخدمات المتاحة بالوادي. كان المطلب الأكثر إلحاحًا للغالبية العظمى من المرشدين والزوار هو تحسين بيع المرطبات

المرشدون	الزوار	
42,4%	13,7%	إعادة فتح الكافيتريا لبيع مشروبات منعشة
5,1	0,3	تقديم خدمات طبية
3,5	1,1	تحسين الخدمات العامة
2,5	11,3	توفير مياه شرب
2,5	0,3	الحفاظ على نظافة وادي الملوك، ورش الحشرات
0,5	0,5	حملات دعاية لوادي الملوك
0.5	-	بيع كروت شحن تليفون جوال / أفلام
-	1,9	تزويد الزوار بمظلات وقبعات
-	1,1	تقديم وسائل المواصلات وتحسينها
-	0,5	إعداد فريق للخدمات والحماية
-	0,3	إعادة إنشاء معدية
-	0,3	تقديم ورق تواليت مجانا

جدول 24: اقتراحات أصحاب المصلحة - الخدمات المقدمة للزائر

أو تقديم خدمات جديدة لها: مثل كافيتريا، أو مكان للوجبات الخفيفة، أو بيع المياه الباردة. وضع 44% من المرشدين هذا المطلب على قمة الأولويات،وأشار 25% من الزوار إلى عدم توفر أى مرطبات. وكان للظروف الجوية القاسية فى الموقع، ليس فقط خلال شهر يونيو، وقت إجراء المسح، لكن أيضًا خلال شهور السنة كلها، تأثير قوى في الاقتراحات الخاصة بتحسين تجربة الزائر. إضافة إلى اقتراح بعض الزوار أيضًا بتوفير مظلات وقبعات (1,9%). (لكن لم يوضحوا هل تُستأجر أم تُشترى). على أية حال، إن توفير مثل تلك البضائع والخدمات مثل المرطبات والمظلات والقبعات قد يكون مصدر ربح وفائدة مالية للبائع والمجلس الأعلى للآثار على حد سواء.

وشملت مجالات الاهتمام الأخرى الجديرة بالذكر لتحقيق مكانة أرفع للوادي من خلال حملات التسويق – ما أبرزه المرشدون (5,1%)– من تعزيز للخدمات الطبية، وتحسين شامل للخدمات المقدمة للزائر فى كل الموقع.

قام المجلس الأعلى للآثار منذ 2007 بتناول كثير من المشاكل (ليست دائما ناجعة) التى رفعها إليهم السياح والمرشدون. فأُقيم مركز جديد للزوار، ومحلات لبيع الهدايا، ومنطقة لانتظار السيارات، وخط قطار(طفطف) إلى وادي الملوك، ويبدو أن كل تلك الخدمات حسنت بالفعل تجربة الزائر لوادي الملوك.

البنية التحتية للموقع

قدم المرشدون والزوار بعض الاقتراحات لتحسين البنية التحتية للموقع من وجهة نظرهم، وتركزت بشكل أساسى على توفير حماية جيدة من الشمس ودورات مياه نظيفة ومتاحة (جدول 25). وعبر أكثر من 45% من المرشدين عن شعورهم بالتأثير الجيد على السياح فى حالة توفير استراحات أكثر و/أو أكبر ومأوى مظلل. وأظهر خُمس (19,4%) الزوار قلقهم فيما يتعلق بالحماية من الشمس. وجاء فى المقام الثانى الرغبة فى دورات مياه نظيفة يمكن الوصول إليها. فقد ذكر أكثر من ثلث المرشدين (35,9 %) وأكثر من 8/1 (13,2%) الزوار ضرورة تحسينهم.

أثار المرشدون مطلبًا آخر، وهو الحاجة إلى إيجاد بديل لقطار الطفطف (8%) والحاجة إلى إعادة تصميم بوابات دخول مناسبة للتعامل الجيد مع الأعداد الكبيرة من الزوار (3,5%). أما الزوار، فكان جل اهتمامهم نظام الإضاءة فى المقابر، وطلب حوالى 4% من الزوار نظام إضاءة جمالى، مقارنة بنصف فى المائة من المرشدين. ربما يرجع هذا إلى القرار الحديث بحظر قيام

المرشدون	الزوار	
35,9%	13,2%	توفير دورات مياه نظيفة
32,8	14,3%	توفير أماكن مظللة
12,6	5,1	توفير أماكن انتظار / استراحات كبيرة
8,1	-	تحسين تردد القطار / اختيار مكان أفضل / وتحسينه
8,1	0,3	استبدال قطار كهربائى بقطار الطفطف
3,5	-	فتح بوابات دخول جديدة لتفادى الزحام الشديد
3,5	0,5	تمهيد مماشى تؤدى للمقابر
0,2	-	إعداد أماكن انتظار سيارات أوسع وأكثر تنظيمًا
1,5	-	توفير ماكينات لشفط الرطوبة من المقابر
1,0	-	توسيع بوابة الدخول والخروج
1,0	0,3	إنشاء شبكة ممرات ذات طريقين للمعاقين
0,5	3,8	تحسين نظام الإضاءة فى المقابر
0,5	0,5	تحسين جودة السلع فى الحوانيت
0,5	-	توفير سبل إمداد للمياه
0,5	0,3	بناء نسخ من المقابر لتقليل عدد الزوار
0,5	-	إنشاء ممشى خشبى
0,5	0,5	إعادة توزيع موقع الحوانيت لصالح أماكن انتظار
-	0,8	الحاجة إلى إرشاد سمعى فى المقابر
-	0,8	لابد من دخول القطار الوادي
-	0,5	يجب أن تبيع محلات الهدايا منتجات مصرية/ بأسعار
-	0,5	تقليل عدد محلات بيع الهدايا
-	0,3	تقديم منافع عامة وبنية تحتية
-	0,3	تركيب كاميرات للتأمين

جدول 25: اقتراحات أصحاب المصلحة - البنية التحتية للموقع

المرشدين بالشرح داخل المقابر، ويعنى أن المرشدين أصبحوا لا يدخلون المقابر منذ ذلك القرار. وشعر حوالى 1% من الزوار بتأثير هذا الحظر على الشرح داخل المقابر بواسطة المرشدين لذا اقترحوا إدخال نظام إرشاد صوتى داخل المقابر؛ ولم يكن مفاجأة أن أعرب المرشدون عن عدم ضرورته.

أخيرًا، اقترح البعض حلا جذريا لمواجهة التأثير السيئ لأعداد الزوار الغفيرة على الموقع. يتمثل الحل فى إعداد نسخ للمقابر المهمة أو نسخة كاملة لكل الوادي. وطُرحت هذه الفكرة فى السنوات الأخيرة لمناقشة نوع النسخ التى يمكن بناؤها، واختيار المقابر التى ستُقلد، ومكان وضع مثل هذه النسخ.

فى عام 2012 قدمت المنظمة الاسبانيه للحفاظ على التراث Factum Arte، للمجلس الأعلى للآثار نسخة نموذجية، كاملة من المقبرة 62 (مقبرة توت عنخ آمون) كما ابدت استعدادها لوضعها عام 2013-14 بالقرب من منزل هوارد كارتر. ولكن لـــم يتم التوصل لقرارات نهائية فى هذا الشأن.

وضعت بالفعل منذ 2007، مقاعد صغيرة مظللة بجوار مدخل عدة مقابر فى وادي الملوك (مثل، مقبرة رقم 1 و 2 و6 و11 و14 و34 و35 و47). فى عام 2010، تحولت المنطقة المظللة الكبيرة ذات المقاعد وسط وادي الملوك الواقعة أمام مقبرة رقم 62 والمجاورة للمقبرة رقم 55 إلى كافيتريا تبيع زجاجات المياه والمشروبات الغازية. لكن هذه الكافيتريا تعتبر تشويهًا بصريًا، وتغص بالعلامات التجارية، والثلاجات، والعديد من الموائد المعدنية الصغيرة والكراسى، وضوضاء خاصة خلال ساعات الصباح المزدحمة. وتعج دائمًا بالمرشدين فى انتظار زبائنهم لحين الانتهاء من زيارة المقابر الثلاث المتاحة لهم بناءً على التذكرة.

معاملة الزوار

أوضح كثير من المرشدين عدم رضاهم عن طريقة معاملة الزوار فى وادي الملوك، وعلق حوالى الربع منهم (23,8%) على طريقة تعامل التجار والبائعين الجائلين والعاملين بالموقع مع الزوار (جدول 26). لكن هذا الشأن، لم يكن محل اهتمام مشترك مع الزوار، حيث أثار أقل من 5% من الزوار (4,1%) موضوعات تتعلق بالتعامل السلبى مع البائعين والعاملين فى الموقع والسكان المحلين. إضافة إلى أن مكان انتظار السيارات المنتظر وارتباطه بنقطة بداية القطار الكهربائى كان محل اهتمام أكثر من اثنين فى المائة من المرشدين (2,5%).

	الزوار	المرشدون
منع الباعة والباعة الجائلين من مضايقة الزوار	%0,5	%16,2
منع الحراس من قبول أى نقود من الزوار لتركهم يلتقطون الصور فى المقبرة	0,3	6,6
أن تكون نقطة النزول من وسيلة النقل قريبة من المحلات	0,5	2,5
مراقبة الأسعار فى الحوانيت	0,3	2,0
تقليل وجود القوات المسلحة	-	1,0
تعليم الباعة كيفية التعامل مع الزوار	0,8	1,0
حظر التدخين على الجميع بما فيهم العاملون بالمنطقة	0,3	05
منع الحراس من مضايقة الزوار	2,2	-
منع العمولات	0,8	-
تحسين خدمة العميل	0,3	-

جدول 26: اقتراحات أصحاب المصلحة– إدارة الموقع

معلومات عن الموقع

طالب العديد من المرشدين بالحاجة إلى تحسين اللافتات الإرشادية الحالية فى وادي الملوك (جدول 27). ويوجد حاليا فى المناطق محل الاهتمام عدد من اللوحات الإرشادية، اقترح خمس المرشدين (19,7 %) تقريبا ضرورة وضع لوحات إرشادية أكثر.

لكن اهتمام الزوار بوجود لوحات إرشادية كان أقل، حيث اهتم 3% فقط بهذا الموضوع، بينما اهتم 2% بمستوى اللافتات الإرشادية فى الوادي. وجدير بالذكر أن (2,2%) من الزوار اقترحوا إقامة لوحات إرشادية بلغات متعددة، لكنه اقتراح لم يحظَ برضا المرشدين. فى حين اقترحت نسبة قليلة من المرشدين (1%) توفير معلومات إضافية للزوار فى شكل كتيبات تحوى معلومات عن الموقع.

وضع مشروع خرائط طيبة لافتات إرشادية عند مدخل كل مقبرة مفتوحة للزيارة، وثبت نجاح ذلك. بل واستخدمها المرشدون وسيلة بصرية معاونة عند قيامهم بشرح موجز عن مقابر وادي الملوك، وأخذ كثير من السائحين صورًا لهذه اللافتات (وذلك حتى تاريخ منع التصوير عام 2010 فى وادي الملوك) لتكون تَذكِرة لهم بما شاهدوه فى زيارتهم.

المرشدون	الزوار	
19,7%	3%	زيادة عدد اللوحات الإرشادية خارج المقابر
9,6	2,2	تحسين اللافتات فى الوادي
1,0	0,5	عمل كتيبات تحوى معلومات
-	2,2	تقديم خدمة إرشادية للزوار المصريين
-	1,9	توفير لوحات إرشادية بلغات مختلفة
-	1,3	تحسين المستوى العلمى للمرشدين
-	0,3	عمل أفلام تسجيلية عن الوادي بلغات مختلفة
-	0,3	إنشاء مكتبة للاطلاع

جدول 27: اقتراحات أصحاب المصلحة ــ معلومات عن الموقع

المقابر و التذاكر

أبدى العديد من المرشدين والزوار اهتمامًا واضحاً بموضوعات تتعلق بالدخول إلى المقابر، وقدموا العديد من الاقتراحات والتعليقات (جدول 28). وكان أهم مقترح فتح مزيد من المقابر، سواء تلك المغلقة حاليا للترميم وتلك غير المفتوحة للزيارة. ودعم هذا الرأى 22 % مــن المرشدين و6% من الزوار. وطلب 13% من المرشدين و5% من الزوار فتح الوادي لساعات أطول وخاصة فى شهور الصيف.

كانت الظروف الداخلية للمقابر محل اهتمام أيضا، فاقترح 4% من المرشدين و7% من الزوار ضرورة الاهتمام بمراقبة الأحوال البيئية. وشملت الاقتراحات إستراتيجيات حماية المقابر الأخرى، متمثلة فى التحكم فى عدد الزوار داخل المقبرة (4% من المرشدين و1,3% من الزوار)، وحماية جميع جدران المقابر المفتوحة بألواح زجاجية (5,1% من المرشدين و0,5% من الزوار)، وتفعيل حظر الكاميرات داخل المقابر (5,6% من المرشدين). وعلى النقيض من ذلك، عبر 6% من الزوار عن ضرورة السماح باستخدام الكاميرات وكاميرات الفيديو بدون رسوم إضافية.

فيما يتعلق بالنظام القائم لشراء تذاكر وادي الملوك (وقت عملية المسح)، طُرحت اقتراحات عديدة لتغيير الإجراءات الحالية، تشمل: إعادة تصميم التذاكر الحالية (5,1% من المرشدين و0,5% من الزوار)؛ وإدراج زيارة مقبرة توت عنخ آمون ضمن تذكرة الدخول الحالية (1,1% من الزوار)، وزيادة عدد المقابر المتاحة للزيارة فى التذكرة الواحدة (1,6% من الزوار).

المرشدون	الزوار	
22,2%	6,5%	فتح مقابر إضافية / إعادة فتح مقابر مغلقة
13,6	5,4	زيادة ساعات فتح المقابر وخاصة في الصيف
-	5,6	تفعيل حظر استخدام الكاميرا داخل المقابر
5,1	0,5	حماية جدران كل المقابر المفتوحة بألواح زجاجية
5,1	0,5	تصميم أفضل للتذاكر/ تنظيم زيارة المقابر
4,0	0,7	إنشاء نظم تهوية في كل المقابر
4,0	1,3	التحكم في أعداد الزوار
3,0	-	التنسيق بين الشركات السياحية لتنظيم زيارة السياح
3,0	6,5	السماح باستخدام الكاميرات/ الفيديو دون رسوم
3,0	0,5	تنظيم أعداد الزوار في المقابر
2,5	-	زيادة عدد منافذ بيع التذاكر
1,5	-	إنشاء شبكة من مماشي ذات اتجاهين
1,5	-	تغيير مكان الكشك ليكون أمام مقبرة توت عنخ آمون
1,0	-	تقليل عدد المقابر المتاح زيارتها لكل تذكرة
1,0	-	اختيار المقابر مسبقا عند شراء التذاكر
1,0	-	عمل كود زمني للتذاكر
1,0	1,9	السماح للمرشدين بالشرح في المقابر
1,0	1,6	زيادة عدد المقابر المتاحة للتذكرة الواحدة
0,5	-	تحسين تغطية شبكة المحمول
0,5	-	تحسين نظام التفتيش الأمني
0,5	-	يجب أن تشمل التذاكر سعر القطار
0,5	-	رفع ثمن التذكرة والسماح بدخول جميع المقابر المفتوحة
-	1,1	يجب أن تشمل التذكرة مقبرة توت عنخ آمون

	الزوار	المرشدون
يجب أن تشمل التذكرة كل المقابر	1,1	-
يجب أن يدفع المصريون نفس قيمة التذكرة مثل الأجانب	0,8	-
إعادة فتح مقبرة سيتى الأول، رقم 17	0,3	-
السماح بشراء تصاريح	0,3	-
تخفيض قيمة التذاكر	0,3	-
توفير مستويات مختلفة للتذاكر	0,3	-
منع التحدث داخل المقابر	0,3	-
تقليل الطوابير	0,3	-
أن يحصل الزوار العرب على تذاكر مخفضة	0,3	-

جدول 28: اقتراحات أصحاب المصلحة –المقابر والتذاكر

يرى 3% من المرشدين السياحيين أن برامج شركات السياحة الحالية ستستفيد من المشاركة فى تنظيم برنامج الزيارة لتجنب الازدحام فى أوقات معينة من اليوم وأيام معينة من الأسبوع. وأثار المرشدون السياحيون (1%) أيضا ضرورة التحكم فى تدفق الزوار، واقترحوا استخدام تذاكر محددة الزمن.

صدرت عام 2009 تذكرة واحدة تتيح للزائر زيارة أى ثلاث مقابر مفتوحة للجمهور فى وادي الملوك. وهناك تذاكر إضافية لزيارة المقابر رقم 9 و35 و62. وفُرض رسم إضافى للطفطف ما بين مركز الزوار ووادي الملوك والعودة. وبداية من عام 2010 لم تفرض رسوم خاصة للتصوير، بل منعت كل الكاميرات (تشمل المحمول) من الوادي، نتيجة القبض على العديد من السياح بتهمة تجاهل الحظر السابق باستخدام الفلاش فى التصوير داخل مقابر وادي الملوك.

اقتراحات متنوعة

كان من الصعب تصنيف الإجابات فى جدول 29، لذلك وضعت تحت عنوان "متنوعة". ولكنها إجابات تقدم رؤى مختلفة لما يتم من أعمال بوادي الملوك، وتشمل رأى 10,8% من الزوار الذين يرون أن الموقع جيد على ما هو عليه ويجب تركه دون تغيير؛ أيد 0,5% من المرشدين فقط وجهة النظر هذه.

	الزوار	المرشدون
أن يكون جميع العاملين بوادي الملوك على مستوى جيد	-	%8,6
الاهتمام بترميم المقابر	-	2,5
منع المرشدين الأجانب	-	1,5
منع سائقى الطفطف من بيع بطاقات تذكارية	-	1,5
تحسين مرتبات عمال الحراسة وظروفهم	-	1,5
منع الشرطة من التدخل فى عمل المرشدين	-	0,5
التأكد من اتباع المرشدين للقواعد	-	0,5
لا حاجه للتحسين	10,8	0,5
ترك الأمور على طبيعتها وعدم التحديث	0,5	-
غلق الوادي أمام الزوار	0,5	-
تسهيل السفر لمصر	0,3	-
زراعة أشجار النخيل	0,3	-
تخفيض درجة حرارة المياه فى دورات المياه	0,3	-
تقليل التلوث والضوضاء	0,3	-

جدول 29: اقتراحات أصحاب المصلحة- إجابات متنوعة

تحليل المعلومات النوعية

كما جاء فى المقدمة، تم إجراء ست مجموعات نقاش، اثنتين مع التجار، واثنتين مع العاملين فى وادي الملوك، واثنتين مع السكان المحلين. بشكل عام، كان هدف مناقشات المجموعات التعرف على تجربة المشاركين مع وادي الملوك واقتراحاتهم لتحسين الخدمات هناك.

البائعون

تشكلت مجموعتان لمناقشة أصحاب الحوانيت. تكونت كل مجموعة من خمسة بائعين. متوسط سنوات العمل لكل بائع فى هذه الوظيفة 11 عامًا. أحد البائعين عمل بائع هدايا لمدة 30 عام. جميع التجار العاملين فى الوادي يعملون بناءً على عقود سنوية من مجلس مدينة الأقصر.

شكل 39: منطقة الحوانيت

فيما يلى الأسئلة التى طُرحت:

أ – هل أنت راض عن عملك؟
سُجِّل شعور عام بعدم الرضا عن ظروف العمل ضمن كل الإجابات.
وفيما يلى بعض الشكاوى والاقتراحات:

- لا توجد كافيتريا
- دورات المياه بعيدة جدًّا عن منطقة الحوانيت
- البائعون غير مسموح لهم ببيع زجاجات المياه والمشروبات الغازية
- المظلات فوق بضائعهم غير كافية
- الناموس مشكلة دائمة، ومناشدة مجلس المدينة باستخدام مبيدات حشرية فى الصباح الباكر قبل فتح المنطقة
- منطقة البيع غير نظيفة
- المنطقة ليس بها مظلات حماية من الشمس
- المرشدون يسيئون معاملة البائعين وينصحون السائحين بعدم الشراء إلا من الحوانيت التى يميلون إلى أصحابها
- السلطات تفرض غرامة فى حالة قيام التجار بتجاوز المساحة المحددة لهم
- السلطات تأخذ التجار مكبلى اليدين مثل المجرمين إلى السجن فى حالة عدم سداد قيمة الغرامة

علق أحد أصحاب الحوانيت قائلا:
" شرطة السياحة تعاملنا مثل تجار الحشيش أذا وجدوا زجاجة مياه لديناً." "الفيفا لها الحق فى رفض طلبنا لتنظيم مسابقة كأس العالم فى كرة القدم لعام 2010 ، ليس هناك شيء منظم بشكل جيد لأفتخر به فى مصر".

ب ــ ما التغيرات التى لاحظتها خلال السنوات القليلة الماضية؟

فى مناقشات المجموعة المستهدفة من التجار أوضحوا أن الظروف فى الأعوام السابقة كانت أفضل من الوقت الحالى، حيث كان يسمح لهم سابقًا ببيع المياه والمشروبات الغازية. علاوة على ذلك، يشترى الزوار الآن السلع مباشرة من المصانع المحلية وليس من تجار التجزئة، نتيجة لذلك، فإن بضائع التجار عادة تترك فى الشمس لمدة طويلة مما يعرضها للتلف. وذكر المشاركون فى الاستبيان أيضا المتاعب المتواصلة من شرطة السياحة المتمركزة خارج الوادي.

ج ــ هل منطقة الحوانيت مناسبة وكيف يمكن تحسينها؟

كما رأينا من الإجابات السابقة، مكان الحوانيت غير مناسب على الإطلاق. لذا لابد من توفير خدمات أساسية مثل دورات مياه وكافيتريا ومظلات، ورش المكان بالمبيدات بشكل متواصل، والنظافة بشكل منتظم، وأن يخصص المرشدون وقتا محدَّدًا للسياح للتسوق قبل زيارتهم للوادي أو بعدها.

د ــ هل أنت قانع بدخلك؟ ما المشاكل التى تواجهها مع السياح وكيف يمكن حلها؟

فيما يتعلق بالدخل، أعرب كل التجار عن قناعتهم به. وأكدوا عدم وجود أية مشاكل مع السياح، إنما مشاكلهم مع المرشدين، الذين يحثون مجموعاتهم دائمًا على الإسراع عند منطقة الحوانيت. وقال أحد المشاركين إنه: "سمع أحد المرشدين يحذر مجموعته باللغة الإنجليزية أن يحترسوا من البائعين لأنهم كلهم لصوص ولديهم أمراض معدية. معتقدًا أننا غير متعلمين ولا نستطيع فهمه."

وقال بعض المشاركين إن دخلهم فى الماضى كان أعلى من الآن. واستطردوا قائلين إن المرشدين السياحيين يأخذون المجموعات إلى المصانع مباشرة مقابل عمولة على المبيعات. وأوضحوا أن المصانع غير قانونية، بينما

الحوانيت فى وادي الملوك قانونية. وشكا أحد المشاركين من أنه يعانى ماديًا لأنه لا يستطيع العمل هو وشريكه فى الوقت نفسه حيث أن السلطات لا تسمح لشخصين بالتواجد فى المحل.

هـ – ماذا يمثل وادي الملوك بالنسبة لك؟

وادي الملوك مهم جدًّا لأصحاب الحوانيت ويمثل لهم:

- مصدراً وحيدًا للدخل والعمل خاصة لمن ليس لهم فرص عمل فى مجال الزراعة أو الصناعة.
- تراثهم القومى، والتاريخى والحضارى، والتاريخ القديم المجيد.
- معلم مهم نفتخر به.

و – كيف يمكن التعامل مع زيادة أعداد السائحين والتعامل معها فى المستقبل؟

ذكر تجار العاديات فى مناقشات المجموعة المستهدفة طرق عدة لتحسين وادي الملوك مستقبلا. وفيما يلى بعضًا من هذه المقترحات:

- لابد من توسيع منطقة انتظار السيارات
  لابد أن يكون لجميع الحوانيت نفس المساحة والشكل
- يجب أن تكون الحوانيت متخصصة فى بيع منتج بعينه، مثلا واحد لبيع الجلباب وآخر للمشروبات، إلخ
- يجب تغطية منطقة الحوانيت
- يجب أن تكون الحوانيت موازية لبعضها البعض
- يجب أن تراعى شروط تصاريح الحوانيت مصلحة البائعين
- يجب أن تكون المنطقة نظيفة ومنظمة
- لابد من توفير دورات مياه
- يجب فتح الوادي ليلا
- يجب عمل عرض للصوت والضوء

لبى بناء منطقة حوانيت جديدة مظللة ومجاورة لمركز الزوار الجديد لوادي الملوك الكثير من تلك المطالب ولقى ترحيب كل من البائعين والسياح.

العاملون بوادي الملوك

تشكلت مجموعتان لمناقشة عمال وادي الملوك، مجموعة تشمل سبع مشرفين والأخرى تشمل سبع عمال. شملت المجموعة الأولى المشرفين على الحراس ومشرفى النظافة والمفتشين. وشملت المجموعة التى استهدفت العمال، المرممين ومساعدى المرممين والحراس وعمال النظافة وكهربائيًا.

فيما يلى النقاط التى تناولها النقاش:
أ _ هل أنت راضى عن عملك؟ كيف يمكن تحسين ظروف العمل؟
المشرفون:
رغم أن المشرفين كانوا راضين بشكل عام إلا أنه كانت لديهم شكاوى واقتراحات:

- إنهم يعملون بشكل متواصل 12 ساعة فى اليوم
- عدد الحراس غير كاف
- المرممون ينقصهم المواد الكيميائية الضرورية ومساعدين مدربين

شكل 40: بعض العاملين بوادي الملوك

- حاجة المقابر إلى نظام تهوية
- حظر استعمال الأسمنت الأبيض بناءً على تعليمات المجلس الأعلى للآثار، لذا هم مجبرون على استخدام الجير وبودرة طبيعية من التلال، وتعتبر أكثر صعوبة، وتعود إلى زمن الفراعنة
- طالب مشرفو النظافة بتجهيزات أكثر ومنافض للسجائر

علق أحد المشرفين قائلًا: "نتعامل هنا مع مقابر، وهذا يختلف كليا عن المعابد، فهى تحتاج إلى معاملة خاصة، لكن ليس لدينا مواد مناسبة أو عمال مدربين."

العمال

أثار العمال النقاط الآتية:

- العمل 12 ساعة يوميًّا
- التعرض لمواد خطرة أثناء العمل
- نظام المكافآن غير عادل
- بعض الأعمال تكون دون عقد ومن ثم لا يكون هناك مزايا
- ليس لديهم وثائق رسمية من وزارة السياحة
- ليس لديهم تأمين صحى أو معاش عند التقاعد
- ليس لديهم أجازات، ويجب الحصول على تصريح من المشرفين للحصول على أجازة
- يعمل بعضهم بدون أجر خلال الأشهر الأربعة الأخيرة
- نقص الأدوات والتجهيزات
- نظام التهوية فى المقابر يكاد يكون خطيرًا
- نظام نوبتجيات الحراس غير ملائم

فيما يلى تعليقين لعاملين فى وادي الملوك

" ذهبت إلى مدينة الأقصر لاستخراج بطاقة تحقيق شخصية، لكن السلطات فى القاهرة رفضت ختم الأوراق لأننى عامل مؤقت، هل هذا عدل؟"

"أعمل مرمم آثار لمدة 21 عام حتى الآن، لدى خبرة فى كل شيء عن عملى، السقالات الخشبية والسقوف والجدران والسلالم والمواد الكيميائية وخلطة الترميم. نحن نعمل فى ظل ظروف سيئة جدًّا، فقد يصل عمق المقبرة إلى 300 م، حيث كمية الأكسجين غير كافية. لكن إذا تحدثنا عن حقوقنا أو تقدمنا بشكوى، فإنهم يهددوننا، إننا نريد العدالة، إننا نريد حقوقنا".

ب – كم عدد ساعات العمل؟

المشرفون:

المشرفون على الحراس ليس لديهم ساعات عمل معينة. وعادة يقومون بالمرور على المقابر كل ساعتين أو ثلاث. أجاب آخرون أنهم يعملون بشكل روتينى لتسع ساعات يوميًّا.

العمال:
الحراس ليس لديهم عدد ساعات معينة للعمل، فهم يعملون 24 ساعة، ويستريحون 24 ساعة. فى حين أجاب الباقون أنهم يعملون لتسع ساعات يوميا تقريبا.

ج – هل أنت قانع بدخلك، وكيف تغير الوادي عبر الزمن؟

المشرفون:
زعم المشرفون رضائهم عن دخلهم. أما فيما يخص التغييرات التى طرأت على الوادي عبر الزمن ذكر المشرفون الآتى:

- وضع مظلات جديدة
- المرممون لديهم الآن معامل ويعملون بصورة علمية أكثر
- توجد ألواح زجاجية لحماية مناظر جدران المقابر
- بوابات المقابر الآن مصممة بشكل جيد
- هناك حاسب آلى الآن فى غرفة المفتش
- الممشى المؤدى إلى مقبرة تحتمس الثالث أكثر اتساعًا الآن
- تحسينات تقنية: الكهرباء تعمل فى المقابر الآن على ثلاثة خطوط وليس خطًّا واحدًا كما فى السابق
- هناك مفتشان يقومان بالمرور يوميًّا لمتابعة عمل المرممين وكتابة تقرير عن عملهم

العمال:
كل العمال غير قانعين بمرتباتهم، واعتبروا أن الدخل غير كاف. وتشمل التغييرات التى حدثت فى الوادي وذكرها العمال الآتى:

- الألواح الزجاجية المقامة حاليا لحماية مناظر جدران المقابر
- السقالات الخشبية
- تحسنت شبكة الكهرباء
- تحسنت النظافة
- المنطقة الآن مؤمنة بطريقة جيدة

د – ما المشاكل المتعلقة بك فى العمل؟

شكا المشرفون والعمال من عدم توفر وسيلة للانتقال إلى وادي الملوك. إضافة إلى انخفاض رواتبهم.

هـ – هل تلاحظ أى زيادة فى عدد السياح؟

لاحظ كل من العمال والمشرفين زيادة سنوية فى عدد السياح إلى وادي الملوك.

> ذكر أحد المشاركين:
> "هناك سياح فى الشتاء أكثر من الصيف، لكن بصفة عامة هناك زيادة فى عدد السياح كل عام، وأيضًا جنسيات جديدة كثيرة".

و – كيف تتعامل مع السائحين، هل لديك مشاكل معهم؟
المشرفون:
أجاب ثلاثة من المشرفين بأنه ليس لديهم اتصال مباشر مع الزوار، لكن ذكر الباقون أن المشكلة الأساسية مع الزوار هى التصوير، وبصفة خاصة التصوير بالفلاش داخل المقابر. ويعتقدون أن هذا خطأ المرشدين الذين لا يلفتون نظر مجموعاتهم إلى أن التصوير بالفلاش ممنوع. والحل الذى يقترحونه هو منع أية كاميرات داخل المقابر. وذكر المجيبون أيضًا أن المرشدين لا يخبرون مجموعاتهم أن مقبرة توت عنخ آمون تحتاج إلى تذكرة خاصة، مما يضطر الزوار إلى العودة مرة أخرى إلى البوابة الرئيسية للحصول على التذكرة. وهذا إزعاج يمكن تفاديه، ويمثل صعوبة بشكل خاص لكبار السن.
العمال:
ليس لهم أى اتصال مباشر بالزوار.

ز – كيف يمكن التعامل مع زيادة أعداد السائحين فى المستقبل؟
أثار المشرفون العديد من النقاط بعضها تقنى، واقترحوا الآتى:

- الحاجة إلى نظام تهوية داخل المقابر
- تحديد عدد الزوار لكل مقبرة فى اليوم
- فتح مقابر أكثر
- توسيع ساحة انتظار السيارات
- التنسيق بشكل أفضل لأفواج السياح بين البر الشرقى والبر الغربى.
- الاهتمام بالمشروع اليابانى (مركز الزوار) والخدمات التى يوفرها: دورات مياه وكافيتريا وبانوراما، إلخ...

ح – هل تعتقد أن عدد المقابر المفتوحة كافٍ؟
اتفق المجيبون على أن عدد المقابر المفتوحة وساعات الزيارة مناسبة. وعلقوا على إقامة شاشة عرض كبيرة بمركز الزوار فى المستقبل تمد الزائرين

بالمعلومات عن الوادي ومقابره، وبالتالى يستطيع السائحون معرفة أى من المقابر يريدون زيارته (من المخطط عملها، لكن لم تُقم بعد). اقترح العمال فتح مقابر أكثر فى الشتاء.

ط – ماذا تحب أن يتم إنجازه فى وادي الملوك؟

المشرفون:
- توفير الراحة للسائحين
- يجاد حل جيد لنظام شراء التذاكر، إما بكتابة تفاصيل الزيارة على التذكرة أو جعل الحراس يستخدمون خرامة صغيرة لكن دون تمزيق التذكرة
- إنشاء عيادة للإسعافات الأولية

العمال:
- عمل كافيتريا
- الحاجة إلى مظلات مزودة بمراوح
- الحاجة إلى ألواح زجاجية أكثر لحماية الجدران داخل المقابر
- الحاجة إلي نظام تهوية داخل المقابر
- الحاجة إلي أدوات نظافة حديثة

سكان المجتمع المحلي

"جزء أساسى فى تحسين التعاون بين السياح والسكان المحليين يكمن فى المشاركة، وبشكل أساسى، فى قدرة السكان المحليين أنفسهم على حماية المواقع وإدارتها. وذلك لما سيعود عليهم من نفع من السياحة... لذا لابد من إيجاد السبل لتنمية السياحة للحفاظ على كل من المصادر الطبيعة والثقافية، وفى الوقت نفسه دعوة السكان المحليين للمشاركة الحقيقية: تلك هى السياحة التى تعتبر جزءًا من التطور الدائم."
ليونسكو، 1996

شكلت مجموعتان استهدفتا تصنيف آراء سكان قريتين: الحساسنة والسوالم، وكلتاهما فى القرنة. انضم خمسة من القرويين إلى كل مجموعة من مجموعات تصنيف الآراء. كان المشاركون من الفلاحين وبائعى الألباستر والتجار، إلخ. ولم

يكن أى منهم سبق له العمل فى وادي الملوك. وفيما يلى النقاط التى تطرق إليها المسح مع المجموعة المستهدفة:

أ – هل يأتى السائحون زوار وادي الملوك إلى قريتك؟

يزور أغلب السائحين القرية ومصانع الألباستر، والمنطقة الزراعية. ويتناول بعضهم الغذاء فى مطاعم صغيرة، ويلتقطون الصور، ويشترون الهدايا، ويتجولون فى أنحاء القرية. ويقوم عدد صغير بركوب الخيل والجمال.

تعتبر هذه الزيارات مصدرًا مهمًّا لدخل المشاركين. وفى الوقت نفسه يتعرفون أيضًا على فكر السياح وثقافتهم وسلوكهم.

"قال أحد أصحاب الحوانيت: السياحة تخلق فرص عمل كثيرة؛ لقد استخدمت فى محلى خمسة عمال أو ستة. فهم بذلك يجدون وظائف بعيدًا عن الهيئات الحكومية، وهذا جيد للاقتصاد القومى".

ب – هل قمت بزيارة الوادي والمقابر من قبل؟

أجاب أحد المشاركين فى المجموعة المستهدفة من قرية الحساسنة أنه قام بزيارة الوادي والمقابر من قبل. أما باقى المجموعة فقد زاروا الوادي من الخارج، لكنهم لم يدخلوا المقابر قط.

فيما يخص إجابة المجموعة المستهدفة من قرية السوالم، اتضح أن جميع المشاركين قاموا بزيارة الوادي أكثر من مرة، سواء مع أسرهم وأقاربهم أو لمقابلة المرشدين والسائقين. أحد التجار، طالب آثار، قام بزيارة الوادي أكثر من الآخرين.

ج – هل أتوبيسات السياحة تؤثر على قريتك؟

أجاب البعض أن أتوبيسات السياحة لها تأثير إيجابى على قريتهم ويتمنون المزيد منها. فى حين ذكر آخرون التأثير السيئ من انبعاث أدخنة الأتوبيسات، والضوضاء، والأمان البيئى بصفة عامة.

د – ما الذى يمكن عمله لتعزيز رضا الزائر بوادي الملوك؟

عند السؤال عن الطرق المقترحة لتحسين مكانة وادي الملوك، ذكر المشاركون خدمات ضرورية عديدة واقتراحات عامة أكثر:

- الحاجة إلى كافيتريا
- تحسين دورات المياه
- الحاجة إلى مركز للإسعافات الأولية
- يجب إقامة أكشاك تليفونات
- الحاجة إلى لافتات على الطريق
- الحاجة إلى نقطة للمطافئ
- تشجير جانبى الطريق
- مد ساعات العمل حتى المساء
- إقامة عرض للصوت والضوء
- تحديد مواعيد معينة لزيارة الزوار لمصانع الألباستر والبازارات

النتائج والتوصيات

طبقاً لما تم مناقشته آنفًا، فإن الغرض من هذه الدراسة كان مقارنة وجهات نظر أصحاب المصلحة فى وادي الملوك. وقارنت الدراسة بنجاح بين وجهات نظر أكثر من 600 زائر و 200 مرشد، وشملت مناقشات فعالة مع أكثر من عمال 30 موقع، وسكان محليين. وخلاصة القول إننا أنجزنا أهدافنا. بل أكثر من ذلك، وتلقينا دعمًا ملحوظًا وحماسًا للمخطط العام من نسبة كبيرة من أصحاب المصلحة الذين استطلعنا أراءهم.

علاوة على ذلك، أظهرت كل المناقشات تقريبًا التقدير الكبير الذى يحظى به وادي الملوك من كل من السياح والسكان المحليين على حد سواء. تحدث الغالبية الساحقة من الزوار بطريقة إيجابية عن وادي الملوك. ويظهر هذا جليًا فى (جدول 30) الذى يبين أن أكثر من 80% من الزوار ينوون العودة للزيارة مرة أخرى.

	زيارة وادي الملوك		الزوار		
	مرة	+2	بمفرده	مجموعة	الإجمالى
هل ستزور وادي الملوك مرة أخرى؟					
نعم	%80,4	%93,7	%82,3	%81,9	%81,9
لا	%19,6	%6,3	%17,7	%18,1	%18,1

جدول 30: يوضح مدى رضى السياح

تتلخص المقترحات الأساسية التى استُخلصت من استبيان الموقع فيما يلى

1. توفير كافيتريا
2. تحسين دورات المياه وعمل مظلات
3. فتح الموقع ليلاً
4. تحسين خدمات البائعين
5. تحسين صيانة المقابر
6. تحسين نظافة الموقع
7. تعديل إجراءات شراء التذاكر
8. تحسين عملية تدفق الزوار

سلطت النتائج المثمرة لهذا المسح أو الاستقصاء الضوء على أنها أداة مهمة فى التطبيق الناجح للمخطط الرئيسى لوادي الملوك. إن استخدام هذه الوسيلة سيؤدى إلى تطبيق أكثر نجاحًا وضمان نجاح المشروع على المدى الطويل.

فى بداية عام 2010، تم تنفيذ أول هذه المقترحات، لكننا نعتقد أنه تم بأسلوب سيئ وذلك بوضع منضدة عليها مشروبات وسط منطقة الجلوس بوادي الملوك؛ أما الاقتراح الثانى فلم يتم الفصل فيه، وما زال الاقتراح الثالث محل دراسة (منحت وزارة الداخلية المصرية التصاريح)، أما الاقتراح الرابع فتم التعامل معه، فيما يخص الاقتراح الخامس والسادس والسابع والثامن، ما زالوا فى انتظار التنفيذ.

المرحلة الثانية من الاستبيان – المسح الإلكتروني

فى أكتوبر عام 2004، أطلقنا الجزء الثانى من مناقشة أصحاب المصلحة فى الاستبيان. وتم هذا فى شكل استبيان إلكترونى طرح على الموقع الإلكترونى لمشروع خرائط طيبة www.thebanmappingproject.com. نُشر الإعلان التالى على صفحة الموقع الإلكترونى TMP، ويلتمس المشاركة (استقبل الموقع ما يقرب من خمسة ملايين رأى شهريًّا، مما كان حافزًا لجذب الزوار لتكرار زيارتهم لوادي الملوك وأناس آخرين معنيين بالوادي).

منهج المسح

تحددت أربع عشرة مجموعة للاستبيان، ذكرت آنفًا. استهدف المسح الإلكترونى المجتمع الأكاديمى، وزوار وادي الملوك لأكثر من مرة، وزوار موقع مشروع إعداد خرائط طيبة الإلكترونى والمجتمع العالمى الأوسع.

طُلب رأى أصحاب المصلحة بشأن القضايا التالية التى تواجه الموقع:

- ما انطباعهم عن وادي الملوك؟
- كمية الخدمات المقدمة للزوار ونوعيتها
- دور مركز الزوار
- ما التوصيات للمستقبل؟

> إعلان موقع مشروع إعداد خرائط طيبة خلال العام الماضى (2003) طلب د. زاهى حواس الأمين العام للمجلس الأعلى للآثار من مشروع إعداد خرائط طيبة أخذ زمام المبادرة لإنشاء مخطط عام لإدارة وادي الملوك.
>
> قديما، كان الوادي مكانًا لدفن صفوة المصريين لمدة أكثر من 500 عام، وخلال آخر ثلاثة آلاف عام كان محط اهتمام العلماء والرحالة والسائحين. أما اليوم، وبعد قرون من التخريب والنهب، بات الوادي يواجه تحدياً خطيرًا ، وأصبح الحفاظ عليه فى المستقبل معلقًا فى الميزان، ما لم يتم إجراء عمل سريع وجذرى وشامل، وإلا سنشهد تدمير هذا الموقع فى غضون الأعوام الخمس والعشرين المقبلة. المشاكل التى يواجهها الوادي اليوم تأتى فى المقام الأول من تدخل الإنسان، وأيضا هناك مخاطر طبيعية لابد من مواجهتها. إن العدد الكلى للزوار يجلب مشاكل لا حصر لها، تتراوح بين ضرر فى بنية الموقع إلى موضوعات تدور حول توفير خدمات للسائحين تتلاءم مع الموقع والزوار.
>
> إن المرحلة الأولى لإنشاء هذا المخطط العام هى عملية تشاور يشارك فيها أكبر عدد ممكن من أطراف مهتمة، ونحن نهتم بصفة خاصة بآراء ومقترحات الزوار السابقين. لذا ندعوك للمشاركة في المسح الإلكتروني على موقعنا.

كانت الدراسة بطبيعتها (استبيان يدار ذاتيًّا والكترونيًّا) كمية فقط. وشجعنا الاشتراك فى المسح بوضع إعلانات على العديد من البريد الإلكترونى والمواقع الإلكترونية للجمعيات، تشمل جمعية استكشاف مصر (EES)، والمنتدى الإلكترونى لعلماء المصريات (EEF)، ومجموعة ياهو آمون، وقوائم البريد الإلكترونى للجامعات، وتشمل جامعة كلية لندن (UCL)، والجامعة الأمريكية بالقاهرة (AUC). وإرسال رسائل إلكترونية أيضا إلى المشاركين فى الرسالة الإخبارية لمشروع خرائط طيبة.

تضمن الاستبيان سؤالًا، بعضها مغلق ولكن بشكل أساسى مع إجابات مفتوحة، وتظهر الأسئلة باللغة الإنجليزية، وهى لغة موقع مشروع خرائط طيبة. ويظهر فى الملحق 2 نسخة من الاستبيان. وقد ظلت الدراسة على الموقع لمدة ستة أشهر تقريبا، وعند غلقه، أُدخِل 504 استبيان. وتولى جوزيف لينر، وهو موظف مقيم بالقاهرة بتشفير الداتا بمكتب مشروع خرائط طيبة بالقاهرة.

قمنا بتقديم أمثلة للآراء والاقتراحات التى وصلت إلينا من خلال المسح عبر البريد الإلكترونى.

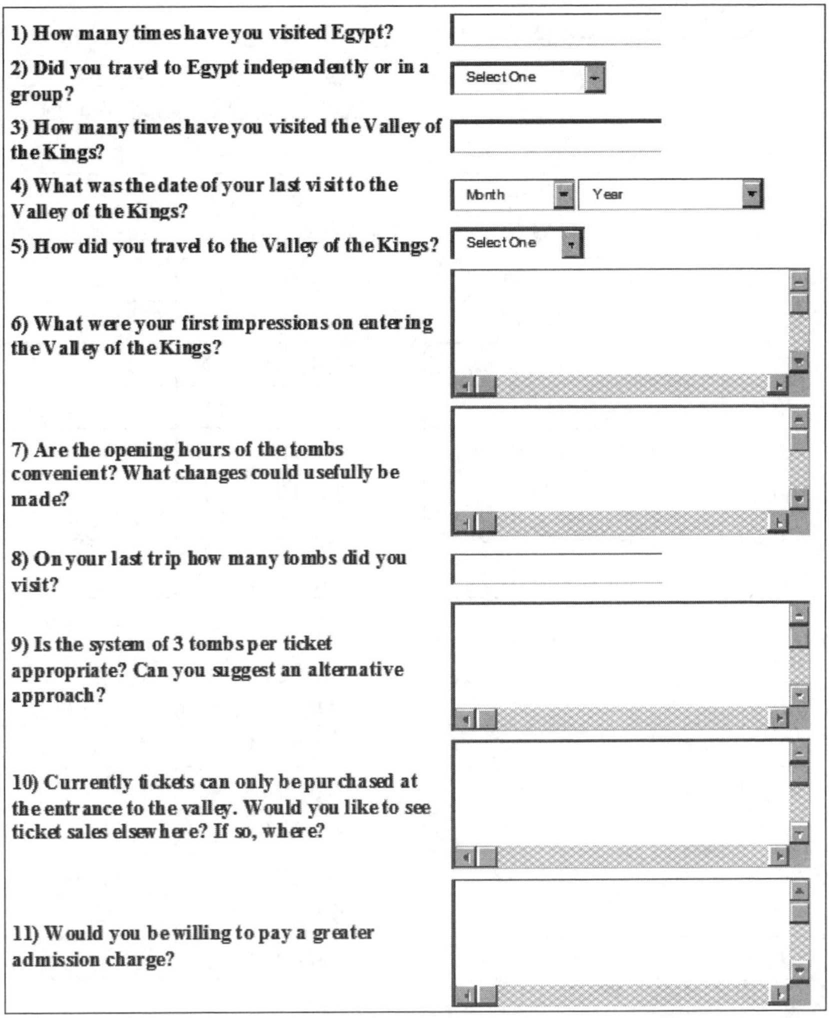

1) How many times have you visited Egypt?

2) Did you travel to Egypt independently or in a group? Select One

3) How many times have you visited the Valley of the Kings?

4) What was the date of your last visit to the Valley of the Kings? Month Year

5) How did you travel to the Valley of the Kings? Select One

6) What were your first impressions on entering the Valley of the Kings?

7) Are the opening hours of the tombs convenient? What changes could usefully be made?

8) On your last trip how many tombs did you visit?

9) Is the system of 3 tombs per ticket appropriate? Can you suggest an alternative approach?

10) Currently tickets can only be purchased at the entrance to the valley. Would you like to see ticket sales elsewhere? If so, where?

11) Would you be willing to pay a greater admission charge?

شكل 41: شاشة الاستبيان الإلكترونى

الخلفية الثقافية للمجيبين

بلد المشارك

غطى المسح الإلكترونى 39 دولة (جدول 31). وكانت أعلى نسبة مشاركة فى الاستبيان من المملكة المتحدة (47,62%)، تليها الولايات المتحدة الأمريكية (15,48%). وكان هذا متوقعًا بما أن لغة الاستبيان هى الإنجليزية. وكانت هناك مشاركة فاعلة أيضا من شعوب تتكلم الإنجليزية، فقد بلغت نسبة المشاركين من استراليا وكندا 4,76% ومن نيوزيلندا 0,99% من المسح الكامل.
وبناءً على ذلك يبلغ إجمالى نسبة مشاركة الشعوب المتحدثة بالإنجليزية فى الاستبيان 73%. ولابد من أخذ ذلك فى الاعتبار عند دراسة البيانات المتاحة.
ولكن، واقع مشاركة شعوب أخرى كثيرة هو عامل مشجع ولابد من إجراء دراسات أكثر تستهدف الشعوب المذكورة أسفل.

	240	%47,62
الولايات المتحدة	78	%15,48
هولندا	26	%5,16
استراليا	24	%4,76
كندا	24	%4,76
ألمانيا	14	%2,78
فرنسا	11	%2,18
إيطاليا	11	%2,18
بلجيكا	8	%1,59
أسبانيا	6	%1,19
الدنمارك	5	%0,99
نيوزيلندا	5	%0,99
السويد	5	%0,99
مصر	4	%0,79
ايرلندا	4	%0,79
بولندا	3	%0,60
جنوب أفريقيا	3	%0,60
أفغانستان	2	%0,40
جمهورية التشيك	2	%0,40
اليونان	2	%0,40
إسرائيل	2	%0,40
اليابان	2	%0,40
النرويج	2	%0,40
البرتغال	2	%0,40
روسيا	2	%0,40
ساموا الأمريكية	1	%0,20
تشيلى	1	%0,20
كرواتيا	1	%0,20
جمهورية الدومينيكان	1	%0,20
المجر	1	%0,20
لاتفيا	1	%0,20
مالطة	1	%0,20
المكسيك	1	%0,20
سلوفينيا	1	%0,20
سويسرا	1	%0,20
تركيا	1	%0,20
أوروجواى	1	%0,20
زيمبابوى	1	%0,20
دون ذكر البلد	4	%0,79
إجمالى	504	

جدول 31: دول المشاركين فى الاستبيان

الجنس

جاءت العينة غير متماثلة قليلا فى نسبة مشاركة الجنسين، فقد بلغت نسبة المشاركة من الإناث 56% ومن الذكور 43%، فى حين تركت مجموعة من المشاركين 1% خانة الجنس خالية.

العمر

تراوح متوسط عمر المجيبين بين 26-45 (42%)، وبين 46-65 (43%). وهذا يتسق مع المجموعات التى استهدفناها.

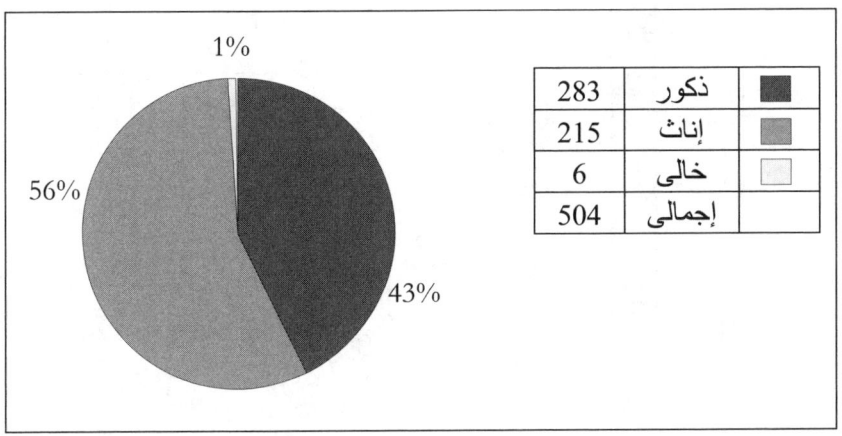

283	ذكور	
215	إناث	
6	خالى	
504	إجمالى	

جدول 32 أ، ب: يوضح نسبة المشاركين من الإناث والذكور

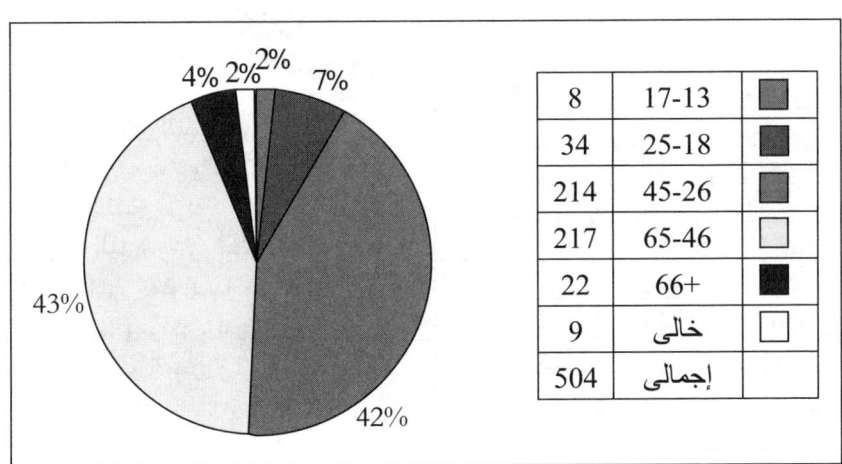

8	17-13	
34	25-18	
214	45-26	
217	65-46	
22	66+	
9	خالى	
504	إجمالى	

جدول 33 أ، ب: يوضح عمر المشاركين فى الاستبيان

عدد الزيارات إلى مصر

زار عدد كبير من المشاركين مصر مرة واحدة، فى حين قام 19 (3.77%) بزيارة مصر أكثر من 20 مرة. وبلغت نسبة من زاروا مصر أكثر من 10 مرات أكثر من 10%. ولابد أن يكون لهؤلاء آراء مؤثرة فيما يخص أى تخطيط لوادي الملوك.

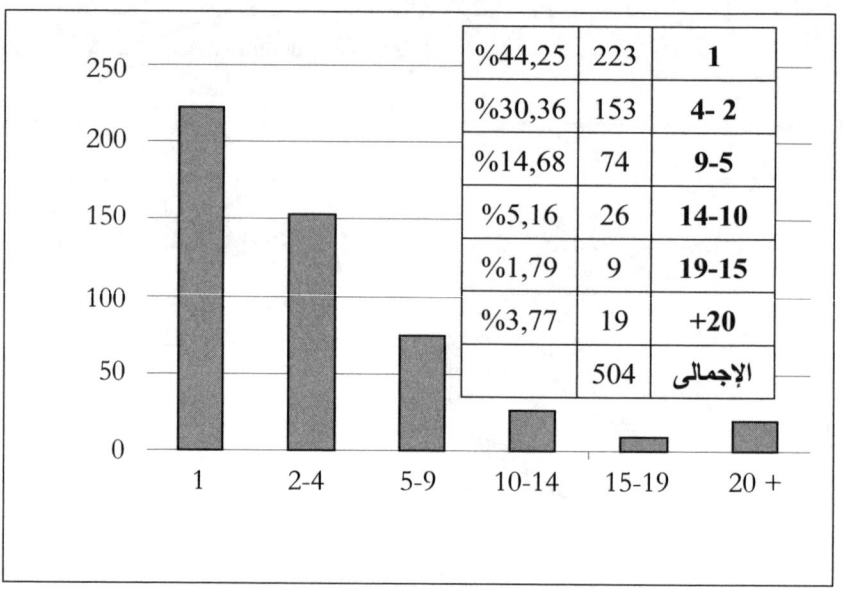

1	223	44,25%
2 -4	153	30,36%
5-9	74	14,68%
10-14	26	5,16%
15-19	9	1,79%
20+	19	3,77%
الإجمالى	504	

جدول 34 أ، ب: يوضح عدد الزيارات إلى مصر

الزيارات لوادي الملوك
إيماء إلى زيارات وادي الملوك، عكست النتائج مردود الزيارة إلى مصر. والمدهش أن أغلب المشاركين زاروا وادي الملوك مرة واحدة (44,84%). ولكن، لدينا أيضًا مجموعة كبيرة ممن زاروا مصر أكثر من 10 مرات.

0	8	1,59%
1	226	44,84%
2	81	16,07%
3	48	9,52%
4	28	5,56%
5	28	5,56%
6 إلى 10	53	10,52%
11 إلى 15	13	2,58%
16 إلى 20	7	1,39%
21+	12	2,38%
الإجمالى	504	

جدول 35: عدد الزيارات إلى وادي الملوك

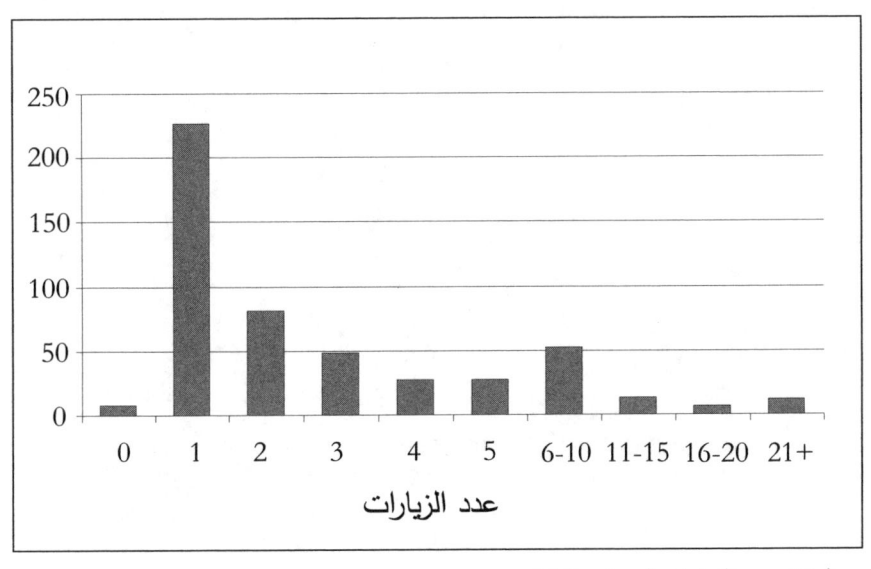

جدول 36: عدد الزيارات إلى وادي الملوك

آخر زيارة لوادي الملوك

كانت آخر زيارة لغالبية السياح إلى وادي الملوك خلال العامين الماضيين (57,14%)، لكن بالنسبة لعدد كبير من المشاركين كانت آخر زيارة لهم منذ أكثر من خمسة أعوام مضت (18,26%). ولابد من وضع ذلك فى الاعتبار، حيث سجلت تغيرات كبيرة فى أعداد الزائرين خلال هذه الفترة، وما لهذا من تأثير على تجربة الزائر.

2005	16	%3,17
2004	208	%41,27
2003	64	%12,70
2002	42	%8,33
2001	36	%7,14
2000	20	%3,97
1999-1990	73	%14,48
1989-1980	14	%2,78
1979-1970	2	%0,40
1969-1960	1	%0,20
1959-1950	2	%0,40
إجمالى	504	

جدول 37: آخر زيارة لوادي الملوك

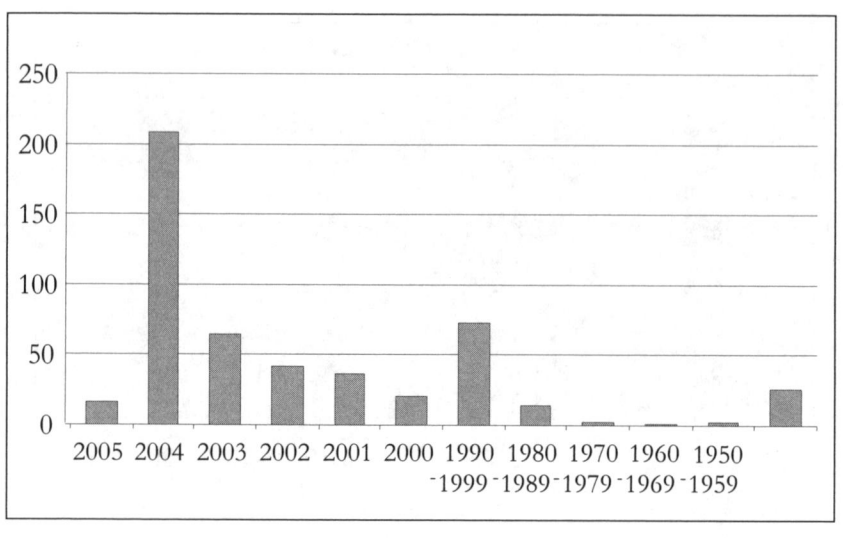

جدول 38: تاريخ آخر زيارة لمصر

نوعية الزائر

ظهر فرق واضح بين استبيان الآراء الذى تم فى وادي الملوك وذاك الذى تم عبر البريد الإلكترونى. فقد برز فرق واضح بين السياح الفرادى (51%) والمجموعات السياحية (47%)، مقارنة بـ 17% و83% تقريبا فى المسح السابق فى وادي الملوك. مرة أخرى، يرجع هذا إلى طبيعة الجمهور المستهدف.

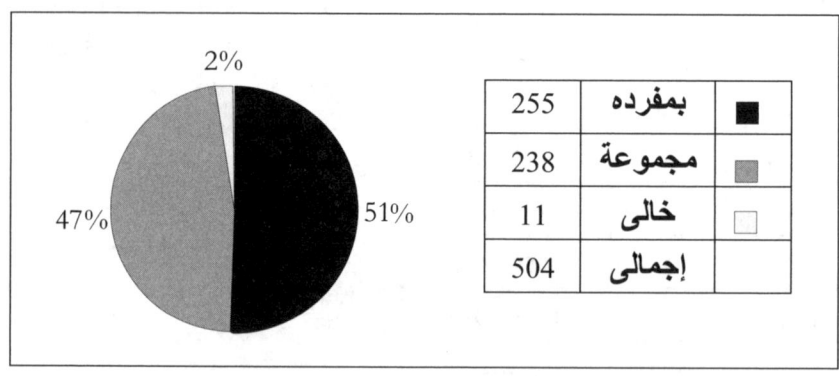

	بمفرده	255
	مجموعة	238
	خالى	11
	إجمالى	504

جدول 39 أ، ب: يوضح نوعية السائح

116 | استبيان آراء زوار وادي الملوك

وسيلة الانتقال إلى وادي الملوك

وُجه سؤال إلى الزوار عن وسيلة انتقالهم إلى وادي الملوك. ذهب 48% بسيارة، مقارنة بـ 71% فى المسح الذى تم فى الموقع. ويرجع هذا التغيير إلى كبر حجم العينة المستهدفة فى هذا المسح من الزوار الذين أتوا بمفردهم. واللافت للنظر أن حوالى 12% من الزوار استخدموا وسائل بديلة للسيارات الملوثة للبيئة، سواء مشيًا على الأقدام، أو بالعجلة، أو بالحمار.

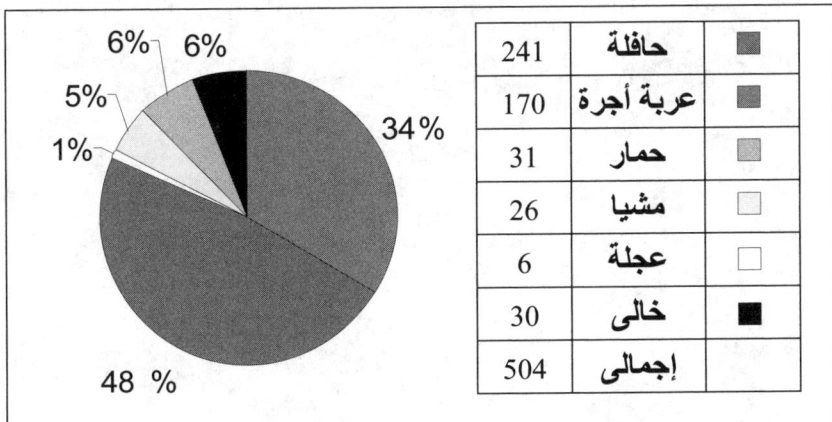

حافلة	241
عربة أجرة	170
حمار	31
مشيا	26
عجلة	6
خالى	30
إجمالى	504

جدول 40 أ، ب: ملاحظات أصحاب المصلحة– وسيلة النقل إلى وادي الملوك

ملاحظتهم عن وادي الملوك

الانطباعات الأولى

كان انطباع الأغلبية الساحقة إيجابيًا. وقد غَلب على الزوار الإحساس بالرهبة والشعور بالإثارة وأن واقع تجربتهم فاق توقعاتهم. ولكن كانت هناك انطباعات سلبية أيضًا. وفيما يلى بعض الإجابات الشائعة:

- "مكان موحش وقفر حيث يُحبس السياح"
- "الفرق شاسع بين عام 1978 و2004. زحام شديد!"
- "أتمنى الذهاب إلى هناك دوما. لقد وقفت مبهورًا. كان شيئًا رائعًا كما توقعته تمامًا".
- "كل شىء كما توقعته بل وأكثر. لكن، كان يعج بمجموعات سياحية كبيرة، وكنت قلقًا من تأثيرهم على المقابر والمناظر الطبيعية المحيطة".
- "فى حين تبدو بعض الأجزاء بالتأكيد قفرة وموحشة، فهناك جزء كبير تم تعديله لراحة السياح. لكن الوادي الغربى يبدو موحشًا جدًا".

منطقة الحوانيت

أعرب عدد كبير من السياح (45%)عن مقتهم لهذه المنطقة وتجربتهم المشى خلال منطقة الحوانيت للوصول إلى المقابر. و انعكس هذا فى كثير من التعليقات المعبرة عن مدى المضايقات والتخويف الذى صادفوه عند المرور عبر البائعين. ولابد أن يقارن هذا بالـ 70% الذين استمتعوا بالتسوق فى منطقة الحوانيت فى الاستفتاء السابق.

شكل 42: بائعون وسياح فى وادي الملوك

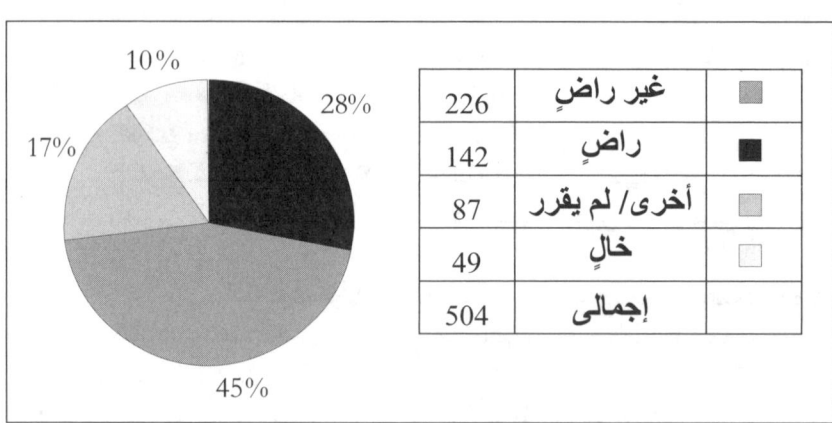

	غير راضٍ	226
	راضٍ	142
	أخرى/ لم يقرر	87
	خالٍ	49
	إجمالى	504

جدول 41 أ، ب: ملاحظات أصحاب المصلحة – منطقة الحوانيت

118 | استبيان آراء زوار وادي الملوك

ساحة انتظار السيارات

هناك نموذج ثابت للرضا وعدم الرضا بين الزائرين، ولكن، يبدو أن كثيراً من الأفراد يدركون أن وجود منطقة انتظار سيارات "شر لابد منه". ركز بعض الأفراد على حقيقة أن موقف انتظار السيارات لا يجب أن ينتقص من تجربة الزيارة، بما أنه بدون منطقة الانتظار ربما لن تكون الزيارة ممكنة. واقترح كثيرون نقل المنطقة بعيدًا لحماية الوادي وتحسين الشعور بالمكان. هؤلاء الأفراد، مع إجابات أشير إليها بـ"أخرى" اختاروا الإجابة على السؤال باقتراحات غير مرتبط بالسؤال المطروح، أو جربوا موقف انتظار السيارات لكن بدون أى شعور حقيقى تجاهه– فلم يحبوا ولم يكرهوا. على وجه العموم، 49% من هؤلاء رحبوا به.

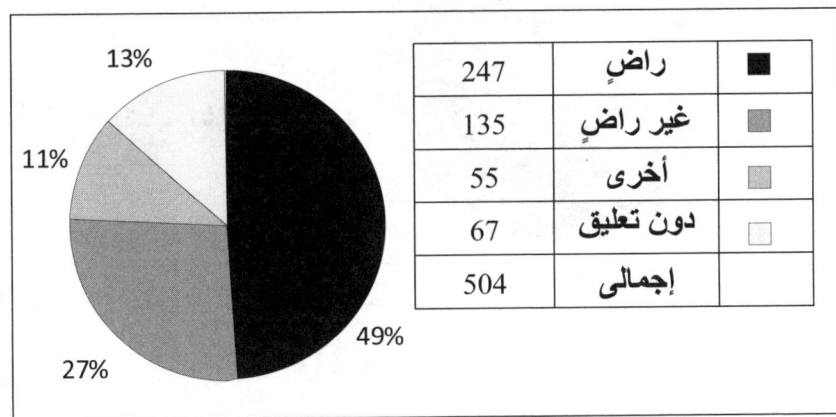

■	راضٍ	247
■	غير راضٍ	135
■	أخرى	55
□	دون تعليق	67
	إجمالى	504

جدول 42 أ، ب: ملاحظات أصحاب المصلحة – منطقة انتظار الحافلات السياحية

التنقل داخل وادي الملوك

برز هنا نموذج مشابه للإجابات عن ساحة انتظار الحافلات السياحية مع الآراء الخاصة بـ "الطفطف" الذى ينقل السياح من منطقة انتظار السيارات حتى مدخل الأمن. أغلب المجيبين لم يهتموا به (32%) أو فى الواقع رحبوا به (57%). ولكن،هؤلاء الذين لم يوافقوا (18%) كانوا صريحين جدا فى شجبهم، كما هو موضح أسفل:

- "لابد من حث الزوار بشدة على مشى تلك المسافة القصيرة. وأُدرك أن هناك أناسًا لا يستطيعون المشى ومن أجلهم هناك ضرورة لوجود وسيلة نقل ولكن هناك فرق كبير بين "لا يستطيع المشى" ولا يحب أن يضايق نفسه بالمشى."

- "قطار يعمل بالديزل شيء جديد، ولكن ترام صغير يعمل بالكهرباء على قضبان قد يكون أفضل حفاظًا على البيئة الموجود فيها، من الأدخنة والاهتزازات."
- "مكان سياحى جدًا. لابد من إزالة قطارات ديزنى لاند ومناضد الباعة الجائلين. ليس هناك احترام للتاريخ أو الأهمية الثقافية للموقع. غير نظيف. هناك كثير من أوراق متناثرة."

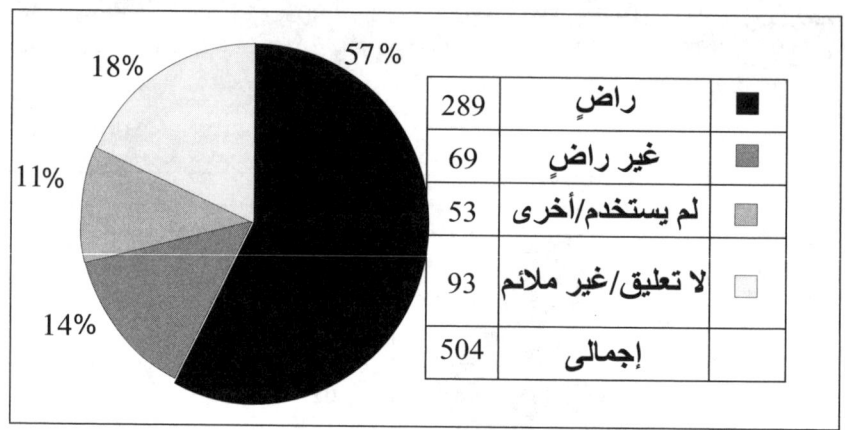

	راضٍ	289
	غير راضٍ	69
	لم يستخدم/أخرى	53
	لا تعليق/غير ملائم	93
	إجمالى	504

جدول 43 أ، ب: آراء أصحاب المصلحة- التنقل داخل وادي الملوك

معاملة الزوار

"لا أتمنى رؤية مبانٍ سياحية أكثر. من أكثر الأشياء التى أحببتها فى زيارتى تخيل كيف كان الوادي فى الماضى." تعليق أحد الزوار

التذاكر والدخول

موقع شباك التذاكر

طرحنا سؤال : يمكن شراء التذاكر حالياً فقط عند مدخل الوادي. هل تود أن يكون شباك بيع التذاكر فى مكان آخر؟ إذا كان كذلك فأين؟ 51% من المجيبين أقروا أن شباك التذاكر قد يكون أفضل فى أماكن أخرى.

وشملت مقترحاتهم:-

- كشك صغير آخر فى وادي الملوك

- مكتب تذاكر رئيسى على البر الغربى
- محطة المعدية، على البر الشرقى أو الغربى
- فى القاهرة، والأقصر... إلخ، فى مواقع أثرية أخرى وفى المتاحف
- فى الفنادق والفنادق العائمة
- التوكيلات السياحية
- على شبكة الانترنت
- مراكز استعلامات السائحين فى مصر و/ أو ما وراء البحار.

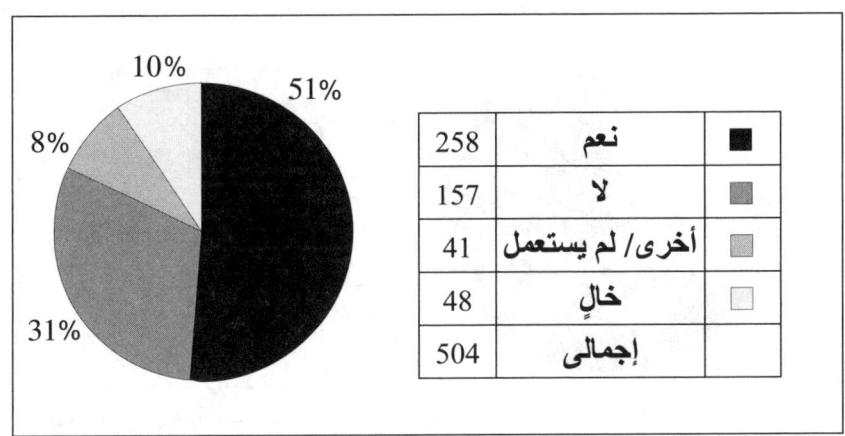

	نعم	258
	لا	157
	أخرى/ لم يستعمل	41
	خالٍ	48
	إجمالى	504

جدول 44 أ، ب: آراء أصحاب المصلحة- موقع شباك التذاكر

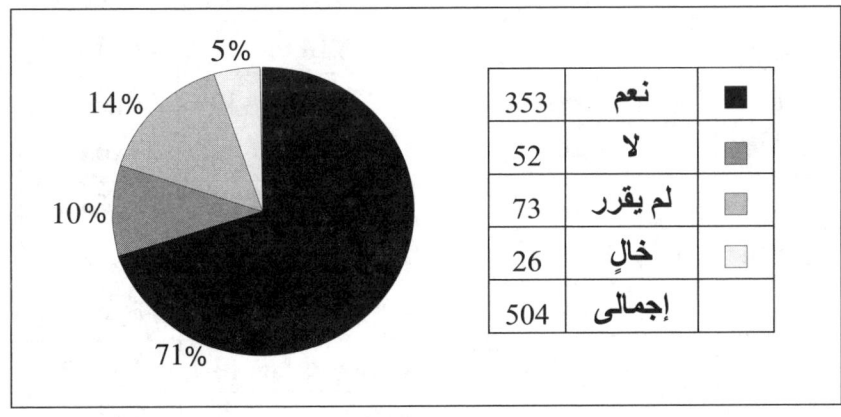

	نعم	353
	لا	52
	لم يقرر	73
	خالٍ	26
	إجمالى	504

جدول 45 أ، ب: إجابات أصحاب المصلحة- زيادة رسم الدخول

وسألنا أيضًا: هل أنت مستعد أن تدفع أكثر فى تذكرة الدخول؟ الأغلبية العظمى (71%) كانت مرحبة بذلك، بالرغم من أن العديد أضافوا أن زيادة قيمة التذاكر يجب أن توجه لصيانة الموقع.

أما عن ساعات فتح الموقع للزيارة فسألنا: هل ساعات فتح المقابر مناسب؟ وما التعديل الذى يمكن إجراؤه؟ 67% كانوا سعداء بالنظام الحالى، لكن العديد طلبوا زيادة ساعات الفتح فى المساء وبصفة خاصة خلال شهور الصيف الحارة.

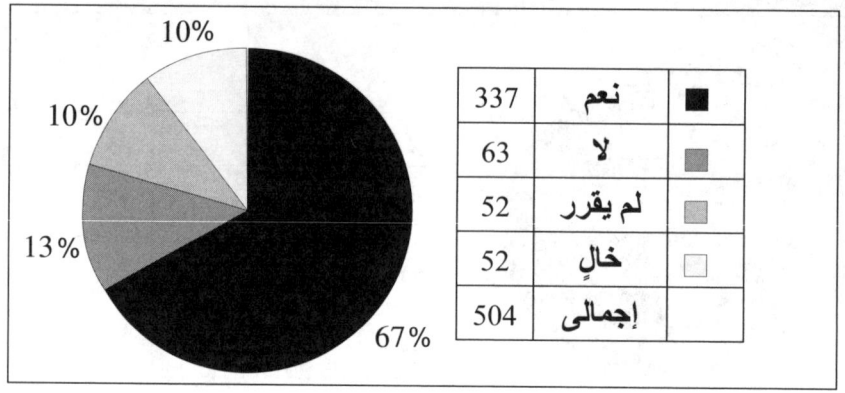

■	**نعم**	337
■	**لا**	63
■	**لم يقرر**	52
□	**خالٍ**	52
	إجمالى	504

جدول 46 أ ، ب: تجربة أصحاب المصلحة - مدى رضاهم عن عدد ساعات فتح المقابر

0 مقبرة	4	% 0,79	**9 مقبرة**	18	%3,57
1 مقبرة	11	%2,18	**10 مقبرة**	5	%0,99
2 مقبرة	17	%3,37	**11 مقبرة**	1	% 0,20
3 مقبرة	230	%45,63	**12 مقبرة**	8	%1,59
4 مقبرة	89	%17,66	**14 مقبرة**	1	% 0,20
5 مقبرة	44	%8,73	**15 مقبرة**	1	% 0,20
6 مقبرة	53	%10,52	**20 مقبرة**	1	% 20, 0
7 مقبرة	14	%2,78	**إجمالى**	504	
8 مقبرة	7	%1,39			

جدول 47: تجربة أصحاب المصلحة- عدد المقابر التى تمت زيارتها

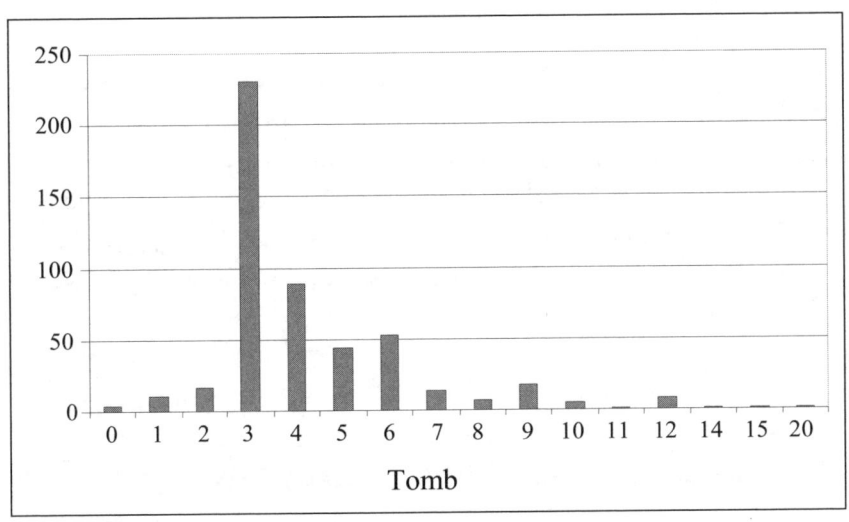

جدول 48: تجربة أصحاب المصلحة - يوضح عدد المقابر التى زارها السياح

زيارات المقابر

سؤال : كم مقبرة زرتها خلال رحلتك الأخيرة؟

أكثر من نصف العينة (52%) زاروا ثلاث مقابر أو أقل.هذا مقارنة بـ 69% زاروا ثلاثًا أو أقل خلال الاستبيان الذى قمنا به فى الموقع.

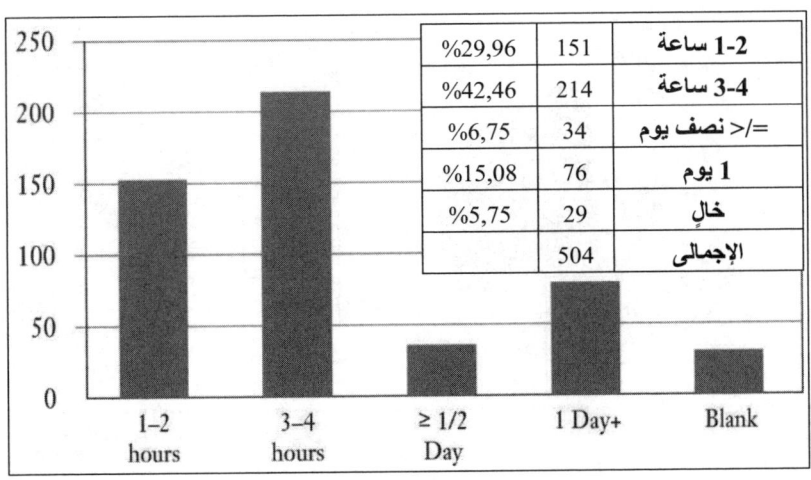

1-2 ساعة	151	%29,96
3-4 ساعة	214	%42,46
>/= نصف يوم	34	%6,75
1 يوم	76	%15,08
خالٍ	29	%5,75
الإجمالى	504	

جدول 49 أ، ب : تجربة أصحاب المصلحة - يوضح عدد ساعات زيارة وادي الملوك

طول فترة الزيارة

طرح سؤال: كم من الوقت مكثت فى وادي الملوك؟
وجدنا هنا اختلافًا كبيرًا مع عينة وادي الملوك، 42% من الزوار قضوا أكثر من ثلاث ساعات فى وادي الملوك مقارنة بمتوسط زيارة 108 دقيقة للمستفتين فى الموقع. علاوة على ذلك فإن 21% من هؤلاء المشاركين فى استبيان أون لاين قضوا أكثر من نصف اليوم فى زيارة وادي الملوك. نتعامل هنا مع نوعية زوار دائمة الزيارة ومثقفة ومتحمسة (جدول 48).

المقابر المزدحمة

طُرِح سؤال: هل كانت المقابر مزدحمة؟
أوضحت الإجابة هنا انقساماً شديداً فى الآراء.فقد حصلنا على عدد مساوتقريبا لهؤلاء
الذين أدركوا أن المقابر كانت مزدحمة مقارنة بهولاء الذين اعتبروها غير مزدحمة أو كانوا مترددين فى رأيهم.
فيما يلى بعض الإجابات الشائعة من الزوار فيما يخص ازدحام المقابر:

- "تركز الجميع حول ثلاث مقابر تقريبًا- حيث تذهب المجموعات الكبيرة"
- "مزدحم- أعداد كبيرة جدا فى مقبرة واحدة فى وقت واحد"

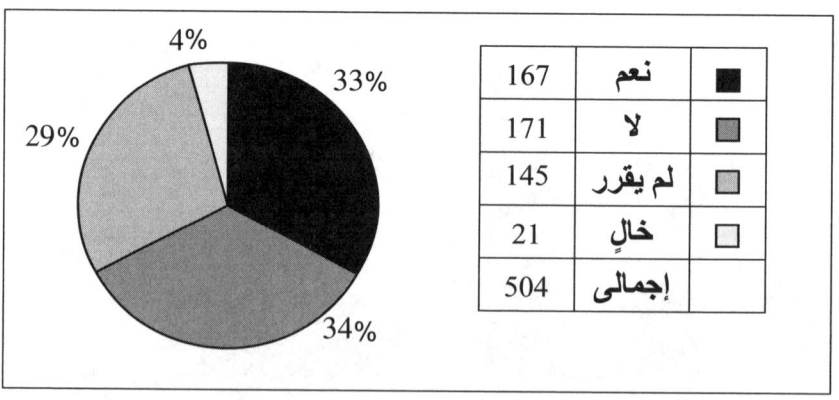

■	نعم	167
■	لا	171
■	لم يقرر	145
□	خالٍ	21
	إجمالى	504

جدول 50 أ، ب: تجربة أصحاب المصلحة - مقابر مزدحمة

حالة المقابر

سألنا: هل كان الجو داخل المقابر حار، رطب، أم محتمل؟

مرة أخرى نرى انقسامًا متساويًا تقريبًا بين هؤلاء الذين وجدوا أن المقابر كانت محتملة (46%) وهؤلاء الذين وجدوا أن المقابر كانت حارة ورطبة (44%). ما نراه هنا هو نتيجة آراء عبرت عن فترة طويلة من الزمن من كل من زوار المرة الأولى وزوار ذوى خبرة أكثر، وبالتالى تجنبوا فترات الذروة.

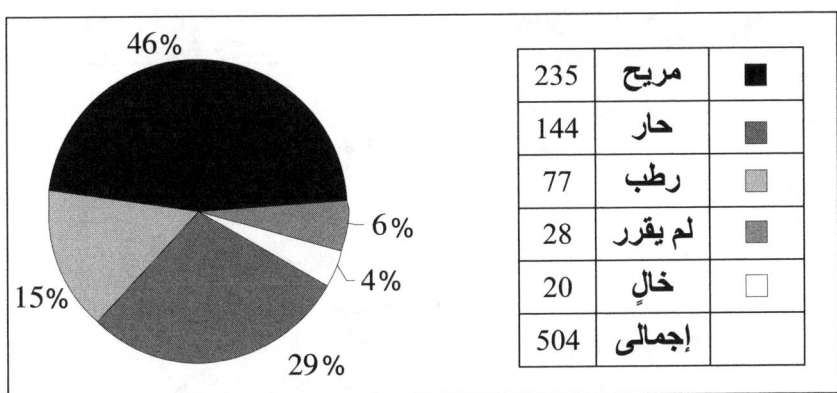

مريح	235
حار	144
رطب	77
لم يقرر	28
خالٍ	20
إجمالى	504

جدول 51 أ، ب: تجربة أصحاب المصلحة- حالة المقابر

الشرح

سألنا: غير مسموح للمرشدين بالشرح داخل المقابر. هل توافق على هذا الحظر؟

لاقى هذا الحظر الذى فُعِّلَ منذ عام 2002 رضا 64% من المجيبين.

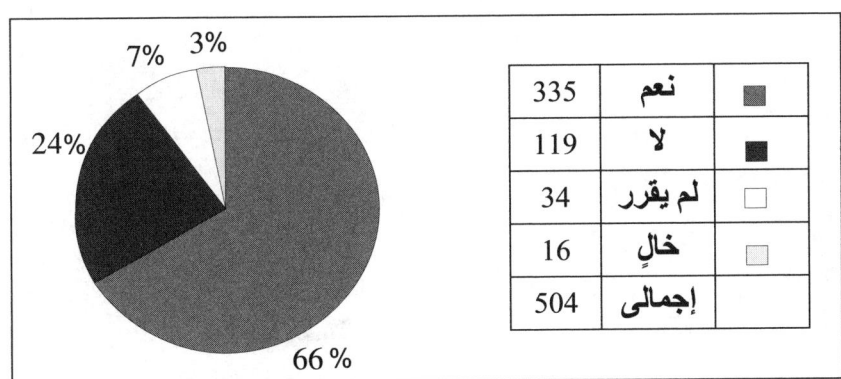

نعم	335
لا	119
لم يقرر	34
خالٍ	16
إجمالى	504

جدول 52 أ، ب: تجربة أصحاب المصلحة– منع المرشدين من الشرح داخل المقابر

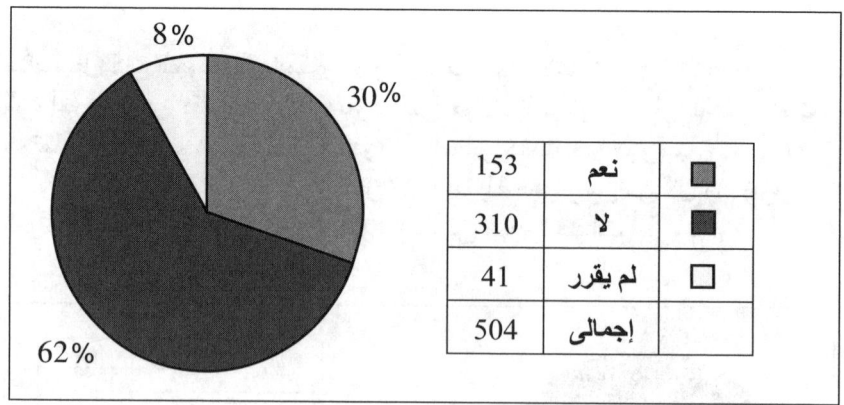

■	نعم	153
■	لا	310
□	لم يقرر	41
	إجمالى	504

جدول 53 أ، ب: تجربة أصحاب المصلحة- حظر التصوير فى المقابر

منع التصوير

سألنا : "هل أثر منع التصوير داخل المقابر على زيارتك؟"
مرة أخرى لاقى المنع استحسان 62% قالوا إن هذا لم يؤثر فى زيارتهم. لكن كثيرين شعروا أنه من السهل التحايل على هذا الحظر، كما يتضح من الإجابات التالية:

- "تستطيع أخذ ما تشاء من الصور برشوة الحارس بقليل من النقود"
- "لقد وضح لـــى تجاهل السياح للحراس واستمرارهم فى أخذ الصور بالفلاش ولمس الجدران"

مرافق الموقع

الأمن

سألنا: هل كانت إجراءات الأمن كافية؟
شعر 67% أن إجراءات الأمن جيدة.

دورات المياه

سألنا: هل دورات المياه مناسبة؟
أغلبية من استخدموا دورات المياه أجابوا بأنها غير مناسبة ولابد من تغيير مكانها. لكن عددًا كبيرًا من المستفتين (32%) لم يروها أو يستخدموها.

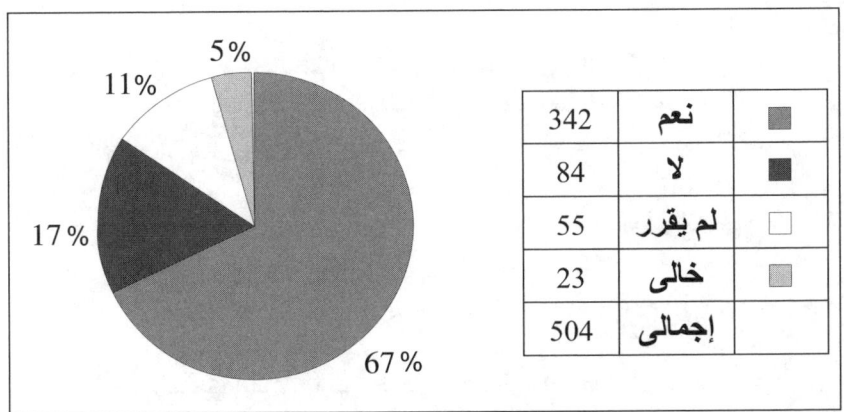

	نعم	342
	لا	84
	لم يقرر	55
	خالى	23
	إجمالى	504

جدول 54 أ، ب: تجربة أصحاب المصلحة- مدى جدوى إجراءات الأمن

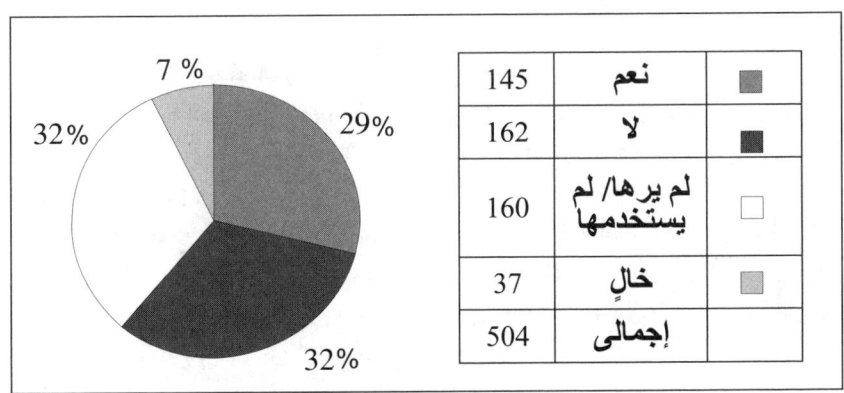

	نعم	145
	لا	162
	لم يرها/ لم يستخدمها	160
	خالٍ	37
	إجمالى	504

جدول 55 أ، ب: تجربة أصحاب المصلحة- هل دورات المياه مناسبة؟

النتائج والتوصيات

عكست كثير من الاقتراحات التى وصلت أون لاين اهتمام المشاركين بدراستنا التى قمنا بها فى وقت سابق عن وادي الملوك والمذكورة آنفًا. فقد أوصوا بتوفير خدمات أكثر متمثلة فى كافيتريا حديثة ودورات مياه جديدة وتحسين مظلة واقية من الشمس للزوار. وتمنوا مد عدد ساعات فتح المقابر خلال أشهر الصيف وإيجاد حل لمشكلة الباعة فى منطقة الحوانيت المفتوحة. وطالبوا بأفكار جديدة لشراء التذاكر وضمان توجيه الدعم لصيانة الموقع. ولكن، الإجابات التى وصلتنا كانت أكثر تفصيلا عن السابق ولهذا أتاحت رؤية أفضل عن آراء كثير

- "عدم توفر مظلات وكتب متخصصة عن الموقع."
- "وادي الملوك مدهش بعد مكان انتظار الحافلات السياحية. هناك أماكن يكون فيها موحشا حتى لو كان مزدحما. نرجو ألا تُفسدوا هذا الانطباع . "
- "آثار رائعة ولكن ينقص الموقع علامات إرشادية والتنظيم ."
- "الطرق المسفلتة تشوه المكان."
- "ابد من وضع علامات إرشادية أكثر لإرشاد الزوار إلى المقابر الموجودة نهاية الوادي."
- "لابد من إيضاح سبب تحديد عدد الزوار على العلامات والتذاكر."

من المشاركين فى استفتاء وادي الملوك ورغباتهم. وهناك مطلب ملح يخص المعلومات عن وادي الملوك والمقابر المفتوحة حاليا ولابد أن تتاح على الشبكة العنكبوتية، وفى أماكن واضحة فى الأقصر، وأن تكون المعلومات عن الموقع متاحة فــى وادي الملوك.

عند وضع كل ذلك فى الاعتبار لاحظنا أن إجابة السائحين عن سؤال إذا ما كانوا يفكرون فى زيارة الوادي مرة أخرى، كانت مدهشة جدًّا. إذ قال 92% من الذين شاركوا فى الاستبيان أنهم سيعودون "بالتأكيد"، و"بلا شك"، و"أكيد"، إلخ، وحجز كثيرون بالفعل لرحلات أو جولات مقبلة.

أصحاب مصلحة آخرون

يشارك كثيرون من أصحاب المصلحة فى مستقبل وادي الملوك. ولكن بسبب ضيق الوقت وضيق الإمكانيات المالية لم يغطِ هذا التقرير آراء كل الهيئات والأفراد ذات الصلة بوادي الملوك. وفيما يلى مراجعة مختصرة لهؤلاء الأفراد وعلاقتهم بوادي الملوك. وزارة الثقافة، ومنها ينبثق المجلس الأعلى للآثار، وهو يتحمل المسئولية الرئيسة لآثار مصر. والمجلس الأعلى للآثار هيئة بيروقراطية كبيرة ومعقدة يعمل بها حالياً أكثر من 19000 ألف موظف. ويعتقد كثيرون من مُديريه أن تحويل المجلس إلى وزارة مستقلة (كما هو الحال فى البلدان الغنية بالآثار)، وتقليص حجم العاملين بها، وتقديم برامج تدريبية منتظمة متخصصة، يرقى بمهمة حماية تراث مصر الثرى.

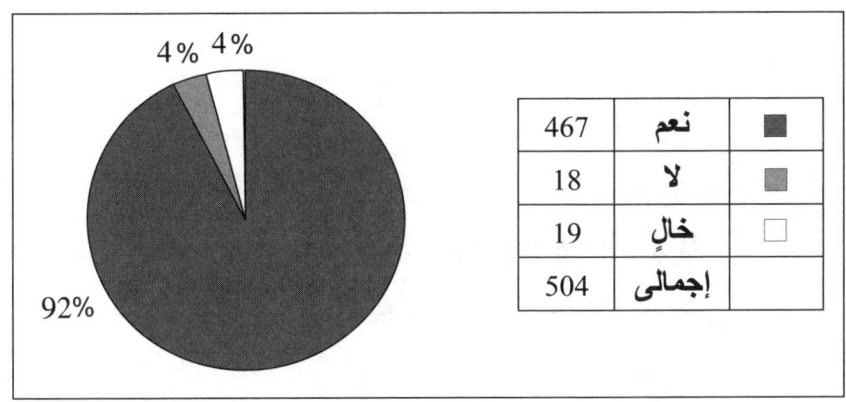

■	نعم	467
■	لا	18
□	خالٍ	19
	إجمالى	504

جدول 56 أ، ب: تجربة أصحاب المصلحة- الزيارة مرة أخرى

أما وزارة السياحة فهى مسئولة عن تشجيع السياحة بمصر وإدارتها، وبالتالى، فإن هدفها الرئيسى جلب أكبر عدد من السياح لزيارة مصر. ولا يوجد تناقض بين طبيعة أهداف المجلس الأعلى للآثار ووزارة السياحة إذا كان هناك تعاون وثيق بينهما، لكن ليس هذا هو الحال دائمًا.

محافظ مجلس مدينة الأقصر هو المسئول عن التنسيق بين أنشطة الوزارات الحكومية فى الأقصر. وهو يترأس مع الوزراء المجلس الأعلى للأقصر.

وبالتالى فإن قراراتهم فيما يخص بناء الطرق والمياه والصرف وإمدادات الكهرباء وتنمية القرى المحلية لها تأثير مباشر على الآثار.

أما وزارة الداخلية فتتولى الإشراف على شرطة السياحة والآثار لحماية السياح فى الأماكن الأثرية وحماية الآثار من السرقة والتخريب. ولها الكلمة الفصل فيما يخص عدد ساعات الفتح وتنظيم أعداد السائحين.

الهيئات الدولية مثل هيئة اليونسكو، ويبدو أنها ليس لها دور مباشر فى إدارة وادي الملوك، لكنها فى الواقع تلعب دورًا فعالًا فى زيادة الوعى العام بالتراث الثقافى وتفعيل سياسات مسئولة فى الوزارات الحكومية. وممارسة الضغط إذا ما اتخذ قرار غير صائب، وتدريب العاملين بالموقع وتوجيههم.

وهناك أيضا الشركات السياحية داخل مصر وخارجها، وتلعب دورًا مهمًا، وفى حالات كثيرة لها اتصال مباشر بالوزارات الحكومية. وقد يكون لهم دور فعال فى صيانة الموقع وهى جزء مهم فى أى تخطيط مستقبلى لأعداد الزوار وتنظيم زيارة المقابر.

الفصل الخامس: أعمال مسح وادي الملوك

"هناك أسباب عديدة تكمن وراء قيامنا بإجراء مسح لمنطقة وادي الملوك بطبية وليس أي مكان آخر فى الجبانة. حيث من المرجح استمرار الزيادة المطردة في أعداد السياح التي بدأت أواخر السبعينيات. وقد كانت السياحة كثيفة بصفة خاصة في وادي الملوك، لذا لابد من وضع خطة محكمة لتقليل الأخطار الناجمة عن السياح إلى أقل حد ممكن. على أنه ليس بالضرورة أن السياحة وصيانة الآثار متضادان، طالما يمكن التحكم فى السياحة بطريقة صحيحة". كنت ويكس، 1998

يوجد بوادي الملوك 18 مقبرة يمكن أن تفتح للزيارة (جدول 57)، لكن حاليًا, من المعتاد فتح 11 مقبرة فقط بالتناوب طبقا للبرنامج. أما المقابر الأخرى (44 مقبرة) فى الوادي فهى مغلقة أمام الزوار، بعضها لحمايتها، والبعض الآخر لعدم استكمال الكشف عنها، وبعضها لخضوعها لأعمال الترميم، وبعضها لا يثير سوى اهتمام المتخصصين. وقد ركز مشروع خرائط طيبة أعمال المسح للمقابر الثمانى عشرة المفتوحة للزيارة .

التدخل الأثري حديثا وحاليا فى وادي الملوك

يتضح مما ذكر آنفًا، أن العمل الأثري كان له، ومازال، التأثير العميق والدائم على حالة وادي الملوك، فالناس منذ القدم يقومون بالحفر فى وادي الملوك. وقد ذُكرت قصص أعمالهم بالتفصيل فى كتاب نيكولاس ريفز وريتشارد ويلكنسون The Complete Valley of the Kings. ولكن، ما زال هناك الكثير ليُكتب عن تاريخ أعمال الصيانة والتطور السياحي والعمل الأثري الحديث فى وادي

وادي الملوك 1	رمسيس السابع	وادي الملوك 17	سيتى الأول *
وادي الملوك 2	رمسيس الرابع	وادي الملوك 19	منتو حر خبشف
وادي الملوك 6	رمسيس التاسع	وادي الملوك 34	تحوتمس الثالث
وادي الملوك 8	مرنبتاح	وادي الملوك 35	أمنحتب الثانى
وادي الملوك 9	رمسيس السادس* *	وادي الملوك 43	تحتمس الرابع
وادي الملوك 11	رمسيس الثالث *	وادي الملوك 47	سى بتاح
وادي الملوك 14	تاوسرت / ست نخت	وادي الملوك 57	حور محب *
وادي الملوك 15	سيتى الثانى	وادي الملوك 62	توت عنخ آمون **
وادي الملوك 16	رمسيس الأول	وادي الملوك 23	آى
* = مقابر مغلقة منذ ديسمبر 2010 ** = مقابر مفتوحة لكن تتطلب تذكرة خاصة			

جدول 57 : مقابر وادي الملوك المفتوحة للزيارة

الملوك. فى السنوات الأخيرة، كان هناك ما بين خمس بعثات إلى عشر تعمل سنويا فى وادي الملوك. فى عام 2010، على سبيل المثال، كان هناك سبع بعثات تعمل فى الوادي: بعثة فرنسية فى مقبرة رمسيس الثانى؛ وبعثة سويسرية فى عدة مواقع سكنية بالوادي الشرقي؛ وبعثة فنلندية أعلى تل قرية العمال؛ وبعثة أمريكية فى مقبرة آمون مس: وبعثة إنجليزية فى المنطقة الواقعة بين المقبرة رقم 9 و57 وادي الملوك؛ ومشروع خرائط طيبة فى مقبرة رقم 5 وادي الملوك والذى كان يقوم بخطة عامة لإدارة وادي الملوك (ملحق 5)؛ بعثة مصرية فى سيتى الأول، وأمام مرنبتاح، وحول آمون مس ومنتو حر خبش وفى الوادي الغربى.

الأعمال السابقة لمشروع خرائط طيبة

أُسس مشروع خرائط طيبة عام 1979 لإعداد خرائط ومعلومات أثرية تفصيلية لجبانة طيبة. والهدف وراء عمله هو إنشاء تسجيل تاريخي ومعاصر لجميع الآثار فى هذا الموقع للتراث العالمي الذى يمتد لمساحة تبلغ 10 كم مربع، بداية من وادي الملوك. حيث هناك عقيدة راسخة للمشروع، وهى أنه إذا كان لابد من حفظ هذه البقايا القديمة، فإن الخطوة الأولى والأساسية هى عمل دراسات مفصلة لتسجيل كل المعالم الأثرية، والجيولوجية، والبشرية فى طيبة والمَراقبة المنتظمة لحالة آثارها.

شكل 43: أعمال المسح فى المقبرة رقم 5 وادي الملوك

وفيما يلى ما أنجزه مشروع خرائط طيبة حتى الآن من أهداف:

- تجميع كل نسخ الخرائط المعروفة المنشورة وغير المنشورة لوادي الملوك. فهذه الخرائط فى مجملها توثق التغيرات الطبوغرافية للوادي على مدى آخر 250 عامًا.
- تكوين أرشيف الصور التاريخية وما كتب عن الوادي منذ أواخر القرن 18 فصاعدًا، ويوثق التغيرات التى طرأت على شكل الوادي ومتابعة تاريخ النمو السياحي (مثل مماشى الزوار والجدران الحامية) وأنماط الفيضانات العاتية السابقة.
- الحصول على صور مأخوذة جوا للوادي. أقدم تصوير يعود لعام 1918، لكن أهم مسح قامت به القوات الجوية الملكية (RAF) عام 1949، وأعمال مسح عام 1969 الخاص بالمركز الفرنسى للبحث العلمى (CNRS)، وأعمال المسح التصويرى عام 1980 الذى قامت به أكاديمية مصر للأبحاث العلمية لمشروع خرائط طيبة، وأعمال مسح القوات الجوية المصرية عام 1986، وأعمال مسح عام 1992 لجامعة واسيدا. علاوة على الصور الفضائية للبر الغربى التى قام بها مركز التسجيل عام 2003. كما قام مشروع خرائط طيبة أيضًا بالاستخدام الموسع للمناطيد الهوائية وذلك للحصول على صور ملونة بزاوية محددة لكل المعالم الهامة على البر الغربي.

- تكليف اثنين من المصورين لإعداد صور ملونة لكل جدران مقابر وادي الملوك المنقوشة المفتوحة للزيارة (فيما عدا المقبرة رقم 17، التى قام المجلس الأعلى للآثار بتصويرها، والمقبرة رقم 62 التى قام معهد جيتى للصيانة والحفظ بتصويرها، والمقبرة رقم 19ولم يتم تصويرها لاستحالة رفع ألواح الزجاج الكبيرة أمام جدرانها بأمان). هذه الصور متاحة الآن أون لاين على موقعنا وسوف يتم اختيار ما يمكن نشره فى كتاب عام 2011.
- تجميع الخرائط الطبوغرافية الموجودة للمنطقة وإعداد خرائط طبوغرافية خاصة لوادي الملوك. وقام مشروع خرائط طيبة بنشر خرائط تفصيلية، ومقاطع ورسوم محورية لكل مقابر وادي الملوك المفتوحة للزيارة، وذلك فى Atlas of the Valley of the Kings (نشر عام 2000، ثم أعيد طبعه عام 2002، ثم أعيد طبعة عام 2003، تلى ذلك إعادة طبعه عام 2005، ومتاح حاليا أون لاين (www.thebanmappingproject.com).
- تنفيذ أعمال مسح جيولوجي ومائى وبنائى شامل لوادي الملوك ونشرت هذه التقارير فى التقرير الأولى لأعمال الحفائر بمقبرة أولاد رمسيس الثانى رقم 5 وادي الملوك A Preliminary Report on the Excavation of the Tomb of the Sons of Ramses II in the Valley of the Kings (نشر عام 2000، ثم أُعيد طبعه عام 2002، ثم طبعة منقحة عام 2005).
- إعداد مشروعات لحماية المقابر فى حالة حدوث فيضان مفاجئ وأمطار مستقبلا (نشر فى الجزء الخاص بمقبرة رقم 5).
- تصميم لوحات إرشادية ووضعها لزوار الوادي: خرائط عامة للوادي، ولوحات إرشادية توضح أى المقابر مفتوحة للزوار ولوحات إرشادية تفصيلية لمقابر معينة، تصف معالمها المهمة، ومرفق بها صور وتخطيط للمقبرة. وطبعت اللوحات الإرشادية باستخدام الليزر على لوحات ألومنيوم مقاومة لصعوبة بيئة الوادي.
- نشر كتيب باللغة العربية عن وادي الملوك للطلبة العرب الذين يقومون بزيارة الوادي جزءًا من المقرر التعليمي المدرسى فى التاريخ. وبيع 5000 نسخة ويقوم المجلس الأعلى للآثار بإعادة طبعه حاليًا.
- إنشاء مداخل منحدرة فى عدة مقابر بوادي الملوك لسهولة دخول كراسي المقعدين. وقد وضحت المقابر المجهزة لكراسي المقعدين على اللوحات الإرشادية لمشروع خرائط طيبة.

- إعادة اكتشاف مدخل المقبرة رقم 5 الخاصة بأولاد رمسيس الثانى والكشف عن أكثر من 130 حجرة داخلها. وقد كرس 15 عامًا للكشف عن المقبرة وترميمها. وأوضحت أن المقبرة من أكبر المقابر التى تم حفرها فى وادي الملوك بل واحدة من أكبر المقابر فى مصر على الإطلاق. وقد نشرت المقبرة رقم 5 فى تقرير مبدئي (ذكر آنفا) ويتم تحديثه بانتظام على موقع مشروع خرائط طيبة. وكان اكتشافها مثار اهتمام العالم وظهر على غلاف مجلة التايم عام 1995.
- تم إنشاء موقع للمشروع، وهو www.thebanmappingproject.com، وتم نشر كل المعلومات التى تم جمعها وتشمل خرائط تفصيلية، ورسومًا تخطيطية، وصورًا فوتوغرافية، ووصفًا لكل مقابر وادي الملوك، والمقالات المرتبطة بالوادي، وصورًا جوية يمكن تكبيرها لكل جبانة طيبة. هذا الموقع يستقبل أكثر من مليون زائر شهريًّا، وقد فاز الموقع بأكثر من مائة جائزة تفوق فى المحتوى والتصميم، واختير موقع العام بواسطة New York Times، و Times of London، و Guardian، و Christian Science Monitor و Popular Science والعديد من دور النشر الأخرى.

"من الضرورى أن ترتكز حماية تراثنا الأثري على المعرفة التامة بطبيعته وأهميته. إن أعمال المسح الشامل للمعالم الأثرية هى أدوات هامة فى تطوير استراتيجيات لحماية الموقع. وبالتالى، فإن المسح الأثري يجب أن يكون التزامًا أساسيًّا فى حماية التراث الأثري وإدارته." اليونسكو، 1996

تقارير حالة المقابر الحالية

فى 2004–2005، قامت دينا باخوم ولمياء الحديدى ولطفى خالد بتنفيذ أعمال المسح بتوثيق كل مقابر وادي الملوك بإجراء تصوير فوتوغرافى تفصيلي وتقييم حالة المقابر. هذه الأعمال تخدم أغراضًا متعددة. تشكل كل الصور الفوتوغرافية التى أخذها مشروع خرائط طيبة طوال السنوات قاعدة معلومات تاريخية مهمة للمقابر وتتيح لنا تسجيلًا تفصيليًّا لحالتها. وقد جمعت صور تاريخية لتوفير عمق تاريخي أكثر لهذه التسجيلات، واقترحنا تصوير المقابر بشكل دورى (مثلا، كل عشرة أعوام) لمراقبة التغييرات التى تطرأ على حالة المقبرة. و لابد من الإشارة إلى أن أعمال المسح لحالة المقابر قد نُفذت بصريًّا. باستثناء المقبرة رقم 9،

شكل 44: دينا باخوم، المرممة

حيث وضعت أجهزة متابعة (المزيد أسفل)، ومن المزمع تثبيت مثل هذه الأجهزة فى كل المقابر المفتوحة فى نهاية الأمر، حسبما يتاح من تمويل مادى.

تتناول التقارير حالة كل مقبرة على حده. فى بعض تقارير حالة المقابر تم تحديد كل نوع من التلف برمز يظهر فى شكل 46. المثال التالى من الممر C فى المقبرة رقم 15 وادي الملوك (شكل 45)، يظهر الجدار الأيسر والأيمن والصور الفوتوغرافية المأخوذة لهما. (وأُخذت صور تفصيلية أخرى، لكن غير مشار إليها فى التخطيط العام).

يعتبر مستوى التفاصيل فى الحالة التى تم توثيقها كافية لتوفير معلومات عن مشاكل موجودة فى مقبرة، وتشكل تسجيلًا ومسحًا على درجة من الأهمية للمقابر. ومن ناحية أخرى، من المهم الإشارة إلى أنه قبل إجراء أى أعمال ترميم يجب القيام بمسح تفصيلي بشكل أكبر. وتعتبر الصور التى أخذها مشروع خرائط طيبة مهمة لمقارنة حالة رسوم المقابر قبل الترميم وبعده.

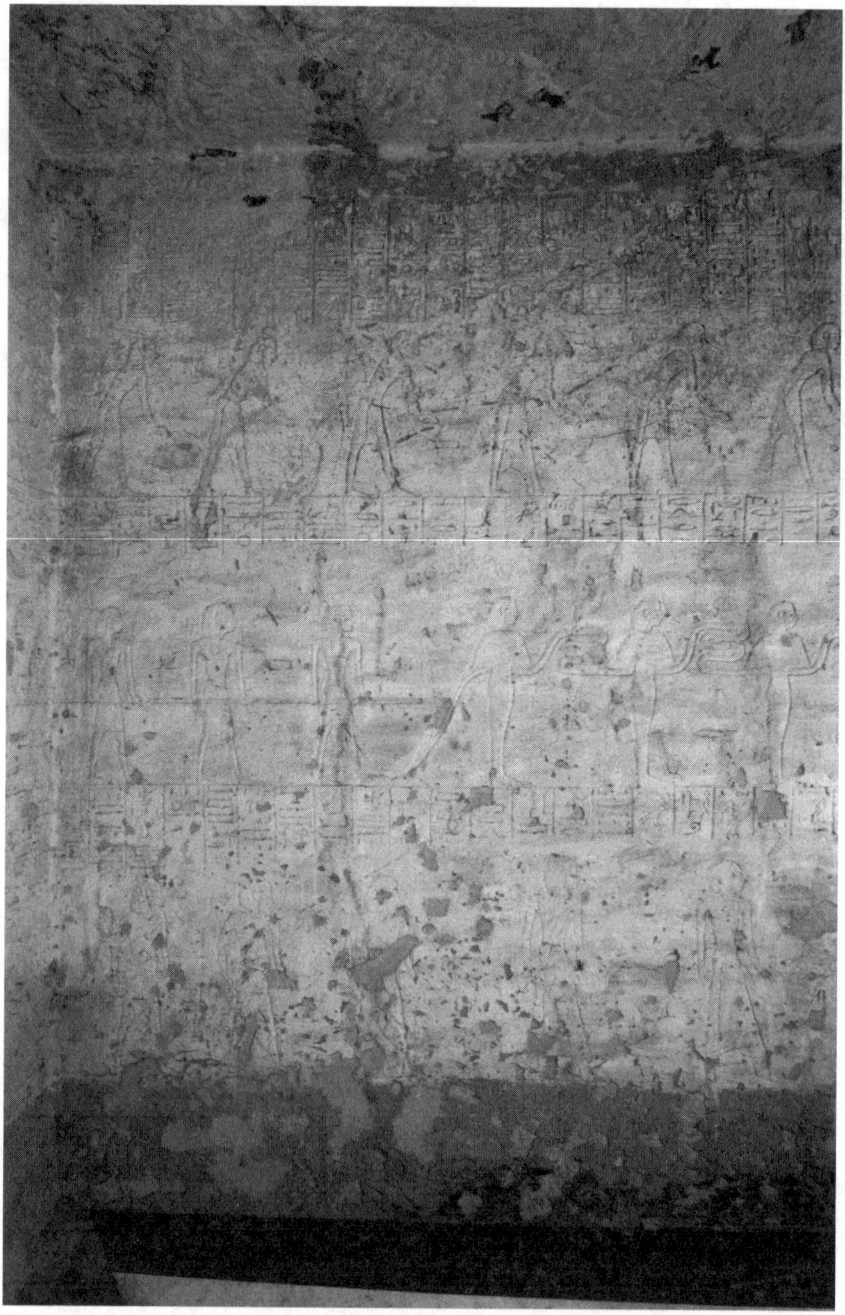

شكل 45: مثال لإحدى صور مسح المقبرة رقم 15 وادي الملوك

منهاج العمل
قام مشروع خرائط طيبة بتنفيذ أعمال المسح وتخطيطها طبقًا للمعاهدات التى أقرتها هيئات دولية تعمل فى مجال الصيانة.

الحالة البنيوية
أغلب مقابر وادى الملوك حالتها مستقرة بنيويًا. ولا تمثل الشروخ والشقوق التى رصدت فى الصخرة الأم أى خطر على أغلب المقابر. وتسببت الشقوق، فى بعض الحالات، فى فقدان طبقة البلاستر (الملاط). ومن المؤكد أن فقدان طبقة البلاستر فى مثل هذه الأجزاء حدث بعد الانتهاء من نقش المقبرة مباشرة. وتمت إعادة التمليط أثناء أعمال الترميم الحديثة فى المقابر التى سقطت فيها طبقة البلاستر (بسبب فقد تماسك الطبقة السفلية، انظر حالة طبقة البلاستر). وتساعد إعادة التمليط فى حماية الملاط المتبقى من السقوط. ومن أخطر عيوب إعادة التمليط حديثًا هو إخفاء السبب الحقيقى للتلف.

طبقات البلاستر
تظهر المقابر المصرية القديمة تقنيات مختلفة فى الزخارف. فى بعض الحالات، نُحتت النقوش أو رُسمت على البلاستر، فى حالات أخرى نُحتت فى الصخرة الأم. وكان تمليط جدران المقبرة، فى حالة تمليطها، يتم بعد نحت المقبرة، ويلى ذلك رسم المناظر بخطوط حمراء (ثم تصحح لاحقا بخطوط سوداء). ثم يُنحت البلاستر ويُلون. وإذا كانت النقوش سوف تتم فى الحجر، كانت توضع طبقة رقيقة من البلاستر، يلى ذلك الخطوات نفسها، أى الرسم بخطوط حمراء أولا ، ثم تصحيحها بالأسود، ثم تُنحت بعد ذلك. ربما يرتبط اختيار منهاج العمل بالأسرة الحاكمة عند نحت المقبرة، ويعتمد فى بعض الحالات أيضًا على مدى جودة الصخرة الأم.

كان يوضع عادة طبقتان أو أكثر من البلاستر، فى المقابر التى استخدم فيها البلاستر ؛ طبقة أساسية سميكة، تليها طبقة أخرى، ثم طبقة أقل أساسًا للألوان. وإذا كانت الصخرة الأم غير مستوية، فلابد من وضع طبقتين سميكتين من البلاستر. وكانت مادة الملاط المستخدمة فى بعض الحالات تتكون من طفلة مع تبن ورماد، أو فى حالات أخرى، من جبس أو جير. وفيما يلى أنواع التلف والضرر التى لوحظت على طبقة البلاستر و/أو سطح الحجر المنقوش:
أ – فقد طبقات البلاستر السميكة والرقيقة، تسبب فى كشف الصخرة الأم، لكن فى حالات عديدة يكون الترميم الحديث بإعادة وضع طبقة من البلاستر على المناطق المفقودة (ملحق مناقشات أكثر فى"التدخلات").
ب – اختفاء طبقة البلاستر الرقيقة، بينما ظلت طبقة خلفية المنظر واضحة.

ج – تحول طبقة البلاستر إلى بودرة .
د – تحلل طبقة البلاستر .
هـ – وجود شقوق أو شقوق صغيرة جدًّا فى طبقة البلاستر أو فى الصخرة الأم. وترتبط هذه الشقوق غالبًا بشقوق فى الصخرة الأم خلف البلاستر. مما أدى فى بعض الحالات إلى انكماش طبيعى لطبقة البلاستر، وفى حالات أخرى إلى انفصال طبقة البلاستر عن الصخرة الأم.
و – انفصال طبقة البلاستر عن سطح خلفية المنظر. وهذا النوع من التلف خطير جدًّا وقد يتسبب فى سقوط البلاستر تمامًا. ولتحديد هذا النوع من التلف، يتم الدق بخفة على البلاستر وطبقا للصوت الصادر يمكن تحديد المناطق المجوفة فى الخلفية. وغالبًا تشير الشقوق الصغيرة جدًّا إلى انفصال البلاستر، وفى مناطق كثيرة يمكن توقع حدوث انفصال البلاستر فى المناطق التى بها شقوق عديدة. وتم بالفعل حقن مثل هذه المناطق من قبل خلال أعمال الترميم السابقة.
ز – أضرار من صنع الإنسان: تمثلت فى خدوش وحزات. ففى مقابر عديدة، أَتلفت تلك الخدوش (الخربشات) النقوش وأزالت جزءًا أساسيًّا من طبقة البلاستر. يمكن نسبة كثير من هذا الضرر إلى الزوار القدامى.
ح – أضرار من صنع الإنسان: شكل آخر من تدخل الإنسان هو المخربشات. وهذا موجود فى العديد من المقابر فى أشكال مختلفة عبر قرون عديدة. فبعض الحالات، رسمت المخربشات، وصورت، وكتبت على البلاستر أو سطح الحجر. وفى حالات أخرى، حُفرت المخربشات فى البلاستر أو الحجر. والعديد من المخربشات من فعل الرحالة القدامى زوار الوادي، حيث يذكرون أسماءهم والبلد الذى أتوا منه وتاريخ زيارتهم. أما المقابر التى عاش فيها الرهبان المسيحيون، فقد رسمت صلبان ورموز على الجدران. إضافة إلى المخربشات القديمة التى لها قيمة تاريخية، فهناك أيضًا بعض المخربشات الحديثة قام بها الزوار خلال القرن الماضى.
ط – أعشاش الدبابير: قامت الدبابير ببناء أعشاشها على جدران كثير من المقابر وسقوفها. وتكمن المشكلة مع هذه الأعشاش أنها تظهر على سطح النقوش ولا يمكن إزالتها بسهولة.

طبقة الرسوم الجدارية والسطح

الطبقة المرسومة هى الطبقة الأخيرة التى توضع على سطح البلاستر. إن تلف تلك الطبقة وتقشرها، وانفصالها يعود إلى نوع الصبغة والمادة الرابطة وحجم الحبيبات. وفيما يلى أنواع التلف الرئيسة:
أ – فقدان الطبقة المرسومة. ففى مقابر عديدة ، اختفت الرسوم تماما فى

الأجزاء العليا من الجدران وفى أركان السقوف. ربما يكون السبب أن نسبة الرطوبة أعلى فى هذه المناطق.

ب – تقشر الطبقة المرسومة وانفصالها.

ج – تغير المادة اللونية، مثل تلاشى الألوان.

د – تآكل الطبقة المرسومة.

بعض عوامل التلف، بالرغم من أنها غير مرتبطة مباشرة بالطبقة المرسومة، لكنها موجودة على السطح ومن ثم أدرجت هنا.

أ – السواد الناتج عن السُخام: فى مقابر كثيرة، يظهر سواد على سطح الأركان الأجزاء العليا للجدران فى الممرات والحجرات. ويظهر السواد فى الصور التاريخية بشكل أكثر كثافة من اليوم. ربما يعود هذا السُخام الأسود فى غالب الأمر إلى المشاعل التى استخدمت فى القِدم للإضاءة والتدفئة. تم تنظيف أغلب هذا السُخام خلال أعمال الترميم الحديثة، لكن لم يتم إزالته بشكل كامل. على سبيل المثال فى الممر D بالمقبرة رقم 6، ويبدو الآن كما لو كان جزءًا من المناظر التاريخية. فى بعض الترميمات الحديثة، اتضح أن الرسم تم فوق السُخام الأسود لإخفائه .

ب – سواد نتيجة التلامس الإنسانى: يميل الناس إلى لمس المناطق حيث توجد مناظر مميزة، وكذلك زاويا الأبواب أو الأعمدة عند المرور ذهابًا وإيابًا فى الممر. وأدى هذا التلامس المتواصل إلى سواد جدران المقبرة، وفى بعض الحالات، سقوط الأجزاء الهشة من طبقة الرسوم أو البلاستر.

ج – تراكم الأتربة: تتراكم الأتربة على أغلب جدران المقابر، وتتسبب فى ظهور الألوان أغمق عما هى عليه فى الواقع وبما أنه لا توجد أعمال صيانة دورية للمقابر ولا يتم إزالة الأتربة بشكل منتظم، تتراكم الأتربة، وتلتصق بالرسوم نتيجة الرطوبة العالية فى المقابر. وهذا له تأثير مدمر جدًا، حيث أنه يُثقل طبقة الرسوم ويؤدى إلى انفصالها. وتظهر هذه الظاهرة على أغلب الجدران تقريبا. ولهذا لم تتحدد على كل صورة ، لكن تمت الإشارة إليها فقط أينما كانت الحالات سيئة بشكل استثنائى.

د – ظهور قشور على الألوان الخضراء والزرقاء: تظهر قشور سوداء غريبة على كثير من الألوان الخضراء والزرقاء. ولا تظهر على أى ألوان أخرى. لذا لابد من تحليل أكثر لفهم لماذا تظهر هذه القشور هنا. ربما نتيجة تفاعل كيميائى مع مُثبتات معينة.

هـ – تبلور الأملاح.

التدخلات

فحصت الجدران بشكل كلى ليس فقط لمعرفة عوامل التلف بل أيضا لدراسة أى

تدخل تم حديثا؛ فرغم أن بعض التدخلات نجحت فى وقف فقدان نقوش المقابر إلا أن بعضها نتج عنه مشاكل خطيرة منها:-

أ – إعادة تمليط أجزاء مفقودة: حيث وضعت طبقة بلاستر حديثة فوق كل الفجوات تقريبًا.

ب – ظهور بقع بسبب المواد الكيميائية التى استخدمت فى الحَقن والتقوية: استخدم فى العديد من المناطق فى السقف والجدران الحَقن لتثبيت البلاستر المنفصل أو الرسوم على سطح الطبقة السفلية. مازالت فجوات الحَقن ظاهرة، وتظهر بقع حولها. وفى بعض الحالات، يظهر نوع من السواد أو الاصفرار فى مناطق فى منتصف الجدار. ولا يعود هذا إلى تراكم الأتربة، أو إشعال النار أو الوطاويط. ونظرًا لمكانها الغريب والطريقة التى أثرت بها على الألوان، من المفترض أنها بسبب مواد كيميائية تفاعلت بشكل سيئ مع مواد خلفية المنظر. ولمعرفة أى المواد استخدمت هناك لابد من تحليل عينات من البلاستر فى مثل هذه المناطق. وفى مناطق أخرى، توجد قشور، أو سواد أو تغيرات فى الألوان ربما نتيجة استخدام مواد كيميائية. وتجدر الإشارة أيضًا إلى أن عملية الحَقن لم تتم بدقة لتجنب ظهور خطوط تسريب وإحداث بقع.

ج – الرسم فوق طبقة سُخام أسود.

د – إعادة التثبيت: فى بعض المقابر، كان هناك إعادة تثبيت لمناطق سقط منها البلاستر. واستخدم بلاستر حديث، ثم شُذب.

هـ – فتحات خشبية للكابلات الكهربائية: فى بعض المقابر، على دعامات خشبية مستديرة محشورة فى الجدار على مسافات فى الجزء الأعلى للجدار. ومازالت تلك الدعامات فى المقبرة رقم 6 تحمل الكابلات الكهربائية القديمة المستخدمة لإضاءة المقبرة.

و – ألواح زجاجية: تم تركيب ألواح زجاجية فى العديد من المقابر لحماية النقوش الجدارية من اللمس والخدش أو أى أضرار أخرى. لهذا فإن الألواح الزجاجية مهمة جدًّا. على سبيل المثال، فى بعض المقابر طبقات البلاستر والألوان فى حالة هشة جدًّا، بل وتوشك على الانفصال عند اللمس. لكن بالرغم من أهمية الألواح الزجاجية، إلا أن لها عيوبًا خطيرة، قد ينتج عنها تدهور أسوأ للنقوش. فهذه الألواح غير ثابتة، كما هو الحال بالنسبة للقطع الأثرية فى المتاحف حيث الظروف البيئية تحت السيطرة الكاملة. أما فى المقابر فالزجاج لا يصل إلى السقف وبالتالى تصل لأتربة إلى الرسوم وتظل على الجدران. إضافة إلى أن تراكم الحرارة والرطوبة خلف الزجاج يشكل خطورة على النقوش الجدارية.

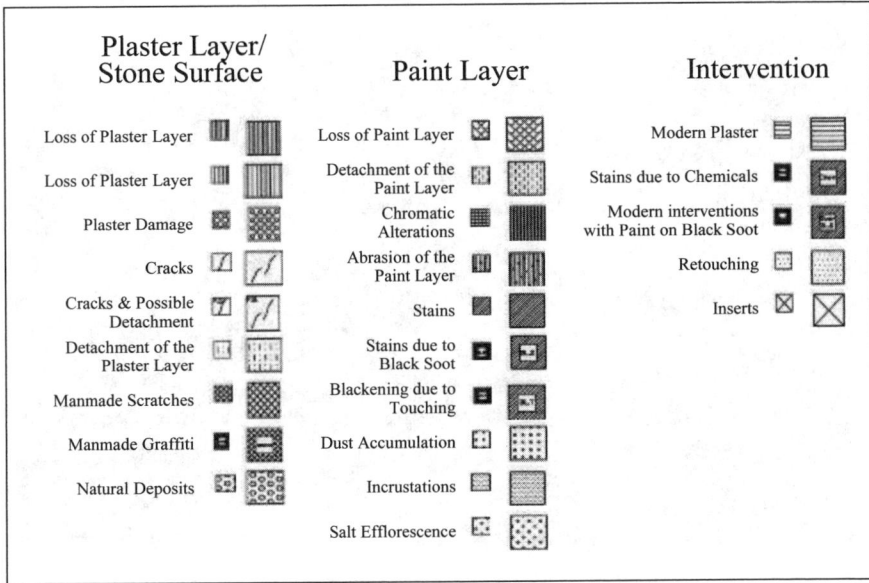

شكل 46: دليل علامات الصيانة

منهاج المسح التصويرى

قام مشروع خرائط طيبة بتنفيذ مشروع توثيق بالصور ليرفق بتقارير الحالة الراهنة لمقابر وادي الملوك. فحتى أواخر الثمانينيات أتم مشروع خرائط طيبة تغطية تصويرية جوية رأسية لمساحة 60 كم2 من جبانة طيبة. وفى التسعينيات، عندما بدأت الحفائر فى مقبرة رقم 5 وادي الملوك، حول مشروع خرائط طيبة تركيزه تحت الأرض وقام بتصوير كل الأسطح المنقوشة تقريبًا داخل المقبرتين رقم 14 و 9 وادي الملوك، من المدخل حتى حجرة الدفن. كما غطت أعمال التصوير الفوتوغرافى أيضًا أجزاء من مقابر أخرى. ولوصف الحالة الراهنة، تطلبت تقارير الحالة الراهنة وجود سجل كامل للمقابر يشمل كل جدار وكل عمود وكل سقف. وبسبب حجم هذا المشروع التوثيقى وضيق الوقت والتكاليف، قرر مشروع خرائط طيبة استخدام الكاميرات الرقمية منذ 2004. ولإنجاز هذا العمل قام مصور المشروع Martjaž Kačičnik باستخدام كاميرا رقمية SLP قدرة 6.1 ميجا بكسل وعدد من عدسات الزووم. واستخدمت إضاءة بقوة 1000 وات مع مظلات لإضاءة الأسطح المنقوشة لجدران المقابر. واستخدم كشافان إلـــى ثمانية كشافات متعادلة لإضاءة المنطقة المراد تصويرها.

شكل 47: المصور Martjaž Kačičnik

إن قرار مشروع خرائط طيبة باستخدام الكاميرات الرقمية قصد به توفير تكلفة الأفلام وتحميضها، ومسحها ضوئيا. على أن الكاميرات الرقمية تحتاج إلى عدسات إضافية، وجهاز كمبيوتر ومنقح لصورة الكومبيوتر. ولا يمكن تجنب مشكلة مقارنة الفيلم مقابل الصور الرقمية. فمازال الفيلم الشريحة ذا جودة أفضل من الصور الرقمية، لكن فقط إذا تم مسحها بماسح ذى جودة عالية. وإلا فإن الصور الرقمية بوضوح 6.1 ميجا بكسل تعتبر أفضل. وللحصول على أفضل النتائج، فقد التقطنا الصور بنسق RAW. وللحصول على ألوان الجدران المنقوشة بدقة، كان لابد من ضبط تعديل توازن اللون الأبيض الخاص بالكاميرا الرقمية عدة مرات يوميًّا لكل محيط ضوئى.

تمثل الأتربة مشكلة مـــع أى نظام تصوير فوتوغرافى، سواء علـــى عدسات أو شرائح سلبية أو فـــى حجرة الكاميرا. أغلب كاميرات SLR الرقمية يعلوها فـــى نهاية الأمر أتربة علـــى الحساس (مرشح تمرير منخفض يحمى حساس صورة الكاميرا)، مما ينتج عنها لطخات، وبقع، ونقط على الصور النهائية. حاليًا، تعتبر الأتربة من أكبر مشاكل الكاميرات الرقمية SLR ذات العدسات المتغيرة، ومن المعلوم أن هناك أتربة كثيرة فى المقابر وعلى الأرضيات والجدران وفى الهواء. لذا لابد من التعامل بعناية مع آلة التصوير، وتنظيفها يوميًّا، لكن بعد برهة نجد أتربة على حساس الكاميرا. ويُمكننا نظام RAW من تقليل تأثير أية أتربة يمكن أن تكون موجودة باستخدام برامج

142 | أعمال مسح وادي الملوك

الكومبيوتر، التي تقارن صور RAW مع صورة مرجعية تظهر عليها الأتربة فقط. (تم عمل صورة مرجعية واضحة لمعلم أبيض غير مميز من مسافة قصيرة). وعند وجود أتربة كثيرة على الحساس، يتم تنظيفه بسائل خاص وممسحة حساس. وبهذه الطريقة، نستطيع الحصول على صور ذات جودة عالية ونسخة موثوق بها للمنطقة التي تم تصويرها.

وسوف نحصل في المستقبل القريب على تغطية كاملة للأسطح المنقوشة في كل المقابر من المدخل حتى حجرة الدفن بنسق صور رقمية عالية الجودة، يسهل الوصول إليها والتعامل معها للدراسة، والصيانة، والدراسة الهندسية، أو العمل البيئي.

المراقبة البيئية للمقابر

يمكن أن تتأثر حالة الجدران والبلاستر والنقوش الملونة في مقابر وادي الملوك بشكل خطير بالتغييرات في درجة الحرارة والرطوبة المحيطة. لذا من الضروري مراقبة درجة الحرارة والرطوبة في مقابر وادي الملوك وحفظ تسجيل دائم للمعلومات بصفة مستمرة. غير أن ذلك غير معمول به حاليا، ومن ثم لابد من تثبيت أجهزة في كل المقابر المفتوحة والمحتمل فتحها للزيارة (جدول 57). واعتمادًا على طول المقبرة وتصميمها، ربما تتطلب مراقبة درجة الحرارة والرطوبة من اثنتين إلى عشرة مسجلات بيانات تثبت في نقاط مختلفة مثل المنحدرات أو السلالم، وحيث يوجد تغيير في محور المقبرة، وأبواب ضيقة أو معالم معمارية أخرى، قد تؤثر في مجرى الهواء.

يجب عدم وضع تلك الأجهزة عند مستوى الأرضية أو مستوى السقف، ويفضل وضعها قرب نقطة متوسطة للحجرة أو الممر كلما أمكن ذلك لتسجيل درجة حرارة محيط الحجرة. وعلى سبيل المثال يمكن تثبيتها بدرابزين خشبي، حيث يعتبر ذلك موضعًا جيدًا، شريطة أن تكون مختفية ومعلقة بطريقة آمنة. ولكن التجربة أثبتت أن تلك الأجهزة التي قد يراها الزوار ويسهل نزعها ويمكن سرقتها بالتأكيد.

يجب أن تكون مسجلات البيانات متوافقة مع أجهزة الكومبيوتر، وقادرة على تخزين ما يساوى بيانات 60 يوم عند أخذ القراءة كل عشر دقائق، على مدى 24 ساعة يوميًا. ويجب أن يتولى إنزال البيانات أعضاء مدربين من فريق صيانة وادي الملوك.

ويجب حفظ البيانات الناتجة عن هذه المسجلات في نسخ عديدة في مكاتب المجلس الأعلى للآثار وإدارات الترميم التابعة له وحفظها باعتبارها سجلًا بيئيًا دائمًا للمقبرة. ويجب أن يوضع في الاعتبار أن "دور المناخ داخل المقبرة يمكن تأسيسه فقط إذا اتبعت العمليات في المكان الأصلي مقاييس دقيقة متلازمة

للمناخ داخل المقبرة. وأن المقاييس المحسوبة والدقيقة جدا للمناخ داخل المقبرة لا تعطى تفسيرًا لأى شىء مـا لـم ترتبط بعمليات حقيقية تحدث فـى مكانها الأصلى وبالتالى، لابد أن تُسجِّل الملاحظات المرفقة أى أنشطة غير عادية فى المقبرة (تنظيف ، وغلق ، وحركة سياحة كثيفة) حتى تُدرج هذه الأحداث فى السجل البيئي. ويجب مراقبة القراءات العالية والمنخفضة غير العادية والتسجيلات المصاحبة للزوار، وأى أنشطة تلاحظ قد تُسهم فى شرح هذه القراءات. ولابد من ملاحظة العلاقة المتبادلة مع أعداد الزوار، والقدرة الاستيعابية للمقبرة التى قد يستلزم تغييرها إذا ظهر أن القراءات عالية جدًّا أو تغيرت بصورة مفاجئة جدًّا.

تبين بصورة جلية أن عدد الزوار فى المقبرة يؤثر على مستويات درجة الحرارة والرطوبة، لكن هذا التأثير ليس فوريًّا. فهناك فترة فاصلة من ساعتين إلى ثلاث ساعات قبل أن يتسبب عدد الزوار الزائد في رفع مستويات الحرارة والرطوبة بصورة لافتة للنظر، وفترة حوالى ساعة إلى ساعتين قبل أن يؤدى غيابهم إلى هبوط درجة الحرارة والرطوبة. وبالتالى، من الصعب استخدام التغييرات فى تلك المستويات باعتبارها دليلًا مباشرًا للتحكم فى أعداد الزوار فى المقبرة. وهكذا، يمكن تركيب نظام تحذيرى فى المقابر التى تكتظ بالزوار (مثل المقبرتين رقم 9 و11) ، يعلن أن مستويات الحرارة والرطوبة وصلت إلى مستوى حرج كما هو محدد سلفًا. وفى هذه الحالة، يمكن غلق المقبرة لمدة ساعة أو ساعتين، حتى تعود القراءات إلى مستوى مقبول.

والسؤال ما "المستوى المقبول؟" من المعتقد أن جدران المقابر المنقوشة لا تتأثر سلبًا بارتفاع مستويات الرطوبة والحرارة أو انخفاضها، طالما أنها لا تزال فى نطاق 10 درجات مئوية أو 20% وأقل من 30° درجة مئوية أو 65%. وفى إطار هذا التفاوت، فإن أية قراءات مقبولة، شريطة ألا تتغير بسرعة كبيرة أو بصورة مفاجئة. التغيرات فى المستوى، وليس المستوى نفسه ما يصنع المشكلة. ومن ثم، الأفضل، أن يرتبط نظام التحكم البيئي بمكيف هواء أو نظام تغيير هواء يمكن تشغيله أو غلقه عند الوصول إلى مستوى درجة حرارة أو رطوبة معينة. مثل هذا النظام قد يحفظ تلك المستويات عند معدلات ثابتة، لكن فقط لبعض الوقت. وعلى سبيل المثال، يمكن تحقيق درجة الحرارة المثالية وهى 15° درجة مئوية ± 4° درجة مئوية، أو مستوى رطوبة مثالية 50% ± 5%، بنسبة 80% من الوقت، وذلك بناءً على نوع الجهاز المستخدم، وعدد الزوار، ونوعية الهواء فى الخارج. ولكن، التكلفة ستكون عالية. بسبب الفترة الفاصلة بين عدد السياح والتغييرات البيئية، فإن مثل هذا التحكم أو النظام التحذيرى قد لا يكون فعالًا للتحكم فى عدد الزوار. لذا، نعتقد أن أنسب نظام لابد من استخدامه هو ذلك الذى يعتمد على مدى القدرة الاستيعابية للمقبرة، وسوف يناقش هذا

لاحقًا. ولكن كيف يمكن أن نحافظ على تلك المستويات البيئية مع الأخذ فى الاعتبار أن هناك تفاوتا فى درجة الحرارة ونسبة الرطوبة خارج المقبرة، وأن هناك تأثيرًا كبيرًا للسائحين على درجة الحرارة ونسبة الرطوبة فى المقبرة ، وأنه لا توجد لدينا سجلات طويلة المدى لمستويات الحرارة ونسبة الرطوبة على مدى طويل فى مقابر وادي الملوك.

هناك دراسات سابقة قليلة، ومعلومات تفصيلية موثوق بها من دراسة أجراها معهد جيتى للصيانة والحفظ فى مقبرة نفرتارى بوادي الملكات، ودراسة أخرى أكثر حداثة أجراها المعهد فى مقبرة 62 وادي الملوك وهى مقبرة توت عنخ آمون.

لهذا، ولفهم أفضل لتأثير الزوار على البيئة المحلية لمقابر وادي الملوك، تم اختيار مقبرة واحدة لمراقبة درجة الحرارة ومستويات الرطوبة لفترة طويلة. كانت تلك المقبرة رقم 9 الخاصة برمسيس السادس (شكل 50)، والسبب وراء اختيار هذه المقبرة هو إعادة فتحها للجمهور وقت قيامنا بالدراسة بعد انتهاء أعمال الترميم بها.

نتائج دراسات معهد جيتى للصيانة و الحفظ

- ثبت أن دخول شخص يسبب ارتفاعًا فى درجة الرطوبة
- يتم تسجيل درجة حرارة ورطوبة ثابتة عند غلق المقبرة
- نسبة بخر الماء لكل شخص عند درجة حرارة 28 درجة مئوية هو 0,013 جم/دقيقة
- ربما يتسبب البلاستر المستخدم فى عمليات الترميم فى زيادة درجة الرطوبة
- عند تغيير الهواء مرتين/ساعة، يمكن إزالة نسبة بخر الماء الناتجة عن وجود عدد 60 فردًا وثانى أكسيد الكربون لعدد 43 فردًا

منهجية العمل

استخدم جهاز مسجل بيانات إنتاج شركة Ever Ready Thermometer Inc (ERTCO)، RHTEMP101، وهو مسجل رقمى صغير لدرجة الحرارة ونسبة الرطوبة، ويعمل بالبطارية، وقائم بذاته (شكل 48). هذا الجهاز يضم أحدث تقنية تعمل بطاقة منخفضة مع برامج تعتمد على الوندوز لتزويد مسجل الرطوبة والحرارة بالبيانات. وتتيح تسجيل البيانات وقت حدوثها مباشرة بالوقت والتاريخ. ومعدل القراءة من اختيار المستخدم ويمكن أن يتراوح من مرة كل ثانيتين إلى مرة كل يوم.

شكل 48: شاشة مسجل البيانات

ويتيح الجهاز إمكانية برمجة نقطة البداية والمعايرة، وأيضا مزود بإمكانية الإنذار بالخطر والمراقبة الآنية. وعند تشغيله يقيس الجهاز ويسجل قياسات 4,096 للرطوبة و 4,096 للحرارة بشكل متعاقب. أداة التخزين لها ذاكرة ثابتة وصلبة الأجزاء، وتتيح أقصى أمان للمعلومات حتى إذا فرغت البطارية. والجهاز صغير بدرجة كافية بحيث لا يبدو بارزًا فى أى مكان. وبمجرد تجميع البيانات، يمكن استعادتها بسهولة. والبرنامج يُمكن المستخدمين من اختيار معدل القراءة، وتعريف الجهاز، وبدء جمْع البيانات خلال دقائق بعد توصيل الجهاز.

كما ذكر آنفا، اختيرت مقبرة رمسيس السادس رقم 9 لإجراء الدراسة عليها. تقع هذه المقبرة فى منتصف الوادي وتعتبر من أجمل مقابر وادي الملوك. بالإضافة لذلك، أعيد فتح هذه المقبرة للزيارة بعد فترة أعمال الترميم وقت دراستنا. لهذا نتوقع نسبة زيارة عالية لها خلال وقت الدراسة.

المواصفات الفنية لمسجل البيانات Ertco

- ضبط المعايرة: 0,5 °± درجة مئوية (0 إلى 50° درجة مئوية)
- درجة الحرارة: 0,1° درجة مئوية
- مدى درجة الحرارة:-40° درجة مئوية إلى + 80° درجة مئوية
- ضبط الرطوبة: 2% رطوبة نسبية
- درجة الرطوبة: 0,5 % رطوبة نسبية
- نسبة الرطوبة: 5 إلى 100% رطوبة نسبية
- التأثير البيئي:- 40° درجة مئوية إلى 80° درجة مئوية ، و 5 إلى 95% رطوبة نسبية

شكل 49: مجموعات السياح فى انتظار الدخول إلى المقبرة رقم 9 بوادي الملوك

كان لدينا ستة أجهزة لتسجيل الرطوبة ودرجة الحرارة جاهزة للاستخدام، وضعت فى المقبرة رقم 9 وادي الملوك كما هو موضح فى جدول 58 وشكل 50. وقد وضعت على مسافات منتظمة بطول محور المقبرة وفى أماكن من المعروف أن مجموعات الزوار قد تتباطأ عندها. ثبتت المسجلات عند ارتفاع متوسط لتجنب الأتربة الصاعدة من الأرضيات والاستفادة من نقطة التثبيت المتاحة (الدرابزين الخشبي، الموضوع فى المقبرة ويبعد عن الجدار بمقدار ست بوصات تقريبًا لحث الزوار على عدم لمس النقوش). هذا الارتفاع أيضًا جعل من السهل أخذ القراءات (وعدم الحاجة إلى سلم أو وسائل معقدة أخرى). ولكن تثبيت الأجهزة على الدرابزين تسبب فى مشكلة: كان لدينا تخوف من احتمال تعرض الأجهزة للتخريب المتعمد و/أو السرقة، ولسوء الحظ، ثبت فى النهاية أنه تخوف له ما يبرره.

ففى اليوم الأول من الاستخدام اكتشفنا سرقة أحد الأجهزة، وخلال فترة الدراسة (أقل من 12 شهرًا) سُرِقت كل الأجهزة عدا واحدًا فقط. وبما أن كل وحدة جهاز تتكلف 100 دولار فهذه خسارة جسيمة. إذا وضعت مسجلات فى كل المقابر المفتوحة للزيارة لابد من ابتكار وسيلة لتأمين الأجهزة لتجنب أية خسائر أخرى.

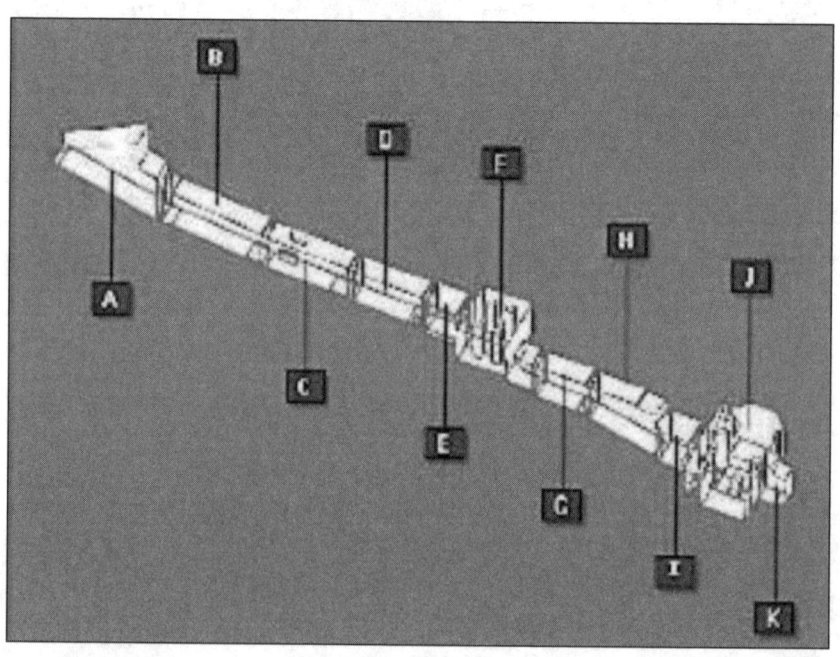

شكل 50: خريطة للمقبرة رقم 9 وادي الملوك، يوضح أجزاء المقبرة

الموضع	رقم خريطة طيبة	رقم مسلسل
فى الخارج	1	M17277
حجرة B	2	M17278
حجرة D	3	M17215
حجرة F	4	M17264
حجرة الدفن	5	M17283
حجرة الدفن	6	M17296

جدول 58: مواضع مسجلات البيانات

تم تسجيل البيانات خلال ثلاث فترات، وهى:
1- 12 سبتمبر 2004 حتى 27 نوفمبر 2004
2- 31 يناير 2004 حتى 9 أبريل 2005
3- 14 يونيو 2005 حتى 28 أغسطس 2005
أُغلقت المقبرة أمام الزوار بدايةً من 15 أبريل 2005

نتائج البيانات

على مدى 12 شهر تم تثبيت أجهزة المسجلات الخاصة بدرجة الحرارة والرطوبة فى مقبرة رقم 9 وادي الملوك، المواضع موضحة فى الرسم المرفق (جدول 58). وقراءتها فى الرسم البيانى المرفق.

استُخلصت المجموعة الثانية والثالثة من جهازين ثم جهاز واحد على التوالى نظرًا لسرقة المسجلات الأخرى. المجموعة الثالثة من القراءات أُخذت وقت غلق المقبرة أمام الزوار.

الفرق بين أقل قراءة لدرجة الحرارة، عادة عند 500، عندما أغلقت المقبرة لمدة 12 ساعة وأعلى قراءة عند 1700، عندما فتحت المقبرة 12 ساعة، وهذا غير مقبول من وجهة نظر صون الآثار. إن عدم متابعة التغير البيئي، يؤدى بالتأكيد إلى أضرار كبيرة لجدران المقبرة المنقوشة والأسقف. لهذا، قرر المجلس الأعلى للآثار غلق المقبرة رقم 9 لفترة غير محددة تبدأ من 15 أبريل 2005.

الموضع	درجة حرارة عالية	درجة حرارة منخفضة	رطوبة نسبية عالية %	رطوبة نسبية منخفضة %
خارجى	54,6	7,8	67	5
حجرة B	33,1	11,7	60	14,5
حجرة F	33,1	21,2	71	18
حجرة دفن- أمام	33,6	23,7	74	19,5
حجرة دفن- خلف	31,6	21,4	76	18

جدول 59: نتائج مسجل البيانات للمقبرة رقم 9 وادي الملوك، فى الفترة من 12 سبتمبر 2004 حتى 27 نوفمبر 2004

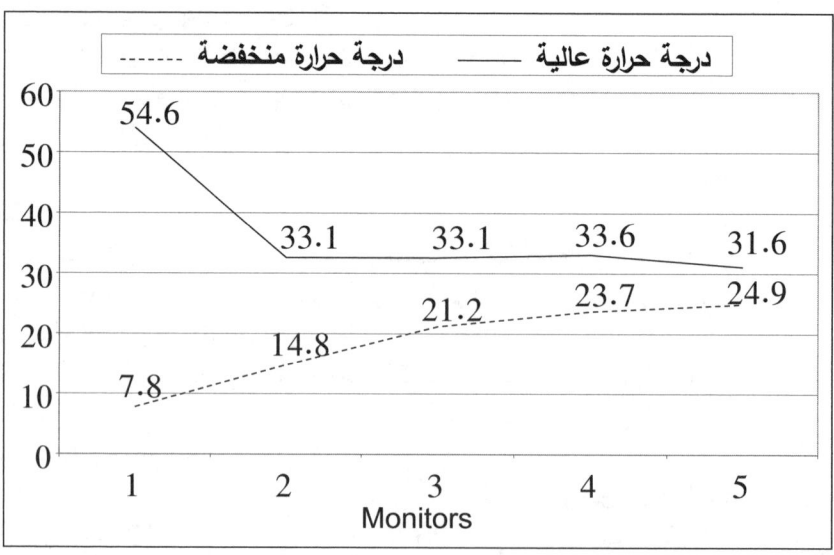

جدول 60: درجات الحرارة العالية والمنخفضة فى المقبرة رقم 9 وادي الملوك، فى الفترة من 12 سبتمبر 2004 حتى 27 نوفمبر 2004

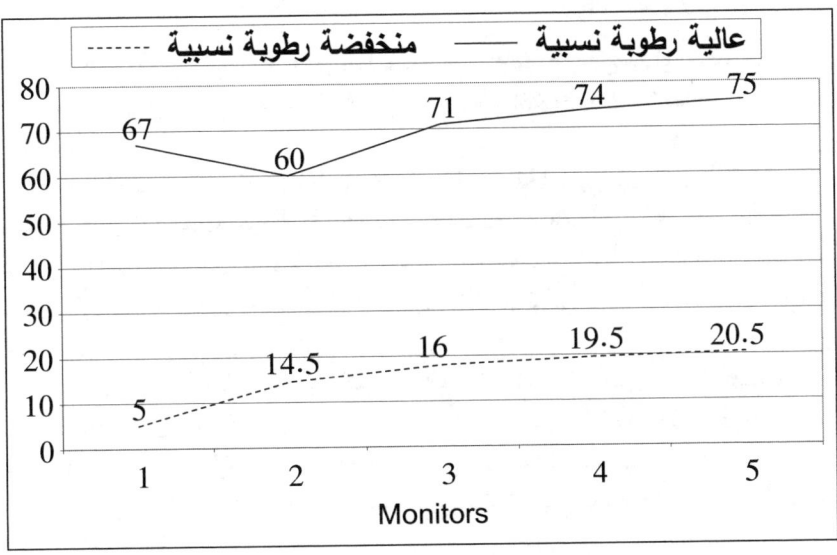

جدول 61: الرطوبة النسبية العالية والمنخفضة فى المقبرة رقم 9 وادي الملوك، فى الفترة من 12سبتمبر حتى 27 نوفمبر 2004

الموضع	درجة حرارة عالية	درجة حرارة منخفضة	رطوبة نسبية عالية %	رطوبة نسبية منخفضة %
حجرة B	29,4	11,7	55,5	15,5
حجرة دفن – خلفى	29,3	21,4	71,5	18

جدول 62: نتائج مسجلات البيانات فى المقبرة رقم 9 وادي الملوك فى الفترة من 31 يناير حتى9 أبريل 2005

الموضع	درجة حرارة عالية	درجة حرارة منخفضة	رطوبة نسبية عالية %	رطوبة نسبية منخفضة %
حجرة دفن-خلفى	27,8	27,2	34,5	26,5

جدول 63: نتائج مسجل البيانات فى المقبرة رقم 9 وادي الملوك فى الفترة من 16 يونيو حتى28 أغسطس 2005

الوضع الحالى 2010

قام أحد أعضاء فريق مشروع خرائط طيبة بعملية مسح على نطاق ضيق لثلاث مقابر (مقابر رقم 62، و47، و2) فى الخامس من أكتوبر 2010 باستخدام جهاز حمله بيده.

فى المقبرة رقم 62 من الساعة 11:44 صباحًا حتى 12 ظهرًا، كانت درجة الحرارة الداخلية 35,4–35,7 درجة مئوية مع مستوى رطوبة يتراوح بين 35–40% مقارنة بدرجة الحرارة خارج المقبرة فى هذا اليوم التى كانت 36 درجة مئوية ومستوى رطوبة 26%. ويجب الإشارة إلى أن نظام تهوية المقبرة كان يعمل أثناء المعاينة.

فى المقبرة رقم 47 من الساعة 12:09–12:30 ظهرًا، تراوحت درجة الحرارة بين 30,4–34,4 درجة مئوية مع مستوى رطوبة تراوح بين 24–37%، وتجدر الإشارة إلى أنه أثناء إجراء المعاينة حضرت مجموعة صغيرة مكونة من سبعة زوار إلى المقبرة وتبادلوا الحديث معنا فى حجرة الدفن، وعقب ذلك لوحظ زيادة القراءات.

فى المقبرة رقم 2، من الساعة 13:05–13:15، تراوحت درجة الحرارة بين 34,9–37,8 درجة مئوية، ومستوى رطوبة بين 25–34%.

اقتراحات مشروع خرائط طيبة

أحد الحلول الممكنة لتأمين سلامة المقبرة خلال زيارة المجموعات هو نظام تغيير الهواء الذى يستخلص الهواء من المقبرة ويسمح بتيارات هواء طبيعية من الخارج لتحل محلها.

حل آخر هو نظام تجديد الهواء الذى يقوم بمعالجة الهواء الداخل إلى المقبرة، سواء بتبريده أو بتخفيض مستوى الرطوبة به.

حل ثالث هو وضع جهاز مكيف هواء فى المقابر. لكن كثيرًا من الوحدات كبيرة الحجم، ويصعب وضعها دون الإضرار بالشكل الجمالى للوادى، إضافة إلى الاستهلاك الكبير للكهرباء، وصعوبة الصيانة، واعتمادهم على الماء لعمل وحداتهم الباردة. ولا يرحب كثير من الآثاريين بعمل ماسورة مياه فى وادى الملوك لأن احتمالية كسر المواسير وتسرب المياه قد يعرضه لتهديد غير مقبول. لكن هذه المشاكل يمكن علاجها، وفيما يلى نموذج لمثل هذه المقترحات بالتفصيل.

يمكن عمل ثلاثة أشياء: 1- تحديد حد أقصى لعدد الزوار فى المقبرة فى وقت واحد، ويتحدد ذلك العدد بناءً على التجربة والمراقبة الدقيقة للمحيط البيئى أو استخدام قيم عشوائية لمدى استيعاب المقبرة؛ 2- تركيب أجهزة للتحكم

فى البيئة والحفاظ على درجة الحرارة والرطوبة عند مستوى معين دون النظر إلى زيادة عدد الزوار الذين يأتون إلى المقبرة أو نقصه: أو 3- كلاهما.

فى 2010، تولى معهد جيتى للصيانة والحفظ خططًا لتنظيف جدران مقبرة توت عنخ آمون بوادي الملوك رقم 62 وصيانتها، هذا المشروع معد للاستمرار لعدة سنوات مقبلة. كما بدأ معهد جيتى أيضًا العمل فى وادي الملكات، وتشمل تقاريرهم عن (العمل من 2006–2010، ويستمر خلال 2012) معلومات قيمة كثيرة عن السياحة وإدارة الموقع وهى قابلة للتطبيق فى وادي الملوك. (انظر معهد جيتى للصيانة والحفظ، وادي الملكات: مقترحات للترميم والإدارة والتقديم، 2009).

تقارير الترميم الكاملة عن مقابر وادي الملوك المهمة التى نفذها مشروع خرائط طيبة متاحة على موقع: www.thebanmappingproject.com

الفصل السادس: البنية التحتية لوادي الملوك

كما أوضحنا في الفصول السابقة، إن أكبر التهديدات التي تواجه وادي الملوك اليوم ناتجة عن صيته الذائع لدى الزوار. ولمعالجة المشاكل المعقدة التي تسببها الأعداد الضخمة من الزوار، لابد من تحديد الأسباب، وتطوير خطط لإدارة الوادي بطرق تخفف من التأثيرات العكسية للسياحة. على سبيل المثال، لابد من إحصاء عدد الزوار الذين يمكن أن تكون زيارتهم للوادي آمنه في يوم واحد؛ وعدد الزوار الذين يمكن أن يزوروه في ساعة واحدة؛ وكيف يجب توزيع السياح داخل الوادي؛ وما الخدمات التي يجب أن تقدم للزوار، وما الاشتراطات حتى يكون تأثيرهم على بنية الوادي أقل ما يمكن.

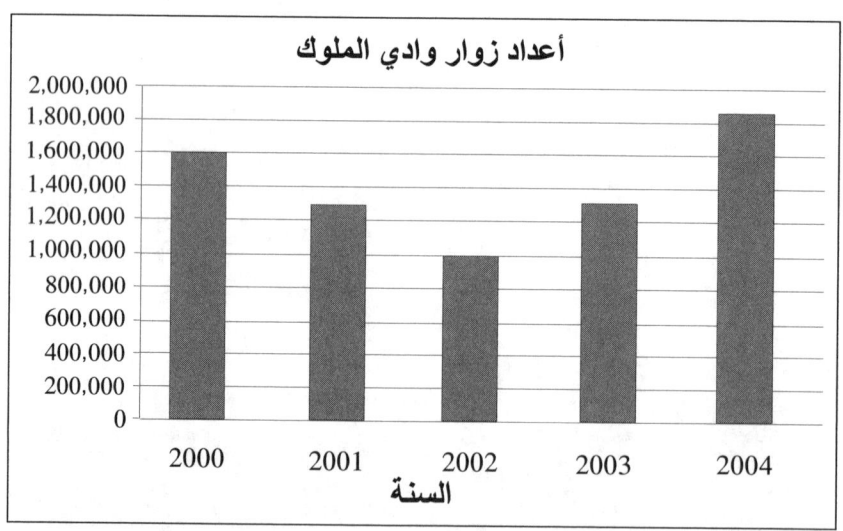

جدول 64: أعداد زوار وادي الملوك، 2000-2004

جدير بالذكر، أن نكرر أن الهدف من المخطط العام لوادي الملوك هو تأمين مستقبل الموقع على المدى الطويل. وشمل هذا استطلاعين مهمين لرأي المشاركين في الاستبيان عن الاتجاه المستقبلي لأي تغييرات في وادي الملوك، ودراسات للسمة الطبيعية للوادي ومقابره، ودراسات تخص سلوك الزوار، والتخطيط مع المجلس الأعلى للآثار وحكومة اليابان فيما يتعلق بإنشاء وتصميم مركز زوار الوادي، ومناقشات مع حكومة أسبانيا فيما يتعلق بتنفيذ خطة الإدارة المقترحة. وقد ساهمت تلك الدراسات والتحليلات المفصلة في فهم أكثر لتفاعلات الوادي يومًا بيوم، وبدونها لا يمكن إنشاء خطة إدارة الوادي.

وسوف تمكننا هذه البيانات من استنباط استراتيجية لإدارة أمور الزوار. وتتكون تلك الاستراتيجية من العناصر الآتية، وسوف تناقش بتفصيل أكثر لاحقا:-

- كيفية الوصول إلى الموقع
- الخدمات المقدمة في الموقع
- الإجراءات الأمنية
- القدرة الاستيعابية للموقع
- توافد الزوار إليه وتحركاتهم داخله
- القدرة الاستيعابية لكل مقبرة
- وصول الزوار إلى الموقع
- نظم شراء تذاكر الموقع
- إجراءات حماية المقابر والموقع

لفهم تجربة الزائر حاليا، سوف نتتبع الرحلة التي يقوم بها الزائر من البر الشرقي للنيل (نقطة البداية الرئيسة لأغلب الزوار) إلى وادي الملوك، وفي مقابره والعودة.

تجربة الزائر ووادي الملوك

يزور أغلب الزوار البر الغربي مستقلين مركبات أو أتوبيسات برفقة مرشدهم السياحي. أما الزوار الفرادى فعادة ما يذهبون إليه مستقلين عربات أجرة أو ميني باص، عبر كوبري الأقصر إلى جبانة طيبة، وتستغرق الرحلة 40 دقيقة تقريبًا لمسافة 15كم. لكن، نظرًا لزيادة عدد الفنادق الصغيرة والشقق المزودة بإعاشة، فقد تزايد عدد السائحين الفرادى المقيمين على البر الغربي للنيل بصورة كبيرة. بالنسبة لهؤلاء عادة ما يذهبون إليه بعربة أجرة أو أتوبيس محلي أو دراجة. إضافة إلى نظام المعدية المعتاد عبر النيل، فمازال هناك بعض الزوار يعبرون النيل بواسطة معدية أهالي أو زورق يدار بماكينة. ما أن يتم الوصول إلى

شكل 51: معدية البر الغربى

البر الغربى، يكون الطريق المفضل إلى وادي الملوك عبر الطريق المار بجانب تمثالى ممنون (عادة يكون أول أثر يتم زيارته ولا يستلزم شراء تذكرة) إلى مكتب بيع التذاكر ببيت المدينة (لم تعد تذاكر وادي الملوك تباع هنا).

من هذه النقطة، تتشعب ثلاثة طرق مؤدية إلى وادي الملوك. طريقان غير معبدين من الدير البحرى أو دير المدينة فوق التلال إلى وادي الملوك، ولا يستخدم هذا الطريق سوى حفنة قليلة من السائرين على الأقدام أو راكبى الدواب. أما الطريق الثالث، فهو أكثر شيوعًا ومُعَبد من استراحة كارتر إلى وادي الملوك.

الطرق والدروب المؤدية إلى وادي الملوك

تبدأ الزيارة إلى وادي الملوك عند النهاية الشمالية لجبانة طيبة، قبل الوصول إلى وادي الملوك ذاته. حيث شيد هوارد كارتر، عالم الآثار الذى كشف مقبرة توت عنخ آمون، منزلًا منذ 80 عامًا استراحة حفائر له. ينحنى الطريق من منزل كارتر لمسافة 4 كم مخترقًا سلسلة من الوديان. يقع جزء من هذا الطريق بطول الطريق الذى كان يستخدمه الكهنة القدماء، وقد عُبد بالإسفلت منذ 40 عامًا. وتسلك الحافلات المتجهة إلى وادي الملوك هذا الطريق. وتوجد نقطة تأمين تحرس مدخل الطريق. وكان من المفترض أن يشاهد السائحون على طول هذا الطريق أمثلة رائعة للجمال الطبيعى للصحراء. لكن، للأسف ليس الحال كذلك. على مدى العقد الماضى أو ما يقترب من ذلك، ورغم الاعتراضات الدائمة للأثاريين، والمحاذير الحكومية لوقف التعدى، إلا أن الناس استخدموا هذا الطريق المُعبد لإلقاء القمامة. بداية، إلقاء رديم الحفائر من مشروعات عاملة في

مقابر وادي الملوك هنا. ثم، باعتبارها فرصة لتوفير تكاليف النقل، بدأ المقاولون المحليون في إلقاء نفايات المباني، وتشمل هشيم طوب وأنقاض دورات مياه قديمة. ثم تلاهم القرويون في إلقاء القمامة المنزلية والنفايات. أضف إلى هذا: تفريغ شاحنات مليئة بنفايات آدمية، ثم حذت العيادات المحلية حذوهم في إلقاء ضمادات مستخدمة ومحاقن، ومشارط، وقنينات أدوية.

شكل 52 أ، ب: الطريق إلى وادي الملوك

أدى هذا إلى أن زوار وادي الملوك يرتحلون عبر وادٍ قبيح ومزعج وغالبا ذى رائحة عفنة. بالنسبة للسكان المحليين، تمثل النفايات مشاكل صحية خطيرة. وتمر مياه المجارى أسفل التل باتجاه بئر يعتبر أهم مصدر لمياه صالحة للشرب عند النهاية الشمالية للجبانة. لكن البئر ملوث بدرجة خطيرة. وتهدد المخلفات الطبية الأطفال الأصحاء الذين يلعبون هناك أحيانًا. لقد نجحت محاولات حظر إلقاء القمامة بصورة متقطعة وهامشية إلى حد كبير بسبب عدم تطبيقها فى الموقع.

اقتراحات مشروع خرائط طيبة

أ- جرت دراسة لإمكانية إعداد المنزل الذى بناه وسكنه هوارد كارتر، الواقع عند النهاية الشمالية لجبانة طيبة والمجاور للطريق المؤدى إلى وادي الملوك كمتحف صغير. وبالفعل، كُلف المقاولون العرب منذ عشر سنوات بفحص المبنى إنشائيًّا وتهيئة المنطقة المحيطة ساحة لانتظار السيارات توقعًا لتحويله إلى متحف.

ب- اقترحنا تحويل استراحة كارتر إلى متحف صغير لعرض مسيرة حياته وعمله في وادي الملوك وبصفة خاصة اكتشافه لمقبرة توت عنخ آمون. لا توجد حاليًا تقريبًا أية قطع معروفة يمكن عرضها في منزل كارتر، لكن، المجلس الأعلى للآثار لديه مجموعة من لوحات تصويرية عن

شكل 53: استراحة كارتر

اكتشاف مقبرة توت عنخ آمون، معروضة حاليًا في المتحف المصرى بالقاهرة. وقد وافق المجلس الأعلى للآثار على نقل هذه اللوحات إلى منزل كارتر لتكون نواة مجموعة المعروضات. تلك اللوحات يمكن تعليقها تدريجيًا، إضافة إلى صور كارتر وهو يعمل فى المنزل وفي وادي الملوك.

مبدئياً يحتاج منزل كارتر إلى حارس واحد فقط للإشراف على المبنى خلال ساعات الزيارة. ولحين وضع معروضات أخرى ومجىء المرشدين لمعاينة الموقع باعتباره مزارًا سياحيًّا، نوصى بأن يكون الدخول مجانًا، باستثناء رسوم قليلة لتغطى تكاليف نقل اللوحات وتثبيتها، وتتمثل التكلفة الأساسية فقط في وضع إضاءة مناسبة لتجهيز المنزل ليكون متحفًا. أما إعداد لوحات إضافية فى المستقبل فستكون زهيدة التكلفة.

الوضع الحالى

أ – في 2010 ، افتُتح منزل كارتر بوصفه متحفًا، وأُوكل إلى فندق محلى إدارة مقهى في الموقع. ولتشجيع المرشدين على تضمين قهوة كارتر فى برنامجهم، لم يفرض رسم دخول فى البداية، لكن تغير الوضع حاليًا. يمكن للزوار حاليًا أن يتجولوا في مطبخ كارتر وحجرة الطعام وحجرة النوم والمكتب وأستوديو التصوير، التى تم ترميمها بالإضافة إلى قطع فنية تعود إلى عصره، وبعضها يخص هوارد كارتر. وجُمع فيلم مدته 20 ق يعرض رسائل مكتوبة بخط يده تنقلنا إلى فترة الاكتشاف وتحكى مدى الإثارة عند فتح مقبرة توت عنخ آمون. عدد زوار المتحف قليل-عدة عشرات كل يوم- ويحتاج إلى لوحات إرشادية أكثر. ومع ذلك يعتبر إضافة مهمة للطبيعة الأثرية للبر الغربى.

ب – بالرغم من أن معظم الزوار يأتون عن طريق شركات سياحية إلى وادي الملوك. لكن وضع لوحات إرشادية واضحة للسياح الفرادى الذاهبين إلى وادي الملوك ستكون ذات فائدة. إضافة إلى أن لوحة ترحيب ستكون مناسبة، مع اسم الموقع وشعار المجلس الأعلى للآثار والتراث العالمى بشكل بارز. ويجب وضع خريطة للبر الغربى قرب استراحة كارتر مع لوحة توضح وتخبر للزوار بالمقابر المفتوحة والوضع الحالى لكل مقبرة علـى حده (انظر أسفل لمزيد من التفاصيل).

جـ – يجب تنظيف المساحة الواقعة على جانبى الطريق من استراحة كارتر إلى وادي الملوك من المخلفات، وذلك باستخدام لوادر لتمهيد الطريق. ويجب تخصيص مساحات بعيدة فى الصحراء لإلقاء رديم الحفائر الأثرية،

الطرق والدروب المؤدية إلى وادي الملوك | 159

ومخلفات البناء ومياه الصرف الصحى بها. (مثاليا، يجب إنشاء محطة لمعالجة النفايات على البر الغربى وعمل مواسير صرف صحى للقرى). كما يجب تجميل المنظر الطبيعى للمنطقة بقدر الإمكان حتى يظهر المدخل كما كان عليه منذ عقود مضت. يجب مد خطوط الطاقة والمياه والصرف الصحى من وادي النيل حتى مدخل وادي الملوك فى مواسير مدفونة تحت الأرض. ويجب اختيار أماكن بعيدة عن الوادي عند منتصف الطريق لإقامة محطات لضخ المياه القادمة ومحطات كسح المجارى لتقليل مشاكل الضوضاء والرائحة والرؤية.

تم مناقشة خطة لبناء مستنسخات لبعض مقابر وادي الملوك فى أرض صحراوية منخفضة شمال استراحة كارتر لتقليل الضغط على مقابر وادي الملوك الحقيقة. ولابد من التخطيط الجاد قبل البدء فى هذا العمل، والأخذ فى الاعتبار عدم الإضرار بالمواقع الأثرية المختلفة- والمحاجر والمقابر والصوامع المنتشرة حول موقع الإنشاء المقترح. وربما يكون قد حان الآن تنفيذ فكرة استخدام مستنسخات مقابر لتكون بديلاً عن زيارة مقابر وادي الملوك للسياحة. وقد نوقشت فكرة استخدام المستنسخات منذ أكثر من قرن لكن لم يتم حتى الآن عمل تخطيط نهائى لها. وربما يكون ارتفاع تكلفة المشروع، والمشاكل المتعلقة بدقة استنساخ مقابر تمتد لأكثر من مائة متر طول وتنحدر بشدة لأسفل من المدخل إلى حجرة الدفن كلها عوامل معوقة.

د - يجب التخطيط بعناية لعملية تدرج الوادي المؤدى من استراحة كارتر لوادي الملوك حتى يمكن استغلال انحداره فى التحكم فى اتجاه أى فيضان يصب بطول المنحدر هنا وسرعته، وقت حدوث سيول فى وادي الملوك. وبالفعل قامت القرية شمال غرب استراحة كارتر، بحفر خندق لتحويل مثل تلك السيول بعيدًا عن المواقع الأثرية والقرى الحديثة. وبعد خمس سنوات من بداية العمل قامت المدينة ببناء نظام تحكم فى السيول، لكن لم يستكمل بعد: لهذا يجب إعادة حساب درجة ميل مصرف المياه أو انحداره للتأكد من أنه يتجه إلى أسفل التل (ليس كذلك فى بعض المناطق). بالإضافة إلى ضرورة شق قنوات صرف مغطاة بشبكة قضبان من الصلب عبر الطريق المرصوف حتى يمكن صرف مياه السيول المندفعة على طول جانبه الجنوبى إلى قناة تحول المياه إلى شماله. ويجب شق عدة قنوات صرف عبر الطريق على مسافات فاصلة كل 100م، ويجب حفر اثنتين أو ثلاث إضافية، ربما يبعد بعضها عن الآخر 10-15م شمال غرب نقطة بداية القناة.

هـ- يجب على مفتشي الآثار المسئولين عن وادي الملوك إعداد برنامج مراقبة منتظم للطريق. ويجب عليهم التأكد من عدم إلقاء نفايات أخرى وتقديم المتعدين للمثول أمام القضاء. ولابد من مراقبة دورية للإدوات التى تستخدم فى مواجهة السيول والتأكد من نظافتها لتظل فى حالة جيدة. وعلى فريق الصيانة المرور أسبوعيًّا على الطريق لجمع الأوراق التى تحملها الرياح والقمامة التى تُلقى من السيارات. وعليهم تفريغ سلال النفايات الموجودة فى أماكن الاستراحات.

و- الطريق من استراحة كارتر إلى وادي الملوك حيث ساحة انتظار السيارات مُعبد بالإسفلت وحالياً فى حالة جيدة. فى بعض الأماكن تم إزالة الحاجز الحجرى عند حافة الطريق (ربما بواسطة السائقين) حتى تتمكن الشاحنات من إلقاء رديم الحفائر بطريقة غير شرعية. لذا يجب إعادة بناء هذا الحاجز الحجرى ومنع إلقاء المخلفات مستقبلًا.

ز- يجب تنظيف المدق الممتد من وادي الملوك إلى الدير البحرى ودير المدينة ونحت سلالم فى الصخرة الأم منعًا لإصابة السائحين. ولابد من وضع صورة بانورامية لوادي النيل فى طيبة قريبة إلى الأرض عند قمة المدق، قرب ما يسمى قرية الراحة "de Repos Village"، توضح الآثار فى المنظر الطبيعى لطيبة. منذ ثلاث سنوات، وضع مكتب الأمن لافتة تقول إن السائحين ممنوعون من المشى عبر هذا المدق. وقد اعترض المجلس الأعلى للآثار وتم التوصل إلى حل وسط: أى سائح يختار أن يمشى على المدق لن يعترض طريقه البوليس، على أن تبقى اللافتة.

وسائل الانتقال

الغالبية العظمى من زوار وادي الملوك يأتون بالأتوبيس. وتختلف سعة تلك الأتوبيسات ما بين طرز عربات صغيرة (مينى باص) سعة 10 ركاب إلى حافلة كبيرة سعة 50 راكبًا. والأخيرة أكثر شيوعًا، على الرغم من أن قليلًا منها يصل محملًا بأكثر من 50–70% من سعته (أى 25 – 35 راكب). تجلب أغلب الأتوبيسات أو الحافلات السائحين من الفنادق والفنادق العائمة الراسية على البر الشرقى للأقصر، أو من الغردقة ومدن أخرى على البحر الأحمر، وتصل حوالى الساعة الثامنة صباحًا وتعود إلى البحر الأحمر مرة أخرى الساعة الخامسة مساءً. يلحق بهذه الحافلات فى أوقات كثيرة كل عام عشرات الحافلات المحملة بطلبة المدارس والجامعات المصرية إلى وادي الملوك.

تأتى عربات الأجرة والسيارات الخاصة فى المرتبة الثانية باعتبارها وسيلة نقل شائعة. تحمل هذه العربات فى المتوسط راكبين فقط. يصل إلى وادي الملوك حوالى من 40–60 عربة يوميا.

هناك عربات أخرى تقوم برحلة إلى وادي الملوك وتشمل عربات خدمات مثل عربات نزح المجارى، وشاحنات المجلس الأعلى للآثار، وعربات الأمن وشاحناته، وجرارات بمقطورة تنقل رديم الحفائر من وادي الملوك أو تحمل المياه إلى دورات مياه وادي الملوك. رغم قلة عدد هذه العربات (ربما 15-20 عربة يوميًّا)، إلا أنها تسبب زحامًا شديدًا بسبب بطء حركتها ووقوفها المتكرر.

رغم أن الغالبية الساحقة من الزوار يأتون إلى وادي الملوك بعربات أجرة وسيارات خاصة وحافلات، فهناك عدد من السائحين يأتون على ظهور الحمير. هؤلاء عادة يكونون من صغار الرحالة الذين يأتون فى مجموعات صغيرة تتراوح ما بين 10–15 فردًا، ويعقدون اتفاقاً مع مرشد أو صاحب إسطبل لتأجير الحمير لفترة الصباح. خلال السنوات الماضية كان يأتى إلى وادي الملوك مجموعتين أو ثلاثة فقط يوميًّا. لكن، حاليًا، أصبحت رحلة الحمير مرغوبة، وأصبحنا نرى كل صباح عددًا من ركاب الحمير يتراوح ما بين 50–100 راكب. تبدأ الرحلة الساعة السابعة صباحًا من البر الغربى للنيل برفقة مرشد وصبيان لرعاية الحمير ويواصلون طريقهم غربًا حتى نقطة تفتيش المرور، ثم يتجهون شمالاً إلى الطارف، ثم غربًا مرة أخرى على طول الطريق المُعَبد المؤدى إلى وادي الملوك. وبما أنه غير مصرح للحمير بالتواجد فى الوادي نفسه، يترجل الركاب عند المدخل المؤدى إلى ساحة انتظار السيارات لشراء تذاكر الدخول، وزيارة وادي الملوك. فى غضون ذلك يأخذ الصبية الحمير إلى أعلى التل خلف وادي الملوك لانتظار السائحين على المدق المؤدى إلى دير المدينة أو إلى الدير البحرى.

قليل من الركاب يأتون إلى وادي الملوك على ظهور الحمير من دير المدينة أو الدير البحرى عبر قمة التل، ويتركون حيواناتهم على الهضبة خلف وادي الملوك. ثم يقطعون وادي الملوك مشيًا حتى شباك التذاكر (وقتها فقط يمرون بمكتب الأمن) قبل عودتهم إلى وادي الملوك لزيارة المقابر. بعد الانتهاء من زيارة وادي الملوك يتسلقون الهضبة ليمتطوا الحمير ويعودون من حيث جاءوا.

قليلاً ما نجد عربات تجرها خيول (حناطير)– ليس أكثر من اثنتين أو ثلاث أسبوعيًّا. هذه العربات (الحناطير) تقل السائحين من البر الشرقى عبر الكوبرى الجديد أو من النيل إلى وادي الملوك. أغلب الركاب لا يدركون أن رحلة الحنطور إلى الوادي طويلة جدا–تستغرق عادة عدة ساعات– أو أن تلك الرحلة الطويلة على ظهر حصان أعلى التل وبدون ماء صعبة جدا. تنتظر الحناطير

خارج ساحة انتظار السيارات لمدة ساعة أو ساعتين قبل العودة إلى النيل. واقعيًا، مثل هذه الرحلات ممنوعة، وعادة، لا يكون سائقو هذه العربـات أصحابها (ويجهلون خط سيرها، ويحصلون على مقابل مادى ضئيل من السائح)، إنهم يؤجرون العربات من المالك. قامت مستشفى بروك الخيرى للحيوانات فى الأقصر بوضع لافتات فى كثير من فنادق الأقصر تحث السائحين على عدم استخدام الحناطير فى رحلاتهم إلى وادي الملوك، لكن مع ذلك، يصل إلى الوادي واحد أو اثنان أسبوعيًا.

راكبو الدراجات، عادة رحالة من صغار السن يحملون حقائبهم على ظهورهم ويسافرون أزواجًا، حيث يركبون الدراجات من النيل إلى وادي الملوك على طول الطريق الرئيسى. حوالى 10 من راكبى الدراجات يقومون بهذه الرحلة يوميًا.

يتركون دراجاتهم خارج ساحة انتظار السيارات مباشرة. قليل من الزوار يأتون مشيًا على الأقدام، عبر الطريق الرئيسى، لكن الغالبية، ربما عشرة يوميًا، يعبرون التل من الدير البحرى أو دير المدينة سيرًا على الأقدام. المترجلون عليهم أن يمشوا عبر وادي الملوك إلى ساحة انتظار السيارات لشراء تذاكر زيارة المقابر. لدى عودتهم إلى الوادي يجب أن يراجعوا كاميرات الفيديو الخاصة بهم عند البوابة الرئيسية. بعد انتهاء الزيارة يستردون كاميراتهم، ثم عليهم بعد ذلك إما أن يمشوا خارج وادي الملوك على طول الطريق الرئيسى أو الالتفاف حول مكتب الأمن حيث أنه غير مصرح باستعمال كاميرات الفيديو فى وادي الملوك.

اقتراحات مشروع خرائط طيبة

أ – كما أوضحنا سلفًا تزايد عدد السائحين الذاهبين إلى وادي الملوك بواسطة الحمير، والدراجات أو سيراً على الأقدام. قليلون من يدركون أن الطريق الذي يجب أن يسلكوه طويل ويعبر فوق التل. لذلك يجب إنشاء ثلاث استراحات مظللة بسيطة على جانب الطريق على مسافات مناسبة بطول الطريق. حالياً ، هناك واحدة فقط، فى مكان غير ملائم، وفى حالة سيئة، ومظلتها غير كافية. ويجب أيضًا وضع سلال قمامة هناك.

ب – مع إنشاء مركز جديد للزوار (انظر فصل 6)، على راكبى الحمير تغيير طريقهم حول وادي الملوك. علاوة على ذلك، عند مد خط مياه ثابت إلى وادي الملوك سيكون من المفيد جدًا إنشاء مكان صغير لشرب الدواب قرب الساحة المقترحة لانتظار السيارات مؤخرًا.

جـ – على مسئولى الأمن منع العربات، مثل الحناطير والشاحنات التى تحمل النفايات، عند بداية الطريق الرئيسى لوادي الملوك قرب استراحة كارتر.

شكل 54: ساحة انتظار الحافلات حاليا

ساحة انتظار الحافلات

يؤدى الطريق من استراحة كارتر إلى ساحة انتظار سيارات، غير منتظمة الشكل، صغيرة، عند نقطة تشعب الطريق إلى وادي الملوك الشرقى والغربى. يتسع مكان انتظار السيارات لعدد 75 أتوبيسًا سياحيًّا كبيرًا لكن إذا زاد العدد عن 35 أتوبيسًا يتسبب فى ازدحام خطير على المشاة، وينتج عنه إعاقة الأتوبيسات عند المغادرة. ومن المعتاد امتلاء الساحة بالأتوبيسات السياحية مما يضطرها للانتظار فى الطريق المؤدى إلى الساحة، ويصبح المرور سيئًا جدًّا لدرجة أن

نوع الحافلة	العدد	%
أتوبيس	414	58,39
مينى باص	164	23,13
عربة أجرة	115	16,22
سيارة خاصة	16	2,26
إجمالى	709	100

جدول 65: عدد السيارات فى وادي الملوك، من 6ص- 5م، 6 فبراير 2005

الأتوبيس المغادر قد يستغرق 20 دقيقة فى مسافة تبلغ 150م ليجد طريقه خارج ساحة الانتظار. منذ تفجيرات طابا عام 2004، حُظر على عربات الأجرة والمينى باص الوقوف فى ساحة انتظار سيارات وادي الملوك، لذا عليها الانتظار بجانب الطريق قبل مدخله، مما يتسبب فى ازدحام كبير. حاليًا تدفع الحافلات الكبيرة 5 جنيهات رسم انتظار فى ساحة وادي الملوك، وتدفع الشاحنات الأصغر جنيهًا واحدًا. هذه الأموال تذهب إلـــى مجلس مدينة الأقصر وليس إلى المجلس الأعلى للآثار.

اقتراحات مشروع خرائط طيبة

تُستخدم ساحة انتظار السيارات الموجودة حاليا الأتوبيساتُ السياحية فقط، بما أنه محظور على عربات الركاب الدخول وعليها الانتظار خارج الساحة على طول الطريق المؤدى من استراحة كارتر إلى وادي الملوك. قد اقترحنا إعادة تصميم ساحة انتظار السيارات الحالية فى جزء من خطة أشمل لمركز الزوار الجديد. ووفقًا لهذا التخطيط، فإن ساحة انتظار السيارات الحالية سوف تصبح منطقة تحميل/تفريغ. بمجرد نزول الركاب من الأتوبيس، يعود السائق إلى الطريق المؤدى إلى منطقة الساحة الجديدة لانتظار السيارات فى الوادي القريب إلى الشرق، حيث ينتظر حتى يتلقى مكالمة من المرشد تخبره بأن المجموعة مستعدة للركوب. ومن ثم يعود بالأتوبيس إلى منطقة التحميل/التفريغ. هذا الإجراء يعنى أن كل أتوبيس سياحى سوف يقوم برحلتين إلى منطقة التحميل/والتفريغ لكن بالتخطيط الصحيح لهذه المنطقة لا نعتقد أن هذا المرور المضاعف سوف يشكل عبئًا أمنيًّا أو زحامًا. تمثل إقامة ساحة جديدة لانتظار سيارات فى هذا الوادي إمكانية التوسع الغير محدود فـــى خدمات الانتظار (شكل 55).

الوضع الحالى

المنطقة التى أوصى بها مشروع خرائط طيبة من قبل منطقة انتظار سيارات إضافية أو بديلة هى الآن موقع محطة شحن الترام الكهربائى الجديد. وتستخدمها السيارات الخاصة وبعض الأتوبيسات من آن لآخر فى حالة ازدحام منطقة انتظار سيارات وادي الملوك. وهناك منطقة أخرى تقع بين مركز الزوار الجديد واستراحة حراس وادي الملوك الغربى (إلى الغرب من ساحة الانتظار المُعبدة) أصبحت الآن ساحة غير مُعبدة لانتظار العربات الصغيرة. وغير معروف كيفحدث هذا أو لماذا. وبما أن ساحة انتظار السيارات المُعبدة قد استُخدمت فقط لهذا الغرض، بدلا من ساحة تحميل ركاب فقط ونزولهم، أصبحت أكثر زحامًا عما كنا نتوقع، وتعتبر منطقة انتظار السيارات الإضافية التى أقمناها، بعيدة جدًّا بالنسبة للسائقين ليتجمعوا معا ويدخنوا السجائر لحين عودة ركابهم.

شكل 55: منطقة انتظار السيارات الجديدة المقترحة

منطقة البائعين

قبل دخول الأتوبيس ساحة الانتظار، يتوقف عند مدخل ساحة الانتظار حيث ينزل الركاب. يتم هذا لكى يترجل السائحين مارين بصف من 38 كشكًا لتجار يبيعون البطاقات التذكارية والقبعات والملابس والأفلام، وقطع أثرية مستنسخة، وذلك قبل الوصول إلى الترام الذى يقلهم إلى وادى الملوك.

أوضح استطلاع رأى المشاركين فى الاستبيان عدم رضاء كثير من السائحين وبصفة خاصة كبار السن والمعاقين عن هذه التجربة. بعد زيارة وادي الملوك، يعود السائحون مرة أخرى مارين بأكشاك البائعين متجهين إلى ساحة انتظار السيارات حيث ينتظر أتوبيسهم ويستقلونه مغادرين الوادي. (الأتوبيسات المتجهة إلى مقبرة "آى" تسلك طريقًا عبر ساحة انتظار السيارات مباشرة إلى الوادي الغربى.)

تبدأ الزيارة لوادي الملوك قبل أن يبلغ المرء الوادي ذاته عند النهاية الشمالية لطيبة. على جانبى منطقة انتظار السيارات ومنطقة البائعين نقطة إسعاف وجراج لعربة إسعاف وكافيتريا مغلقة منذ ست سنوات. خلف الكافيتريا جرارات ديزل صغيرة لجر عربات الطفطف التى تحمل الركاب لمسافة 350م جنوبًا إلى مدخل وادي الملوك.

شكل 56: منطقة البائعين

اقتراحات مشروع خرائط طيبة

ستتغير هذه المنطقة إلى حد كبير بإنشاء مركز الزوار الجديد وإعادة تصميم ساحة انتظار السيارات المجاورة وأكشاك البائعين.

أ – لابد من بناء 40 كشك كحد أقصى أمام مدخل مركز الزوار الجديد. سوف تحل هذه الأكشاك محل 38 كشكًا تعمل حاليًا. الخريطة تظهر موقعهم المحتمل الذي أعده المكتب المعماري للمجلس الأعلى للآثار.

ب – يجب تخصيص كشك لبيع مطبوعات المجلس الأعلى للآثار وما يقره من فيديوهات، وسي دي (CDs) ودي في دي (DVDs)، وأفلام، وملصقات إعلانية وقطع أثرية مستنسخة. ويجب أن يكون لكشك المجلس الأعلى للآثار موقع متميز، وأن يكون عند أقرب نقطة لمدخل مركز الزوار وعلى طريق دخول وخروج السائحين من الموقع مباشرة. يجب أن تذهب عائدات المبيعات مباشرة إلى الشركة القابضة الجديدة للمجلس الأعلى للآثار، التي ستنفق على أنشطة الصيانة والترميم المختلفة للمجلس الأعلى للآثار في المواقع الأثرية.

ج – ينبغي تأجير الأكشاك الباقية لأصحاب المصلحة الحاليين المستأجرين للأكشاك شرق مكان انتظار سيارات وادي الملوك، إذا وافق أصحاب المصلحة هؤلاء على قبول مستويات إيجار جديدة، وشروط عمل ثابتة.

(ولابد أيضا الأخذ فى الاعتبار، وجود عدد صغير من الأكشاك ربما تديره حاليًا مجموعة من أصحاب المصلحة الحاليين). نقترح أن تركز الحوانيت الواقعة على الجانب الغربى لمركز الزوار– على طول الجانب الذى يسلكه الزوار القادمون إلى الوادي– على بيع الأشياء التى قد يستخدمها الزوار خلال زيارتهم لوادي الملوك: أفلام، وبطاريات كاميرات، وكتب لإرشاد السياح، وخرائط، على سبيل المثال. وعلى الأكشاك على الجانب الشرقى، على طول الطريق الذى سوف يسلكه المغادرون للوادي فى طريقهم إلى الأتوبيس للمغادرة، أن تبيع أشياء أخرى: ملصقات، ومستنسخات قطع أثرية، وملابس وكتبًا. وطبقًا لاستطلاعات رأى المشاركين فى مشروع خرائط طيبة فإن مستأجرى الأكشاك مرحبون بفكرة عمل أكشاك تتخصص فى بيع سلع معينة- على سبيل المثال، واحد لبيع الأفلام، وآخر للتماثيل، وأن يحدد المجلس الأعلى للآثار معايير عامة لجودة البضائع المعروضة. قرار فى هذا الشأن، ونظام وضع الأكشاك، وأنواع المعروضات وجودتها وأسعارها، لابد أن يصدر من لجنة تتكون من مديرى الأكشاك وممثل من المجلس الأعلى للآثار وأطراف أخرى وثيقة الصلة بالموضوع. ولابد من مناقشة حجم كل كشك وتخطيطه، والاهتمام بالإضاءة والأسلاك الكهربائية والطلاء، والأمن وأنواع السلع الممكن عرضها. ولابد من اختيار ممثل عن مالكى الأكشاك ليعرض اهتماماتهم فى أى قرارات تُتَخذ مستقبلا.

د – تخصيص كشك أو اثنين لبيع الطعام والشراب. ولتقليل المخلفات الملقاة يجب أن تقتصر أنواع الأطعمة التى تباع على عبوات صغيرة من الشيبسى أو البسكويت، والمشروبات على المياه والمشروبات الغازية فقط. يجب ألا تتوفر وجبات ساخنة، ولا أطعمة أو مشروبات فى أوعية كبيرة. ويمكن وضع موائد لها شماسى وكراسى ثابتة أمام مركز الزوار، قرب منطقة مغادرة الأتوبيسات. ولابد من وضع سلال قمامة مناسبة فى كل مكان فى هذه المنطقة وفى كل وادي الملوك.

ه – يجب أن تكون هذه الأكشاك مفتوحة طوال اليوم، وأن تلتزم بنفس ساعات عمل مركز الزوار ووادي الملوك نفسه. ختامًا، يجب توصيل الكهرباء ووضع عداد، وأن تدرج تكاليفه ضمن قيمة إيجار الكشك.

الوضع الحالى

خلال السنوات القليلة الماضية، تم فتح منطقة جديدة للبائعين لزوار الوادي، مجاورة لمركز الزوار تمامًا. بخلاف التنظيم السابق، الزوار الآن يدخلون ويغادرون الوادي عبر منطقة البائعين. ومازال بعض السائحين يشتكون من

البائعين، بالرغم من تحسن تفاعلهم مع الزوار، حيث أدرك كثير من البائعين أن إجبار السائحين على الشراء يؤدى إلى مبيعات أقل، والأفضل الحفاظ على حضور هادئ. ومازال الوضع يحتاج إلى مزيد من التحسينات. فى عام 2012، خطط المجلس الأعلى للآثار لبناء منطقة كبيرة للمبيعات تخصه يمر عبرها السياح قبل مغادرة وادي الملوك خلال منطقة البائعين. هذا المبنى سوف يغطى مساحة تبلغ حوالى 800 متر مربع، ويخصص لبيع مطبوعات المجلس الأعلى للآثار. فيما يخص الكافيتريا التى أثبتت فشلها، فقد أغلقت، وسيعاد تخطيطها وفتحها عام 2012، وستقتصر على بيع مشروبات غازية وشيبسى. حتى يناير 2013، لم تفتتح منطقة بيع مطبوعات المجلس الأعلى للآثار أو الكافيتريا الجديدة.

مركز الزوار

عند هذه النقطة من زيارة وادي الملوك، سيجد السياح نقطة التفتيش ومراجعة الكاميرات. لكن هذا البناء هدم الآن، وسيحتل هذا الموقع مركز الزوار. وسنناقش هنا التأثير المحتمل لمثل هذا التطور.

تفسير مواقع التراث هو فى المقام الأول لشرح أهمية موقع التراث ومعناه، هذا هو الدور المزمع لمركز الزوار فى وادي الملوك. ويتطلب هذا بحثًا، وتخطيطا، ووضع اعتبارات استراتيجية لأفضل شكل إعلامى يستخدم لتوصيل الرسائل الأساسية للجمهور المستهدف. ويجب أن يوضح للناس ما وراء الموقع من معنى يشكل قيمته ومغزاه.

> غالبًا تغفل خطط الإدارة أو الصيانة التوصيات الصادرة لجعل أهمية الموقع معروفة: وذلك بتفسيرها. إذا استمر اتباع وجهة النظر المتعالية هذه، فمن المؤكد تزايد التدمير المستمر للمواقع الأثرية الهامة.
>
> G. Grimwade و B. Carter, 2000

اتفاقية إنشاء مركز الزوار

فى 2004 وقَعَ المجلس الأعلى للآثار اتفاقية مع حكومة اليابان تقوم بمقتضاها الوكالة اليابانية للتعاون الدولي (JICA) بإنشاء مركز للزوار فى وادي الملوك، فى موقع الكافيتريا القديمة المهجورة والاستراحة. واتُّفق على أن تشيد الوكالة اليابانية المبنى، فى حين يكون المجلس الأعلى للآثار مسئولًا عن تزويده بالمياه

والصرف الصحى والوصلات الكهربائية وجميع الخدمات المحيطة بالمبنى (وتشمل: ساحة انتظار سيارات، وأكشاك البائعين، وخطوط الترام والكافيتريا، ونقطة للإسعافات الأولية، ونقاط تأمين). وعلى الوكالة اليابانية للتعاون الدولى، أيضًا، إعداد مجسم من البلاستيك لوادى الملوك مقاساته 3 × 3م يقام فى المركز. وقد وافق مشروع خرائط طيبة على تصميم المعروضات، فى الغالب تتكون من سلسلة من لوحات عرض تُعلق على جدران مركز الزوار (باللغة العربية واليابانية والإنجليزية)، وإعداد أفلام تُعرض بشكل مستمر على شاشات عرض تليفزيونية، وإنشاء برامج على الحاسب الآلى لتكون متاحة على محطات كومبيوتر تفاعلية. تم الانتهاء من المركز عام 2006.

يشمل مركز الزوار مساحة للعرض مقدارها 620 متر2. ويشمل المبنى معالــم داخلية ثابتة (جدران، ومحطات كومبيوتر، وعرض مجسمات ثلاثية الأبعاد وشاشات تليفزيونية، ودورات مياه، ونقاط تفتيش، ومبيعات، ومكاتب معلومات). إذا كان على 1400 سائح عبور هذه المساحة كل ساعة، فهذا يعنى أن 24 زائرًا سوف يدخلون المبنى كل دقيقة. يفترض أن متوسط الوقت الذى يقضيه السائح فى مركز الزوار 10 دقائق. هذا هو الوقت اللازم لاستعراض عابر للمعروضات، وكذلك الوقت اللازم فى ضوء نظام التذاكر الحالى حيث ينتظر السائح حتى ينتهى المرشد من شراء تذاكر الدخول من كشك التذاكر (جزء من مركز الزوار). ومن غير المحتمل أن المجموعات السياحية، وأغلبهم برامجهم محددة جدًّا، يمكثون عادة أكثر من 10 دقائق فى المركز. لذا يجب تصميم المعروضات فى مركز الزوار بطريقة تتيح لحوالى 1000 شخص مشاهدتها فى الساعة، أى حوالى 200 شخص كل 10 دقائق. لابد أن تقود المعروضات السائحين إلى ممر واضح من المدخل إلى المخرج.

تقدم د. هليل غالى ود. كنت ويكس إلى المجلس الأعلى للآثار فى فبراير 2005، بمقترحات تشرح الهدف من مركز الزوار، وما يجب أن يحويه المركز والأبنية الملحقة به. وقد شيد المركز فى ضوء هذه المقترحات. أكدت هذه الاقتراحات على ثلاث نقاط رئيسة:

1- لابد أن يأخذ التخطيط والتشييد فى حساباته الزيادة المتوقعة فى عدد السياح فى وادى الملوك، وأن الخدمات المتاحة الآن يجب أن تتماشى مع الزيادة المضطردة فى أعداد السياح على مدى العقد القادم.

2- يجب أن يقام خط المياه الرئيسى والصرف داخل مواسير تمتد من الطارف إلى الموقع وليس فى صهاريج تخزين، وعربات نزح وعربات تحمل المياه. بهذه الطريقة فقط يمكن القضاء على الإزعاج والتلوث والمحافظة على المعايير الصحية.

شكل 57: هدم الكافيتريا القديمة

3- إقامة خطوط كهرباء جديدة تحل محل الأسلاك الموجودة، وتتلاءم مع قوة التيار فى مركز الزوار، والوادي، والإنارة الخارجية الجديدة المقترحة.

إذا لم يتم عمل ذلك فورًا، فإن أى إجراءات مؤقتة يجب أن تضمن أن تكون أحواض الصرف بعيدة عن مركز الزوار، وخارج مجال الرؤية والسمع، ويجب أن تقام صهاريج المياه بعيدًا عن المركز وإقامة مضخات لضمان ضغط مياه مناسب فى دورات المياه: ولابد من إقامة مولدات كهرباء لحالات الطوارئ، ومرة أخرى خارج مجال الرؤية والسمع وكافية لتشغيل كل الخدمات.

تصميم مركز الزوار وملحقاته

كانت رؤيتنا أن تشمل مجموعة مركز الزوار الآتى:

- مركزًا يشرح تاريخ الوادي وسماته (هذا يتطلب تدريب وشرح أهدافه للعاملين).
- منطقة لعرض فيلمين قصيرين عن الوادي، الأول أعدته الجمعية الجغرافية الدولية ولا يزيد طوله عن خمس دقائق، والفيلم الآخر صوره ى وادي الملوك هارى بورتون مُصور حفائر توت عنخ آمون عام1920 ومُهدى من متحف المتروبوليتان للفن بنيويورك.
- كافيتريات تقدم مياهًا ومشروبات وطعامً فى أقل حد فى عبوات صديقة للبيئة.

- "حوانيت" حيث يستطيع الباعة الحاليون نقل حوانيتهم إليها وحيث يمكن للمجلس الأعلى للآثار بيع مطبوعاته العلمية ومنتجاته (أسطوانات مدمجة، ودى فى دى DVD، وملصقات إعلانية، وبطاقات تذكارية، وأدوات كتابة، وقمصان، وأقلام، إلخ).
- نقطة للإسعافات الأولية ومكانًا لانتظار سيارة إسعاف.
- مكتبًا لمفتش الآثار.
- مكتبًا لبيع التذاكر.
- مكتبًا لشرطة التأمين.
- ساحة انتظار أتوبيسات وعربات الأجرة والأمن، وسيارات الشخصيات المهمة.
- خط ترام من المركز إلى وادي الملوك ومحطة إعادة شحن الترام.
- دورة كبيرة مع تسهيلات للمقعدين.
- خط صرف لمياه المجارى يمتد لمسافة 500م شرقًا إلى محطة كسح، حيث هناك حاجة إلى نظام كسح دائم بصهاريج خاصة، وتحديد مكان بعينه فى الصحراء لإلقاء المجارى، ما لم يكن هناك نظام لمعالجة المخلفات يمكن إقامته فى محطة الكسح، ويجب أيضا ربطها بالخدمات الخاصة بدورة مياه أصغر حجمًا عند مدخل وادي الملوك، ويجب أن تصمم لكى ترتبط آخر الأمر بنظام صرف البر الغربى.
- صهريج مياه وعربات صهاريج لنقل المياه بشكل منتظم، وأن تكون ملائمة لربطها بخط المياه الرئيسي فيما بعد.
- التزود بإمدادات الطاقة عبر خطوط من البر الغربى، وتكملتها بلوحات شمسية تقام فوق سطح مركز الزوار.
- يجب أن يكون مركز الزوار قادرًا على استيعاب 8000 سائح يوميًا، 1000 سائح فى الساعة وقت الذروة.

إنشاء مركز الزوار

أحد أهم الخطط التى كان يجب مراعاتها أين يجب بناء مركز الزوار. وقد شيد مركز الزوار بعيدًا عن أى الآثار، أسفل المنحدر المؤدى للوادي للحماية من أى تسرب للمياه أو للصرف إلى الموقع فى منطقة كبيرة بما فيه الكفاية لاحتواء مكوناته فى إطار جمالى مقبول. ونعتقد أن موقع الكافيتريا الحالى وموقف انتظار الحافلات مناسب للبناء.

تم عمل خريطة طبوجرافية لمركز الزوار الجديد. تمتد المنطقة من المدخل الحالى إلى موقف انتظار الحافلات السياحية جنوب مدخل وادي الملوك إلى التلال والمنحدرات على جانبى الوادي.

بالتعاون مع الحكومة اليابانية، اختير مهندس (كان له دور فعال فى تصميم مركز الزوار وتشييده) للإشراف على المشروع بأكمله. اعتمد المهندس على خريطة طبوجرافية وجيولوجية لرسم خريطة عامة للموقع، تُظهر موقع الأجزاء المختلفة لمركز الزوار، وتخطيط موقف انتظار الحافلات السياحية ونهاية الطريق، وقد أخذ فى عين الاعتبار تعليقات العديد من أصحاب المصلحة.

تشمل الأبنية الأخرى لمركز الزوار: الكافيتريا، ومنطقة البائعين: إلخ- وسوف تصمم بعد انتهاء مركز الزوار. يجب أن تكون الكافيتريا مكانًا لبيع المياه، والوجبات السريعة، لكن يجب ألا نشجع الناس على تمضية وقت طويل هناك. ولابد أن تكون الكافيتريا مجهزة لخدمة ما يقرب من 1000 شخص فى الساعة. ولابد من اتباع نظام للتخلص من القمامة ونقلها من الكافيتريا ومنطقة الوادي كله. ولابد أن تصمم منطقة البائعين بعد مناقشات مع أصحاب المصلحة، وأن يُدرس موضوع منفذ بيع مطبوعات المجلس الأعلى للآثار.

يمكن دفن خط الصرف الصحى وإقامة خزان لمياه الصرف الصحى يبعد على الأقل 500م عن وادي الملوك أسفل الطريق ويبعد عن مركز الزوار. ولابد أن يصمم الخزان ليستوعب نفايات ما يقرب من 8000 شخص يوميًّا، ولابد من تنظيم مواعيد نزح الخزان تبعا لذلك.

لابد من اختيار برنامج صديق للبيئة للتخلص من مياه الصرف الصحى. وضرورة تنظيف المنطقة من الرديم والنفايات، والاستعانة بمهندس متخصص فى تنسيق المنظر الطبيعى أو فى البيئة لتصميم تلك الأنشطة والإشراف عليها.

تجهيزات مركز الزوار

تولى مشروع خرائط طيبة تصميم ما سيعرض بمركز الزوار وإنتاجه. وتمت الموافقة على المحتويات من قبل المجلس الأعلى للآثار، واعتمدت الوكالة اليابانية للتعاون الدولى النص اليابانى. وبطاقات اللوحات مكتوبة باليابانية والعربية والإنجليزية. والمعلومات المتاحة على عشرة أجهزة كمبيوتر مقدمة باللغة الإنجليزية فقط. الموضوعات المطروقة، مدرجة أسفل، واختيرت بتأنٍّ حتى لا تكون المعلومة مكررة فى اللافتات المقامة بالفعل فى وادي الملوك. "موضوعات اللوحات" التالية ستشغل لوحة أو أكثر فى مركز الزوار. ويعتمد تصميم اللوحات على الرسوم بدلًا من نص مطول.

شكل 58: مركز زوار وادي الملوك

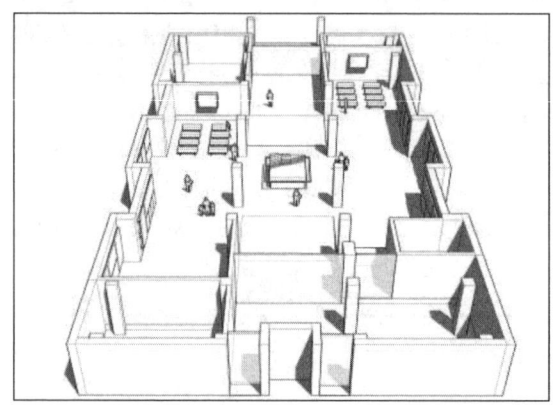

شكل 59: مركز زوار وادي الملوك

شكل 60: مركز زوار وادي الملوك

اللوحات

1- قائمة بأحداث التاريخ المصرى: لوحة توضح فترات التاريخ المصرى القديم كله، من العصر النيوليثى حتى أوائل العصر الحديث، مع التأكيد على الدولة الحديثة.
2- الوادي: لوحة توضح موقع وادي الملوك والأسباب المحتملة لاختياره مكانًا للدفن، كذلك العلاقة بين المقابر الملكية والمعابد التذكارية وتطورها خلال عصر الدولة الحديثة.
3- الهيروغليفية: مقدمة عن طريقة كتابة الأسماء الملكية والهيروغليفى المستخدم فى كتابتها. كتابة خرطوشين ملكيين، مع شرح كيفية قراءتهم.
4- الآلهة: رسم لصور الآلهة المهمة فى مناظر وادي الملوك ووصف لوظيفتهم. وتشمل تلك حتحور وإيزيس وحورس وآمون وتحوت ورع.
5- المقابر الملكية: شرح تفصيلى لمراحل العمل فى المقبرة الملكية بدءًا من عمليات نقر المقبرة الصعبة حتى اللمسات النهائية لتلوين مناظر المقبرة، مستعينين برسوم وصور من إعداد الجمعية الجغرافية الدولية (NGS)
6- مناظر المقبرة: رسم لمنظر من مقبرة يصاحبه شرح لمغزاه ووظيفته.
7- المومياوات: شرح الغرض من التحنيط وعملية التحنيط ذاتها. مناقشة سرقة المقابر ورغبة الكهنة فى حماية أجساد الفراعنة، التى نتج عنها خبيئات مومياوات فى وادي الملوك والدير البحرى.

شكل 61: "الوادي" إحدى لوحات مركز الزوار وضع لوحات إضافية

8- المستكشفون: عرض استكشافات وادي الملوك منذ العصور اليونانية- الرومانية وسياحته حتى وقتنا الحالى. مع ذكر شخصيات أثرية بارزة فى هذا المجال. وشرح لترقيم مقابر وادي الملوك.
9- حماية وادي الملوك: شرح مشاكل الحرارة والرطوبة وحث الزوار على توخى الحذر عند زيارة المقابر. مناقشة مقترحات المجلس الأعلى للآثار لحماية المقابر.
10- عتاد المقابر: وصف بعض أكثر الأشياء الشائعة التى عثر عليها فى المقابر، وتشمل أوانى كانوبية، وتماثيل أوشابتى، وتماثيل صغيرة، ونماذج مراكب، وأثاثًا، وملابس، وحليًا.
11- خريطة البر الغربى.

معروضات أخرى

1- نموذج مجسم لوادي الملوك: وهو نموذج ثلاثى الأبعاد قامت الوكالة اليابانية للتعاون الدولى بإعداده ووضعه فى مركز الزوار. هذا النموذج يوضح المواقع الجغرافية المتداخلة للمقابر ويعزز الإحساس بالحجم لدى الزائر.
2- شاشة تليفزيونية 1: أعدت الجمعية الجغرافية الدولية فيلمًا عن وادي الملوك مدته من 4-5 دقائق سيعرض فى دائرة كهربائية مغلقة كل سبع دقائق إلى ثمانٍ تقريبًا.
3- شاشة تليفزيونية 2: تعرض فيلمًا أبيض وأسود صامت مدته أربع دقائق قام بتصويره هارى بورتون عن فتح مقبرة توت عنخ آمون وحفائر هوارد كارتر فى وادي الملوك فى العشرينيات. الفيلم مملوك لمتحف المتروبوليتان للفن وسيعرض بشكل دائم.
4- عرض معلومات عبر شاشات كمبيوتر: تعرض نسخة مبسطة لموقع مشروع خرائط طيبة فى ثمانى محطات بمركز الزوار لتقديم معلومات عن كل مقبرة من مقابر وادي الملوك.

اقتراحات مشروع خرائط طيبة

ضرورة إجراء دراسة متأنية لمعرفة تأثير مركز الزوار على حركة وتدفق الزوار إلى وادي الملوك. ونقترح ضرورة إجراء دراسة بعد ستة أشهر من افتتاح المركز لمتابعة الآتى:

- الوقت المستغرق لدخول مركز الزوار
- عدد زوار مركز الزوار
- الوقت الذى قضاه الزوار فى مركز الزوار

- عدد من حاولوا الدخول مرة أخرى إلى مركز الزوار
- حصر مناطق المشاكل المحتملة

الوضع الحالي

تم الانتهاء من مركز الزوار الآن وافتتح للزيارة. جميع زوار وادي الملوك يتركون سياراتهم ويدخلون إلى المركز عبر باب واحد ويمرون عبر مسارين للأمن قبل الدخول إلى الصالة الرئيسية للمركز. يستغل المرشدون هذا الوقت لشراء التذاكر من شباك التذاكر عند باب الخروج للمركز. وقد يلقى بعض المرشدين محاضرة مختصرة عن الوادي باستخدام النموذج المعروض في منتصف الصالة الرئيسة،

كان مكيف الهواء في المركز معطلاً لأكثر من عام (2010)، لذا قضى قليل من السياح وقتًا داخله. وعولجت هذه المشكلة حديثا. أجهزة الكومبيوتر المقدمة من وكالة التعاون الدولى اليابانية غير مناسبة للدور المنوط بها. ولم تتخذ أي تدابير لمنع الزوار من العبث بالكومبيوترات، وفي كل زيارة لفريقنا نجد تلك الكمبيوترات خارج الخدمة، وقد يسهم برنامج صيانة بسيط في منع ذلك، لكن هذا لا يغير حقيقة أنها غير صالحة للاستخدام الكثيف غير المراقب.

غالبا ما يقوم مدير المركز بغلق شاشتي الفيديو بدون سبب واضح. وفي حالة تشغيلهما فإنهما يكونان من أكثر العروض مشاهدة في المبنى. من أكثر الشاشتين مشاهدة تلك التي تعرض لقطات تصور هوارد كارتر في مقبرة توت عنخ آمون في العشرينيات، مهداة من متحف المتروبوليتان للفن، والفيلم الآخر أقل جودة ويمكن فهمه بالكاد، يعرض كلمة ترحيب من زاهي حواس إلى زوار وادي الملوك.

تستخدم دورات المياه بكثافة، ويقوم عمال دورات المياه بتكسب عيشهم بتقاضى نقود نظير بيع المناديل الورقية لمستخدمى دورات المياه من السياح. هذا هو الأسلوب المتبع في مواقع أخرى يديرها المجلس الأعلى للآثار. لا يوجد أي اهتمام بتحسين المنظر الطبيعي أو تنظيف الطريق المؤدى إلى وادي الملوك أو منطقة مركز الزوار.

خط الترام والطريق من مركز الزوار إلى وادي الملوك

الترام المستخدم الآن يعمل بالديزل في المسافة بين ساحة انتظار السيارات وبوابة مدخل وادي الملوك (شكل 62 أ، ب) كوسيلة نقل أساسية (طفطف). يسير الترام حاليًا بطول طريق مُعبد بالإسفلت و يمتد حتى مدخل مقبرة رقم 6 وادي الملوك تقريبًا.

شكل 62 أ, ب: خط الترام

الترام المستخدم حاليًا فى وادي الملوك غير صديق للبيئة وغير جذاب وغير كافٍ. يتم تشغيل نظام الطفطف الحالى طبقا لعقد أصدره مجلس مدينة الأقصر لشركة خاصة. يدفع السائح جنيها واحدًا مقابل رحلة ذهاب وإياب. يتم بيع من 4000–6000 تذكرة تقريبًا كل يوم (حوالى 98% من الزوار يستخدمون هذه الخدمة). وتباع التذاكر فى ساحة انتظار السيارات، وقد وظف نظام جيد لهؤلاء الذين يستخدمون الترام عند العودة من الوادي. على الشركة المتعاقدة صيانة الترام ودفع نسبة من العائد إلى مجلس المدينة (يقال لدعم نوادي الشباب بالأقصر).

يعمل الطفطف بوقود الديزل وينبعث منه الدخان ويتسرب منه الزيت وتصدر عنه ضوضاء. إضافة إلى ملصقات إعلانية (يقوم المتعهد ببيعها لشركات مختلفة) تغطى جَانِبيه وزخارفهما الملونة سيئة للغاية. ويتكون الترام من خمس وحدات كل واحدة ذات عربتين يسحبها جرار. يقوم على خدمة الترام حوالى عشرة أفراد.

اقتراحات مشروع خرائط طيبة

أ – اقترحنا استبدال الطفطف بخط ترام جديد، يعمل ببطاريات تعمل بالشحن، شكله جذاب، ولا يصدر صوتًا، ولا يلوث البيئة، وسريع. ينتقل الترام من المدخل الجنوبى لمركز الزوار إلى نقطة المنعطف عند المدخل الحالى لوادي الملوك والعودة مرة أخرى، رحلة ذهاب وعودة يبلغ طولها الكلى حوالى 1كم. ولابد من التخطيط الآن لخط ترام يستطيع نقل حوالى 10000-12000 شخص يوميًا.

وإذا افترضنا النجاح فى توزيع السياح خلال اليوم، فهذا يعنى أن الترام يجب أن ينقل حوالى 1400 شخص فى الساعة إلى وادي الملوك، والعودة إلى مركز الزوار، ويتكون خط الترام الذى نفذه الألمان وما زال يعمل فى الدير البحرى (شكل 63) من وحدتين لنقل الركاب، يجره محرك يعمل ببطاريات شحن. أقصى حمولة لكل عربة 24 شخصًا، وبالتالى يمكن أن تنقل 48 شخصًا فى الرحلة الواحدة ذهابًا. الوحدات التى نقترحها لوادي الملوك ستكون مشابهه فى التصميم والسعة. ويجب أن يكون لون العربات ومحركات الوحدات الجديدة وتصميمها مشابه لهذا التصميم– أى بسيطة، وبدون زخارف، ولونها أسمر مصفر – ولا تحمل زينة أو إعلانات.

إذا افترضنا أن كل ترام يتكون من محرك واحد وعربتين للركاب، وأن كل عربتين سوف تحملان 48 راكبًا فى الرحلة الواحدة (ذهابا)، فإن هذا يعنى أن كل رحلة، بما فى ذلك الركوب والنزول سوف تستغرق 10

شكل 63: ترام الدير البحرى

دقائق، أى 200 شخص فى الساعة للترام. ولنقل 2000 شخص فى الساعة ذهابا، أى 1000 شخص ذهابا، و 1000 شخص إيابًا، فإن ذلك يتطلب 10 وحدات ترام، وإذا وضعنا فى الاعتبار الصيانة وأوقات الراحة، والتأخير، وخط فرعى إلى الوادي الغربى، يكون إجمالى المطلوب 14 محركًا و 26 عربة نقل ركاب.

لابد من بناء جراج لإعادة شحن وخدمة وصيانة الترام. ولابد أن تتم تلك الأعمال بعيدًا عن وادي الملوك ومركز الزوار فى المكان المزمع لبناء توسعة مكان انتظار السيارات الجديد.

تدر التذاكر دخلا يبلغ 6000 ألف جنيه مصرى يوميًّا، 42000 ألف جنيه أسبوعيًّا، 2280000 ألف جنيه سنويًّا. نتوقع أن تبلغ مصاريف التشغيل أقل من 200000 ألف جنيه سنويا. إذا ما طبقت هذه الخطة، فهل يتولى المجلس الأعلى خدمة الترام؟ أم ستكون إدارة خاصة (أعلى المزايدين)، لابد أن يقرر ذلك المجلس الأعلى للآثار والمجلس المحلى لمدينة الأقصر. البديل الآخر لهذا أن تضاف قيمة تذكرة الترام إلى تذكرة دخول وادي الملوك.

ب – الطريق بين مركز الزوار ووادي الملوك معبد حاليًا بالإسفلت ويمتد هذا الرصف حتى الوادي، حتى مدخل مقبرة رقم 6 تقريبًا. نقترح إزالة هذا الإسفلت وترك الطريق بين مركز الزوار والوادي سطحًا طبيعى. التفكير فى أن تكون لمنطقة خلف مركز الزوار كما كانت منذ مائة عام، مع أقل تدخلات حديثة. وللقضاء على مشاكل هبوب الأتربة، والتآكل، وأضرار

السيول يجب رش الطريق، وأيضًا ممرات المشاة في كل وادي الملوك بسائل مثبت للتربة. وقد قمنا باختبار مثبت التربة (Soiltac) على المدق الممتد من الشمال إلى الجنوب غرب استراحة كارتر مباشرة حيث تلقى القاذورات، بعد مرور عشرة أشهر، ورغم الاستخدام المنتظم للطريق بواسطة الشاحنات والجرارات فقد ظل المدق دون أتربة متصاعدة وفي حالة طيبة. ولابد من استخدام مثبت تربة أيضا على ممرات المشاة في وادي الملوك نفسه لتقليل الأتربة وجعل السطح مانع لنفاذ الماء وإذا تم توزيع هذا السطح بعناية يمكنه تشتيت مياه السيول بأمان من مداخل المقابر وتوجيهها خارج وادي الملوك، حول مركز الزوار وساحة انتظار السيارات وإلــى الصحراء.

ج – إضافة إلى خدمة الترام المنتظمة بين مركز الزوار ووادي الملوك الشرقي، يجب تسيير ترام أقل تواترًا بين مركز الزوار ومقبرة "آى" بوادي الملوك الغربي. هذا المدق أيضًا يجب رشه بمثبت تربة أو أية مادة مشابهة. ويمكن أن يؤدى خط الترام خدمة تحت-الطلب لنقل الزوار إلى الوادي الغربي وانتظار هم حتى يزوروا الموقع (تستغرق الزيارة حوالى 15 دقيقة) ومن ثم العودة بهم إلى مركز الزوار. ثم يمكن نقل مجموعة أخرى إلى الوادي. مبدئيًا، يجب أن تتكون الوحدات من محرك وعربة منفردة تسع لعدد 24 راكبًا. في حالة زيادة الطلب، يمكن تشغيل ترامين بعربتين، وأن يعملا كل 30-45 دقيقة. إن تسهيل زيارة مقبرة آى للسائحين بصورة أكثر (وأخيرًا مقبرة أمنحوتب الثالث) سيسهم في تقليل عدد السائحين الذين يزورون مقابر الوادي الشرقي، و/أو تقليل الفترة الزمنية التي يقضونها هناك.

الوضع الحالي

منذ 2006 استُبدل بنظام الطفطف نظام ترام كهربائي له محطة شحن مجاورة لمركز الزوار (خلاف ما كان مخططًا له في الأصل أن تكون في منطقة انتظار السيارات). يترجل الزوار من الترام عند بوابة وادي الملوك بالقرب من مقبرة رقم 1. ومن هذه النقطة تم إزالة الإسفلت من وادي الملوك، من مدخل موقف الاستراحة إلى الوادي، والهدف هو الإبقاء على المظهر القديم للوادي وتجنب "تحديث" منظره الطبيعي. وقطع رصيف في الحجر بعرض متر من المدخل إلى قرب مقبرة رقم 7 لتسهيل دخول كراسي المقعدين. لكن الغبار الناتج عن الطريق غير المُعبد يعتبر مشكلة عويصة، خاصة أثناء العواصف، خاصة عندما تدخل الشاحنات إلى الوادي لنقل رديم الحفائر. إن استخدام علاج للسطح مثل مثبت تربة سوف يحل هذه المشكلة بسهولة.

الأمن عند المدخل وقواعد خاصة بالكاميرات

يترجل الركاب من الطفطف عند باب يحدد المدخل الرئيسى لوادي الملوك (يقع على بعد 20م تقريبًا جنوب ما كان ربما المدخل القديم، وهو مكان ضيق فى الوادي كان أصلا مغلقًا بالصخرة الأم بارتفاع 3م). عرض الطريق يكفى بالكاد لاستدارة الطفطف، والمنطقة التى ينتظر فيها الركاب قبل العودة إلى ساحة انتظار السيارات مغطاة بتسريبات زيت والنفايات التى يلقيها السائحون. تنتظر هنا أيضًا سيارات الشخصيات المهمة وعربات خاصة وعربات أمن، مما يسبب زحامًا شديدًا عند وصول السائحين. البوابة المؤدية إلى وادي الملوك لها مدخل إلى اليسار للدخول وآخر إلى اليمين للخروج؛ ومنفذ آخر للسيارات بينهما، يتم فتحه فقط بناءً على أوامر ضباط الأمن بالمرور للدخول إلى الوادي أو الخروج منه. يوجد شباك تذاكر بجانب المدخل، حيث يمكن شراء تذكرة لمقبرة توت عنخ آمون (حاليًا 70 جنيه للتذكرة، بالإضافة إلى رسم دخول للمقبرة رقم 55، عام 2010، زيد السعر إلى 100 جنيه). يقوم موظف المجلس الأعلى للآثار بمراجعة التذاكر وتمزيقها عند مرور السائح عبر البوابة.

مثل كل المناطق الأثرية المهمة والمتاحف فى مصر، لوادي الملوك حراس أمن عند بوابته. وهؤلاء الحراس جزء من شرطة السياحة والآثار، وهم جزء من وزارة الداخلية، وللمجلس الأعلى للآثار سلطة مباشرة محدودة عليهم. عند مدخل وادي الملوك، على الزوار المرور عبر كاشف للمعادن يحرسه ضباط الأمن. (السائحون القادمون إلى وادي الملوك من الدير البحرى أو دير المدينة فوق التلال لا يمرون عبر نقطة التفتيش بل يعبرون وادي الملوك إلى مدخله ويشترون تذاكر الزيارة. ثم يعودون إلى الوادي ليمروا خلال نقطة تفتيش المدخل.) لقد تقلص الوقت الذى يقضيه السائح مارًّا بنقطة التفتيش، رغم أن وصول عدد كبير من السياح قد يشكل زحامًا ويعيق الطريق. السبب الرئيسى للتأخير يرجع إلى ضرورة مرجعة كاميرات الفيديو فى الكشك عند المدخل. حيث أنه غير مسموح استخدام كاميرات الفيديو داخل وادي الملوك (أحيانًا يسمح بالتصوير بالفيديو، لكن هذا يتطلب تصريحًا خاصًّا من المجلس الأعلى للآثار بالقاهرة وشراء تذكرة خاصة). قدمت عدة أسباب لتبرير هذا الإجراء، منها استخدام مصوري أفلام كاميرات الفيديو لإنتاج فيلم دون تسديد الرسوم إلى المجلس الأعلى للآثار؛ وبالتالى سيحاول مستخدمو الكاميرات التصوير داخل المقابر (حيث كل الكاميرات محظورة)، وقد يتسبب مستخدمو الفيديو فى خلق نوع من الزحام فى الوادي. ليس أى من هذه التبريرات مستساغ، فمحترفو التصوير لا يمكن أن يستخدموا فيديو صغير محمول باليد فى إنتاج أفلام تجارية جيدة، إن منع التصوير داخل المقابر منفذ فى الواقع، لكن يستطيع مستخدمو الكاميرات التصوير خارج المقابر. يضيق أصحاب الكاميرات كثيرًا من ضرورة

شكل 64 أ، ب: نقطة التفتيش ومكتب حفظ الكاميرات

ترك كاميراتهم واستردادها عند المغادرة. ويزعج هذا، بصفة خاصة، السياح الذين يريدون المشى فوق التل بعد زيارة وادي الملوك. لأنهم لا يستطيعون أخذ كاميراتهم معهم وبالتالي عليهم العودة مرة أخرى إلى وادي الملوك. اليوم، يمكن حتى أخذ لقطات فيديو باستخدام محمول مزود بكاميرا. وهكذا أصبح الحظر غير فعال بصفة متزايدة. فى استقصائنا لآراء زوار وادي الملوك وجدنا أن الزوار وجدوا هذا أكثر الأشياء إزعاجًا فى زيارة وادي الملوك.

الأمن عند المدخل وقواعد خاصة بالكاميرات | 183

تستغرق عملية تفتيش شرطة السياحة للسائحين ومراجعة المجلس الأعلى للآثار للتذاكر ست ثوانٍ لكل سائح على الأقل. بواقع عشرة سائحين فى الدقيقة. يتوفر فى مركز الزوار الجديد المقترح ثلاثة ممرات أمنية يمر منها السائح. هذه الممرات تتيح التعامل مع 30 سائحًا فى الدقيقة (3 × 10)، إجمالى (30 × 60) 1800 سائح فى الساعة. وفى حالة زيادة عدد الممرات الأمنية إلى أربعة حينئذ يرتفع الإجمالى إلى 2440 سائح فى الساعة (40 × 60). ويمكن أن تستوعب خمسة ممرات أمنية (50 × 60) أى 3000 سائح فى الساعة. لكن تلك الأعداد تقل بصورة واضحة، ربما، إلى النصف، إذا أخذنا فى الاعتبار مراجعة كاميرات الفيديو عند مدخل وادي الملوك.

يبدو أن الضوابط الأمنية فى وادي الملوك اعتباطية وأحيانًا يتم فرضها بشكل عبثى أو تتغير دون مبرر. منذ عامين، منع الأمن العمال من دخول الوادي إذا كانوا يحملون معاول، أو مسطرين، أو مجارف، مدعين أن تلك الأدوات يمكن أن تستخدم أسلحة للقتل. منذ ثلاث سنوات، كان على العمال أن يقدموا أربع نسخ من البطاقة الشخصية عند البوابة. العام الماضى، أُجبر الأجانب فقط على المرور عبر كاشف المعادن، فى حين كان العمال المحليون يمشون حوله. تم تطبيق الضوابط لمدة يومين أو ثلاثة ثم تم تجاهلها بعد ذلك. بعد انفجار فندق فى مدينة طابا، منعت قوات الأمن عربات الأجرة والسيارات الخاصة من الدخول إلى ساحة انتظار السيارات بوادي الملوك. الآن، سُمح لعربات الأجرة مرة أخرى. نتيجة هذا التضارب يتم تجاهل موظفى الأمن، والتهكم علي تعليماتهم، وأصبحوا مدعاة لسخرية من زاروا وادي الملوك أكثر من مرة.

يمثل الأمن ضرورة عند الحكومة المصرية، وهو حقًّا كذلك. لكن يجب تطبيق الضوابط بشكل منتظم، على أن تكون منطقية وواضحة، ويمكن تطبيقها، وغير فضولية، وفعالة. ومن المخطط نقل أمن البوابة الموجود إلى مبنى مركز الزوار الجديد.

اقتراحات مشروع خرائط طيبة

قامت الشركة الأسبانية (DEFEX) بمراجعة الإجراءات الأمنية فى وادي الملوك تحت إشراف المجلس الأعلى للآثار وتمويله بمنحة أسبانية. أهم توصياتهم إقامة ما يلى:

أ – نظام تفتيش محيطى، يتكون إما من حاجز من أمواج ميكروية قصيرة، أو حاجز من أشعة تحت الحمراء، أو نظام تفتيش بالألياف البصرية، أو كابل كهرومغناطيسى مدفون.

ب – نظام تحكم فى الدخول، على أن يتكون من حاجز على الطريق للتحكم فى دخول السيارات، وباب دوار ذو ثلاثة قوائم (دق الكارت ودق التذكرة) للتحكم فى دخول الزوار.

جـ – جهاز كشف أمنى، يتكون من أشعة سينية للكشف على الحقائب، وكاشف معادن على شكل قوس و/أو كاشف معادن يدوى.

د – نظام مراقبة بالفيديو، يتكون من كاميرات مزودة بالألوان، وكاميرات فى الداخل والخارج، وكاميرات حرارية، وكاشفات حركة رقمية، ونظام تسجيل لحفظ الصور.

ه – شبكة اتصالات لاسلكية محمولة رقمية.

و – مركز تحكم لمراقبة جميع ما ذكر.

الوضع الحالى

أهم تغيير فى نظم أمن الوادي ليس فقط منع كاميرات الفيديو لكن جميع الكاميرات محظورة الآن فى الموقع. تطلب اللافتات الموجودة عند المدخل المؤدى لمركز الزوار وعند المدخل المؤدى للوادي والمرشدون إخطار زوارهم بترك كاميراتهم وتليفوناتهم المحمولة فى السيارات التى وصلوا فيها. هذا مصدر حزن كبير للسائحين. وتم رفع أسعار تذاكر مقابر وادي الملوك، وهناك تذكرة إضافية لتوت عنخ آمون قيمتها الآن 100 جنيه، ورمسيس السادس 70 جنيهًا.

دورات المياه

دورات المياه فى وادي الملوك المستخدمة اليوم غير مقبولة. منذ غلق الاستراحة منذ أكثر من خمس سنوات، دورات المياه الموجودة عبارة عن أربع وحدات للنساء وثلاث وحدات للرجال فقط فى قمره قابلة للتنقل، متوقفة عند الطريق المؤدى لوادي الملوك قبل المقبرة رقم 5 مباشرة. عدد الوحدات غير ملائم وغير كاف مقارنة بعدد الزوار كل يوم. لا تنقل المياه عبر مواسير إلى الوادي لكن تجلب المياه ثلاث مرات أسبوعيًّا بصهريج على جرار. ودائمًا ما تنفد المياه قبل وصول إمداد جديد، وعادة ما تطفح خزانات مياه المجارى التى تنزح بعربة نقل مرة أسبوعيًّا. نتيجة لذلك دورات المياه غير نظيفة، وغير صحية، وتنبعث منها روائح كريهة، وضوضاء وتلوث هواء، وهى مبنى قبيح وسط ما يجب أن يكون بانوراما مثيرة للإعجاب لوادي الملوك.

يشرف على تشغيل دورات المياه حاليًا عمال محليون، يتلقون فى المقابل بقشيش من الزوار، ومطلوب منهم جعل الدورات نظيفة ومدها بالمياه والمناديل الورقية. ونعتقد أن معدل ما يتحصل عليه عمال دورة المياه أكثر من 1000 جنية

شكل 65: دورة المياه الحالية

يوميًّا من السائحين، مما يجعلهم من أفضل الأفراد الذين يحصلون على دخل فى وادي الملوك. ولكن هذا النظام غير فعال إلى حد كبير لأن الخدمات نفسها غير مناسبة، لعدم كفاية المياه، وضخ المياه غير المنتظم. لا يوجد هناك أية دورات مياه لموظفى وادي الملوك ويحظر عليهم استخدام دورات مياه الزوار.نتيجة لذلك تستخدم الأودية المجاورة لقضاء الحاجة وفى بعض الحالات مداخل المقابر المغلقة تستخدم لنفس الغرض. هذا غير مقبول على الإطلاق سواء من وجهه نظر صيانة الموقع أو لصالح موظفي وادي الملوك.

اقتراحات مشروع خرائط طيبة

أ – دورات مياه مركز الزوار الجديد: تتكون من أربع حجيرات وأربع مباول للرجال، وست حجيرات للنساء. هذا العدد غير ملائم مقارنة بعدد السائحين، ويجب بناء دورات مياه إضافية فى مكان ما فى ساحة انتظار السيارات، على الأقل ست وحدات إضافية لكل من الرجال والنساء. ولابد من دورة مياه أخرى لسائقى عربات الأجرة والأتوبيسات تلحق بجراج الترام ومحطة الشحن، وتبنى فى الوادي الفسيح شرق ساحة انتظار السيارات الحالية. بالإضافة لذلك يجب إنشاء دورة مياه أخرى تكون قريبة لوادي الملوك. هناك عدد كبير من السائحين يعانون من مشاكل معوية عارضة خلال زيارتهم لمصر، ومن غير المقبول الوصول إلى دورة المياه فى خلال 10 إلى 15 ق. نحن نقترح بناء دورة مياه ثالثة بالقرب

من المدخل المؤدى إلى وادي الملوك، أسفل الهضبة وبعيدًا عن أى معالم أثرية. ويمكن أن يكون المبنى تحت الأرض قليلًا حتى لا يُفسد المنظر الطبيعى، به أربع وحدات لكل من الرجال والنساء. الموقعان المقترحان: عند المدخل المؤدى إلى الوادي الجانبى بجانب ساحة انتظار خط الترام الحالى، بجانب بوابة مدخل وادي الملوك، أو عند بداية المدق المؤدى إلى المقبرة رقم 1. قمنا بمسح هذه المناطق، وتأكدنا من عدم وجود أى مظاهر أثرية بهما، فهما يقعان بعيدًا بدرجة كافية عن أى مقبرة، وأسفل الهضبة، وحتى فى حالة حدوث أى طفح عرضى فى اتجاه عكس اتجاه وادي الملوك.

ب - لاستبدال صهاريج المياه وعربات نزح المجارى غير المقبولة، لابد من توصيل كل دورات المياه بخطوط المياه والمجارى. ويجب أن يمتد خط المياه بالقرب من استراحة كارتر، 5كم بطول الطريق المؤدى إلى مركز زوار وادي الملوك وساحة انتظار السيارات والكافتيريا ونقطة المساعدات الأولية ومكان صيانة الترام، وأن يمتد خط أصغر إلى دورة المياه قرب مدخل وادي الملوك. ضرورة توفير مضختين إضافيتين أو ثلاث على الطريق للحفاظ على ثبات تدفق المياه. يجب أن يمتد خط الصرف من دورة مياه وادي الملوك، ويتصل بتلك التى توجد فى مركز الزوار وساحة انتظار السيارات، ثم يمتد أسفل الطريق إلى خزان المجارى على بعد 1–1,5 كم ، حيث يمكن أن تزاول شاحنات النزح عملها بعيدًا عن مسمع السائحين ومرآهم، وعن غيرهم. هذان الخطان للمياه والصرف ستتكلف أقامتهما حوالى 500000 جنيه، لكن هذا مبلغ ضئيل لضمان حماية أفضل للموقع وراحة الزوار. ويجب أيضا اتخاذ اللازم لتوصيل المياه وخطوط الصرف لاستراحة دافيز عند المدخل المؤدى للوادي الغربى.

الوضع الحالى

نقلت دورة المياه المحمولة من مكانها السابق إلى موقع جديد خارج أرضية الوادي الرئيسية على المدق المؤدى إلى مقبرة رمسيس السابع، رقم 1. لكنها قبيحة، وتُرى من مسافة معينة، وتظهر بشكل بارز فى أى صور كلية للقرنة (إذا سمح للكاميرات عند بوابة وادي الملوك). ومرة أخرى أصدر المجلس الأعلى للآثار أوامره بعمل دورة مياه تحت سطح الأرض جزئيا حيث تقف الآن قمرة دورة المياه المحمولة، لكن هناك جدل بين المفتشين بشأن مكانها. بعضهم يريد أن يتجه مدخلها بعيدًا عن المدخل إلى وادي الملوك، والبعض الآخر يريد أن يتجه مدخلها بعيدًا عن المدق المؤدى للمقبرة رقم 1. هذا الموضوع يمكن التعامل

معه بسهولة. البعض يريد نقل خزان المجاري أسفل الطريق؛ والبعض الآخر يريده أن يبقى حيث هو. الفكرة الأولى يمكن تنفيذها بسهولة، أما الأخيرة فغير ملائمة بسبب ارتفاع المنطقة. لكن، تم أخيرًا تحديد مكانها، وتحتاج دورات المياه إلى مضاعفة حجمها. في 2011، في أي يوم من السياحة الكثيفة (عادة الأحد والاثنين والثلاثاء والجمعة)، يمكن رؤية أكثر من 30 رجلًا، وعدد أكبر من النساء، واقفين في صف منتظرين حتى 20 دقيقة لاستخدام هذه الخدمة.

المظلات والاستراحات

قام المجلس الأعلى للآثار ببناء أماكن صغيرة خشبية مظللة بالقرب من عدة مقابر حيث يجد السياح فيها حماية من الشمس بينما يستمعون إلى مرشديهم. في حالات عديدة، وضعت فيها لافتات مقابر مجاورة أو خريطة لوادي الملوك. أماكنها كالآتي:

- عند مدخل وادي الملوك (تم توسعته في 2011)
- قرب مدخل مقبرة رقم 1
- قرب مدخل مقبرة رقم 2
- في الجزء الأوسط لوادي الملوك، لخدمة المقابر رقم 6 و9 و62 و11
- فوق الجزء الأوسط لوادي الملوك، لخدمة مقبرة رقم 16
- قرب مدخل مقبرة رقم 8
- قرب مدخل المقبرتين رقم 35 و57
- بين المقبرة رقم 14 و 15 و47

شكل 66: استخدام مظلة وادي الملوك للإرشاد

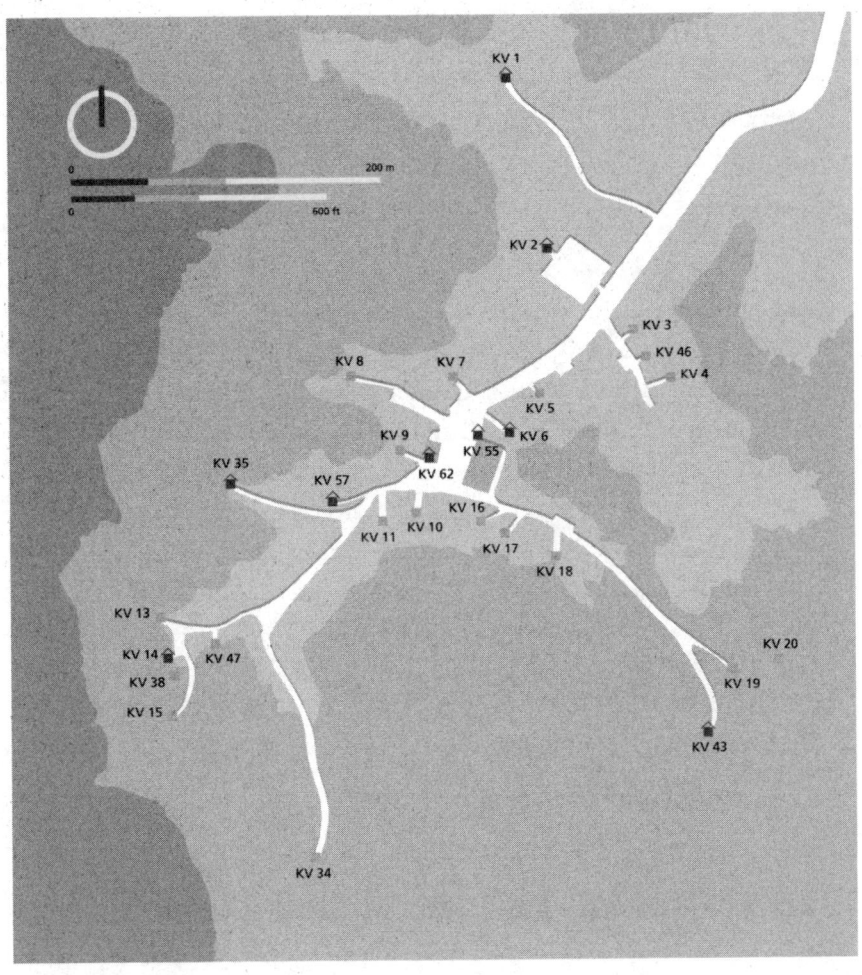

شكل 67: خريطة لأماكن الاستراحات

وهناك أيضا مقاعد عند قاعدة المنحدر الصخري (الذى يضفى ظلًّا ملائمًا) قرب مقبرة رقم 34 ورقم 43.

اقتراحات مشروع خرائط طيبة

يبدو أن عدد هذه الاستراحات المظللة، وأماكنها، ملائم وليس هناك حاجة لبناء المزيد منها. إن إضافة استراحات أكثر سيضيف تلوثًا بصريًّا أيضاً إلى وادي الملوك. الاستراحة الرئيسية على الجانب الآخر للمقبرة رقم 62 وسط وادي الملوك تحولت الآن (2011) إلى كافتيريا. (مثل هذه الكافتيريا موجودة هنا منذ

المظلات والاستراحات | 189

عشرين عامًا، لكن تم إزالتها لاعتبارها مزعجة جدًّا). أواخر 2010، أمر رئيس المجلس الأعلى للآثار بإزالة الكافتيريا (العقد المبرم مع المجلس الأعلى للآثار يسمح بكشك لبيع زجاجات مياه فقط وليس كافيتريا كاملة الخدمات)، و بالفعل أزيلت الكافيتريا عام 2012 ، لكن لم يظهر الكشك.

داخل المقابر

حماية داخل المقابر

داخل مقابر وادي الملوك محمى بعدة طرق. فعلى نحو تقليدى، أقيمت أرضيات خشبية، ودرابزينات، ودرابزينات منتصف (الشكل 68) مقابر وادي الملوك المفتوحة. لكنها توفر قدرًا ضئيلاً من الحماية للجدران والنقوش. على سبيل المثال، الزوار ذو حقائب الظهر قد يميلون تجاه الحوائط أو يسببون ضررًا غير مقصود للجدران إذا كانت المقبرة مزدحمة. لهذا، خلال العقد الأخير، تمت وضع ألواح زجاجية (الشكل 69)، بعضها عرضه 1,5م وارتفاعه 3,5م، على بعد 20سم أمام الجدران لبعض المقابر فى محاولة لمنع الزوار من لمس النقوش. لكن، تلك اللوحات سببت أضرارًا بالفعل، لأن السنادات المطلوبة لتدعيم وزنها كانت أحيانًا تثبت مباشرة فى الجدران المفترض حمايتها. والأسوأ، أن الزجاج تم تثبيته بشكل دائم ولا يمكن تحريكه بسهولة، يقوم العمال بمد أذرعهم بزجاجة منظف زجاج وقطعة قماش وتحريكها بين الجدار ولوح الزجاج لتنظيفه، ويمسحون أمام النقوش الملونة ويرشون مواد كيميائية تزيد من نسبة الرطوبة وتلتصق بالجدران الملونة. إن الضرر الحادث أكبر مما يمكن أن يحدثه السائحون.

فــى هذا التقرير قمنا بتحديد مشاكل عديدة فى حماية مقابر وادي الملوك وصيانتها، تشمل:

- التنظيف غير المنتظم والخاطئ لأرضيات المقابر.
- عدم وجود برنامج لتنظيف حالة الجدران المنقوشة وفحصها.
- التبديل غير المنتظم للمبات الفلورسنت المحترقة.
- استمرار استخدام ألواح زجاجية غير ملائمة وثقيلة علــــى نحو خطير أمام جدران منقوشة.
- إنجاز العمل داخل المقابر (مثل حشو أرضيات خشبية بالرمال وطلاء سطحها)، ولابد أن يكون خارجها.

شكل 68: لوح زجاجي يغطي الجدار بالكامل   شكل 69: أرضية خشبية حامية لممر المقبرة

اقتراحات مشروع خرائط طيبة

النظام الحالي غير فعال في منع الضرر الواقع على داخل مقابر وادي الملوك وفي بعض الحالات يعمل على تفاقم الوضع. ويجب تصميم حواجز جديدة حامية للجدران، واختبارها في مقبرة أو مقبرتين قبل إقامتها في كل مقابر وادي الملوك.

أ – كما سيرد ذكره في الفصل الثامن، لابد من عمل برنامج لضمان تنظيف المقابر بمكنسة كهربائية وفق جدول زمني منتظم لمنع تراكم الأتربة التي تسبب ضررًا للجدران المنقوشة، وتخلق بيئة غير جيدة، وتغطي الألواح الزجاجية وتحجب رؤية النقوش الجدارية. قام مشروع خرائط طيبة بإهداء المجلس الأعلى للآثار مكنسة كهربائية، لكنها لم تستخدم حتى الآن. ويجب أن يقتصر استخدامها على عمال مدربين مؤهلين، وليس حراس الموقع غير المدربين، وأن يقتصر استخدام المكنسة الكهربائية فقط للأرضية وليس سطح الجدران، ويجب أن تستخدم بعد الفحص الدقيق للأرضية عند قاعدة الجدران للتأكد من عدم سقوط أية كسرات انفصلت من زخارف الجدران. المماشي الخشبية التي أقيمت في العديد من المقابر لتكون سطح غير زلق وآمن للسائحين تعمل على تجمع

داخل المقابر | 191

الأتربة. فى المستقبل، يجب أن تُصمَّم بحيث يمكن رفع أجزاء منها واستخدام المكنسة الكهربائية للتنظيف أسفلها.

ب – الجدران، أيضًا يجب تنظيفها بواسطة مرممين مدربين متخصصين، وقت تنفيذ برنامج منتظم للتفتيش على أعمال الصيانة.

ج – من الضرورى وضع تحكم بيئى فى أماكن متعددة فى كل مقبرة لمراقبة التغييرات فى درجة الحرارة والرطوبة.

د – تعتبر الألواح الزجاجية الموضوعة فى مقابر كثيرة مشكلة خطيرة، فهى ثقيلة جدًّا (تطلب تثبيتها عمل ثقوب فى بعض الجدران لحفظهم من السقوط)، وتعكس الضوء إلى حد كبير، مما يجعل من الصعب الرؤية من خلالها، وتجمع الأتربة، مما يجعل رؤية نقوش المقبرة أكثر صعوبة. الألواح الزجاجية جُلبت خصيصاً لهذا الغرض ولا يمكن استيرادها إلى مصر بعد الآن وعند كسرها (عديد منهم مكسور) يتعذر استبدالها. بعض الألواح الزجاجية (فى المقبرة رقم 1، على سبيل المثال) كبيرة جدًّا ورقيقة ولا يمكن تحريكها من السناد الحديدى. وعند تنظيفها، يمكن الوصول إلى السطح الأمامى فقط بسهولة. أما تنظيف السطح الخلفى فيتطلب أن ينزلق شخص ما فـى مسافة 20سم بين الزجاج والجدار المنقوش الذى يحميه الزجاج. ولا يستطيع العامل منع الاحتكاك بالجدار، مسببًا ضررًا كبيرًا للجدار، إضافة أن ملمع الزجاج الذى يستخدمه العامل يتناثر غالبًا على المناظر الملونة ويسبب أضرارًا بالغة. وهذا غير مقبول. وقد اقترحنا نظامًا موحدًا جديد للمماشى والألواح الزجاجية الحامية يتطلب إقامة حاجز مــن البلكسى جلاس مثبت بدرابزين بارتفاع 40–50سم يصل حتى مستوى الكوع، مشكلًا حاجزًا يمنع لمس الجدران، لكن من ناحية أخرى لا يترك أى مسافة بين الزائرين والنقوش التى جاءوا لمشاهدتها. وقد يسهم وضع لوح صد عند مستوى الأرضية فى منع أى احتكاك عرضى أيضًا.

ه – يجب التأكيد على أن عملية استخدام الرمال، وقطع ألواح الأرضية الخشبية التى ستوضع فى المقبرة أو طلاءها يتم تنفيذها خارج المقبرة. ليس هذا الوضع الحالى فى المقبرة رقم 8، فعند إقامة ممشى جديد، يمكن مشاهدة وجود نشارة الخشب على الجدران والأرضية، وأيضًا بقع الطلاء.

توصيات لكل مقبرة على حده	إقامة نظام إضاءة جديد
مقبرة رقم 1: رمسيس السابع	
	إقامة نظام تهوية و تكييف

استبدال الأرضية ، والألواح الزجاجية

مراقبة درجة الحرارة والرطوبة فى الحجرات

B, K

مقبرة رقم 2: رمسيس الرابع

إقامة نظام إضاءة جديد

إقامة نظام تهوية و تكييف

استبدال الأرضية

اقبة درجة الحرارة والرطوبة فى الحجرات

B, C, K

مقبرة رقم 6: رمسيس التاسع

وضع فواصل بالحبال فى الخارج وفى "A" للتحكم فى الزحام

إقامة نظام إضاءة جديد

إقامة نظام تهوية و تكييف

استبدال الأرضية والألواح الزجاجية

مراقبة درجة الحرارة والرطوبة فى الحجرات

B, E, J

مقبرة رقم 8: مرنبتاح

إقامة نظام إضاءة جديد

استبدال الأرضية والألواح الزجاجية

إقامة نظام تهوية و تكييف

مراقبة درجة الحرارة والرطوبة فى الحجرات

B, F, H, J, K

مقبرة رقم 9: رمسيس السادس

وضع فواصل بالحبال فى الخارج و"A" لتنظيم الزحام

إقامة نظام إضاءة جديد

إقامة نظام تهوية وتكييف

استبدال الأرضية

نقل قطع التابوت من "J" إلى "Ja" لإيجاد ممر للعبور

مراقبة درجة الحرارة والرطوبة فى الحجرات

B, E, G, J, K

مقبرة رقم 11: رمسيس الثالث

إقامة نظام إضاءة جديد

إقامة نظام تهوية وتكييف

استبدال الأرضية والألواح الزجاجية
مراقبة درجة الحرارة والرطوبة فى الحجرات
B, D1, Fa, H, J

مقبرة رقم 14: تاوسرت/ ست خت
إضافة عتب عند المدخل للسيطرة على السيول
إقامة نظام إضاءة جديد
إقامة نظام تهوية وتكييف
استبدال الأرضية
مراقبة درجة الحرارة والرطوبة فى الحجرات
C, F, J1, J2

مقبرة رقم 15: ستى الثانى
إضافة عتب عند المدخل للسيطرة على مياه السيول
إقامة نظام إضاءة جديد
إقامة نظام تهوية وتكييف
استبدال الأرضية
مراقبة درجة الحرارة والرطوبة فى الحجرات
B, E, J

مقبرة رقم 16: رمسيس الأول
إقامة نظام إضاءة جديد
إقامة نظام تهوية وتكييف
مراقبة درجة الحرارة والرطوبة فى الحجرات
A, B, J

مقبرة رقم 17 : سيتى الأول
إقامة نظام إضاءة جديد
إقامة نظام تهوية وتكييف
إقامة أرضية جديدة
مراقبة درجة الحرارة والرطوبة فى الحجرات
B, F, G, J

مقبرة رقم 19: منتوحرخبشاف
إقامة نظام إضاءة جديد
إقامة نظام تهوية و تكييف
استبدال الأرضية والألواح الزجاجية
مراقبة درجة الحرارة والرطوبة فى الحجرة C

مقبرة رقم 34: تحتمس الثالث
إقامة نظام إضاءة جديد

إقامة نظام تهوية وتكييف
مراقبة درجة الحرارة والرطوبة فى الحجرات
B, D, F, J

مقبرة رقم 35: آمنحوتب الثانى
إقامة نظام إضاءة جديد
إقامة نظام تهوية و تكييف
مراقبة درجة الحرارة والرطوبة فى الحجرات
B, D, F, J

مقبرة رقم 43: تحتمس الرابع
قامة نظام إضاءة جديد
إقامة نظام تهوية و تكييف
مراقبة درجة الحرارة والرطوبة فى الحجرات
B, D, F, G, J

مقبرة رقم 47: سي بتاح
إقامة نظام إضاءة جديد
إقامة نظام تهوية وتكييف
استبدال الأرضيات والألواح الزجاجية
مراقبة درجة الحرارة والرطوبة فى الحجرات
B, F, I, J2

مقبرة رقم 57: حورمحب
إقامة نظام إضاءة جديد
إقامة نظام تهوية وتكييف
مراقبة درجة الحرارة والرطوبة فى الحجرات
B, D, I, J, Jc

مقبرة رقم 62 : توتعنخآمون
إقامة نظام إضاءة جديد
إقامة نظام تهوية و تكييف
مراقبة درجة الحرارة والرطوبة فى الحجرات
B, J, Ja, Ia

مقبرة رقم 23 (الوادي الغربى):آى
إضافة عتب عند المدخل للسيطرة على مياه السيول
إقامة نظام إضاءة جديد
إقامة نظام تهوية و تكييف
مراقبة درجة الحرارة والرطوبة فى الحجرات
B, D, J

إضاءة المقابر

نظام الإضاءة الحالى فى مقابر وادي الملوك غير مُرض. فالمقابر تُضاء بلمبات فلورسنت بقوة 40 وات موضوعة على أرضية المقبرة على طول الجدار، بعضها مكشوف والبعض الآخر مغطى بغطاء بلاستيك وخشب. هذه اللمبات تنتج ضوءًا غير منتظم وغير ملائم، ويجذب المجال الكهروستاتى كميات كبيرة مـــن الأتربة، وتولد حرارة. ففـــى مقبرة رمسيس السادس (رقم 9)، على سبيل المثال، هناك 196 لمبة فلورسنت تولد ليس فقط 8000 وات للإضاءة لكن 8000 وات من الحرارة وترفع درجة الحرارة فى المحيط الداخلى بشكل كبير. والأسلاك الكهربية فى العديد من المقابر مصدر كامن لحريق وصعق كهربى.

اقتراحات مشروع خرائط طيبة

أ – حتى يحين الوقت لإقامة نظام إضاءة LED (إل إى دى) فى مقابر وادي الملوك، يجب استبدال لمبات الفلورسنت عند احتراقها، وتنظيف صناديق البلكسى جلاس الموضوعة فيها اللمبات من الأتربة بصفة منتظمة.

ب – فى ملحق 5، اقترحنا كيفية إنارة حجرات مقابر وادي الملوك المفتوحة للزيارة. واقترحنا أيضًا إجراء اختبار إضاءة LED فى مقبرة رقم 9 لمدة عام واحد. يجب غلق المقبرة أمام السائحين نصف هذا الوقت وفتحها النصف الآخر. يجب مراقبة درجة الحرارة والرطوبة طوال الوقت. نظام إضاءة LED (إل إى دى) له مزايا عديدة: إنه يوفر مصدرًا جيدًا لإضاءة مناسبة يمكن ضبطها، ولا تجذب الأتربة، ولا تولد حرارة، وليست غالية الثمن نسبيًّا، وتدوم طويلا. إذا ثبت صلاحية نظام إضاءة LED بعد اختباره لمدة عام، حينئذ يجب تعميمه فى كل المقابر المفتوحة للزيارة.

الوضع الحالى

حتى الآن لم يتم عمل أى إجراء فيما يخص إضاءة المقابر، بالرغم من أن المجلس الأعلى للآثار يدعى دومًا أن المشروع سيتم تنفيذه "قريبًا". من الضرورى جدا تنفيذ نظام الإضاءة الجديد ومراقبة درجة الحرارة والرطوبة والإسراع بتطبيق خطط إدارة أمور السائحين بأسرع ما يمكن. لا يمكن أن يستمر الوضع الحالى المفروض على المقابر بدون إحداث أضرار خطيرة مدمرة لبنية الآثار.

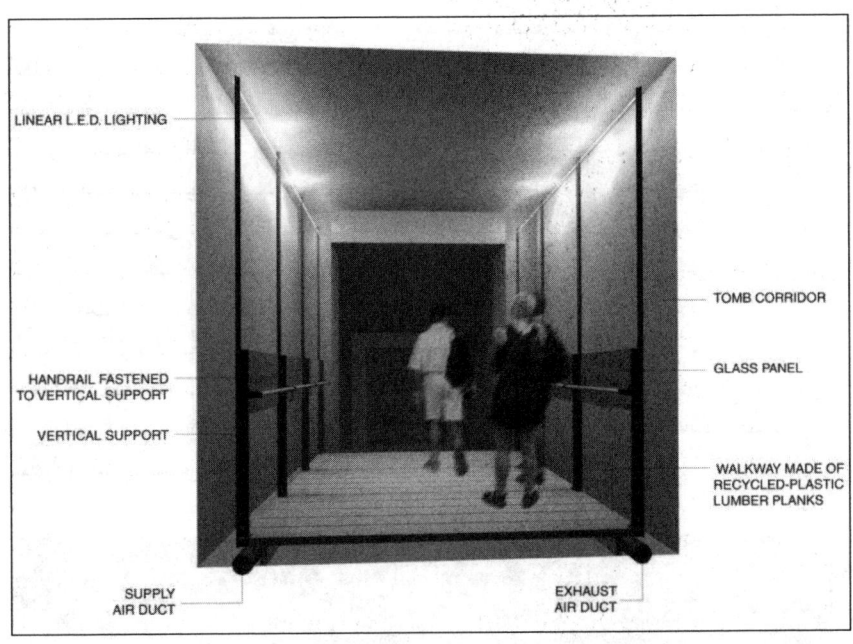

شكل 70: نموذج للممر والإضاءة المقترحة

المرافق

بناءً على الاتفاقية المبرمة مع المجلس الأعلى للآثار قام اليابانيون ببناء مركز زوار وادي الملوك وتزويده بالكهرباء الداخلية الضرورية والتجهيزات الخاصة بتوصيل المواسير. وقام مشروع خرائط طيبة بتصميم لوحات العرض. وعلى المجلس الأعلى للآثار توصيل خطوط المياه والكهرباء بالمصادر الخارجية، والتعامل مع الصرف الصحى. لكن للأسف، قرر المجلس الأعلى للآثار عدم تحديث أى من نظام الكهرباء أو المياه، والاعتماد على عربات كسح للتخلص من المجارى. وبِناءً عليه تذهب مياه الصرف مباشرة من دورات المياه إلى خزان يقع أسفل طريق الخروج من مركز الزوار وتُنزح أثناء وجود السائحين. وتُنقل المياه فى صهاريج، كما يحدث الآن، وليس عن طريق مواسير مياه عذبة من وادي النيل. ستستمر الكهرباء فى الاعتماد على خطوط القوى الموجودة، وقد يكون حجمها وحالتها لا يتناسب مع التغذية المطلوبة لمكيفات مركز الزوار وإضاءته، وكذلك شحن بطاريات خط الترام، وإنارة مقابر وادي الملوك وتجهيزات أخرى. لكن المجلس الأعلى للآثار يقول إنه ينوى تحديث هذه الأنظمة خلال عام واحد. يجب أن يشمل التحديث أيضًا خطوط تليفون جديدة.

إن نظام الكهرباء في وادي الملوك عمره أكثر من 60 عامًا. للتجهيز لنظام إضاءة جديد، والإضاءة المقترحة لمنطقة منحدرات تلال وادي الملوك الشاسعة، ووحدات المكيفات في مركز الزوار الجديد، ووحدات شحن خط الترام الجديد، تحتم مد كابلات جديدة تحت الأرض من وادي النيل حتى وادي الملوك، وإقامة أسلاك جديدة في كل مقابر وادي الملوك. بالإضافة لذلك، يجب استبدال مولد جديد، يعمل وقت الحاجة إليه، بمولد كهرباء الطوارئ الموجود حاليًا، القديم غير المعول عليه، لضمان عدم وقوف السائحين في ظلام دامس في أعماق مقابر وادي الملوك. ويجب البحث بجدية عن إمكانية استخدام ألواح الطاقة الشمسية للتزود بجزء ولو قليل من الاحتياجات الكهربية لوادي الملوك. مثل هذه الألواح يجب إقامتها بالطبع، بطريقة صديقة للبيئة وجمالية. من المرجح أنها لن تفي باحتياجات وادي الملوك (مراقبة درجة الحرارة والرطوبة تتطلب طاقة عالية)، لكنها يمكن أن توفر الطاقة الكافية لإضاءة كل المقابر.

شكل 71: مولد كهرباء الطوارئ

اقتراحات مشروع خرائط طيبة

يجب مد أي خطوط كهربائية جديدة تحت الأرض من وادي النيل حتى مركز الزوار، وساحة انتظار السيارات، ووادي الملوك، والوادي الغربي، بعكس خطوط القوى الهوائية الحالية وإضاءة الشوارع. ويجب مد مواسير المياه إلى وادي الملوك من وادي النيل، ويجب الإسراع في مد مواسير تنقل مياه الصرف

إلى خزان يبعد نصف كم على الأقل أسفل الهضبة من مركز الزوار. إن الفشل فى تحديث هذه التجهيزات سينتج عنه خدمة ضعيفة المستوى للسائح وانقطاع منتظم للطاقة.

فى حاله فتح الموقع ليلاً للزيارة، لابد أن يكون نظام الإضاءة المقام مُحكمًا وصديقًا للبيئة وقليل الصيانة. قد تكون الطاقة الشمسية مصدرًا جيدًا وقليل التكلفة للطاقة لإضاءة مقابر وادي الملوك. وقد تكون مكملة لكن ليست بديلة للطاقة القادمة إلى الوادي بالكابلات الجديدة. إن أى تجهيزات لألواح الطاقة الشمسية، يجب أن تتم بطريقة لا تغير ولا تؤثر بالسالب على المنظر العام لطيبة.

الوضع الحالى

تم إنشاء مبنى جديد للمولد الكهربائى القديم. لكن لابد من مولد كهربائى جديد. فانقطاع التيار الكهربائى فى وادي الملوك يحدث 2–3 مرات يوميًّا ويؤدى إلى ترك السائحين عالقين فى المقابر المظلمة لعدة دقائق قبل استعادة التيار.

بنية الموقع

الظروف الجيولوجية، والطبوغرافية والجوية الحالية فى وادي الملوك تم تغطيتها ببعض التفصيل فى الفصل الثانى. لكن يجب الإشارة إلى أن أعمال المسح الهيدرولوجي السابق قد توقفت الآن بسبب التغييرات المورفولوجية الخطيرة لوادي الملوك (بسبب أعمال الحفائر الحديثة التى غيرت طبوغرافية الوادي بشدة).

اقتراحات مشروع خرائط طيبة

يجب إجراء دراسات طبوغرافية وهيدرولوجية مفصلة والأخذ فى الاعتبار أى تغييرات أخرى فى معايير الحماية من السيول أو إزالة الرديم. كما يجب إنشاء محطة أرصاد جوية فى وادي الملوك (مع واحدة أخرى على الأقل فى مكان آخر على البر الغربى)، لضمان نجاح ضبط درجة الحرارة والرطوبة فى مقابر وادي الملوك.

هناك ثلاثة أنواع من الرديم الملقى على منحدرات التلال فى وادي الملوك: رديم ناتج عن حفائر المكتشفين القدماء فى المقابر، ورديم ناتج عن حفائر الآثاريين، ورديم جلبته مياه الفيضانات من منحدرات التلال أعلى الوادي. ولاستكشاف الوادي بصورة أفضل اقترح ضرورة إزالة هذا الرديم. (تم هذا منذ عدة سنوات مضت فى وادي الملكات). ويجب الإشارة إلى أن أى حفائر يجب أن تتم بعناية، فمن المعروف أن الكثير من هذا الرديم يحتوى على قطع أثرية. (كشفت أعمال التنظيف حول مدخل المقبرة رقم 17عام 2004–2005

عن عدة مئات من شقف فخار، وعشرات من الأوستراكا، ورأسين آدميين محنطين). مثل هذا التنظيف يحتاج إلى إعداد لمسح هيدرولوجي جديد لأنه سيغير بشدة خصائص مستجمع أمطار وادي الملوك الموجود بالفعل.

يجب ملء الشروخ الجيولوجية على منحدرات تلال وادي الملوك. حيث أن هذه الشروخ أثناء العواصف المطيرة تعمل كممرات مياه تتدفق منها إلى المقابر. منذ عدة سنوات، تم تنظيف الشروخ على جانب المنحدر فوق المقبرة رقم 5 وملئت بالرمال والأحجار والأسمنت. يجب إجراء مشروع مماثل على منحدرات تلال وادي الملوك الأخرى.

ملخص الاقتراحات والوضع الحالي عام 2012

- أن تصبح استراحة كارتر متحفًا عام 2011: تم
- إقامة لافتات إرشادية على الطريق بالقرب من استراحة كارتر: لم تتم
- مراعاة المنظر الطبيعى للطريق وتدرجه من منزل كارتر إلى وادي الملوك للتحكم فى السيول عام 2011: بدأ لكن نفذ بطريقة غير صحيحة
- صيانة الطريق وتنظيفه وفقًا لبرنامج زمنى: لم يتم
- تركيب صرف للمياه والكابلات الكهربائية: لم يتم
- تحسين المدق من الدير البحرى ودير المدينة إلى وادي الملوك: لم يتم
- إنشاء استراحات للزوار وأحواض مياه لشرب الدواب على الطريق المؤدى إلى وادي الملوك: لم يتم
- إنشاء موقف للعربات غير المصرح لها (مثل، الحناطير) عند استراحة كارتر: لم يتم
- إنشاء ساحة انتظار جديدة للسيارات 2011: تم بناء ساحتين، واحدة غير رسمية
- إنشاء أكشاك جديدة للباعة 2011: تم
- إنشاء مكتب لبيع إصدارات المجلس الأعلى للآثار 2011: لم يتم
- إنشاء خط ترام من مركز الزوار إلى وادي الملوك والوادي الغربى والخدمات المدعمة له: تم
- إزالة الطريق الإسفلتى من مركز الزوار إلى وادي الملوك واستبدال مثبت تربة به: تم
- تحديث منشآت أمن وادي ملوك: بدأ العمل فيها
- إنشاء دورات مياه إضافية للزوار والعاملين فى منطقة انتظار السيارات وعند مدخل وادي الملوك: لم يتم

- تنفيذ برامج لأعمال تنظيف منتظم للمقابر وأعمال الرصد والصيانة: لم يتم
- استبدال المماشي وإزالة الألواح الزجاجية فى المقابر: لم يتم
- إقامة نظام إضاءة جديد داخل المقابر وصيانة النظام القائم: لم يتم
- تجربة أنظمة إضاءة وضبط درجة الحرارة والرطوبة داخل المقابر، تمت التجربة عام 2007 وأعيد فحص المشروع عام 2013
- إقامة إضاءة خارجية لوادي الملوك: لم يتم
- تطوير المرافق وادي الملوك: بعضها تم
- استكشاف إمكانية استخدام الطاقة الشمسية: لم يتم
- تنفيذ دراسات هيدرولوجية حديثة: لم يتم
- إزالة رديم منحدرات التلال وعلاج صدوع التلال: تم جزئيًا
- إقامة محطات أرصاد جوية على البر الغربى: تمت عام 2004، ثم أزيلت عام 2005

الفصل السابع: إدارة الزوار فى وادي الملوك

من المفترض أن الكيانات الثابتة والقدرة الاستيعابية من أماكن انتظار السيارات، والأمن، ومركز الزوار، وخط الترام- يمكنها أن تستوعب حدًّا أقصى من الزوار يصل إلى 1000 زائر فى الساعة دون إحداث تغييرات كبيرة فى البنية التحتية لوادي الملوك. والسؤال المطروح الآن: هل وادي الملوك يمكن أن يتعامل مع هذا الرقم من الزوار دون الإضرار ببنيته؟

القدرة الاستيعابية

القدرة الاستيعابية مصطلح يستخدم لوصف المستوى الأمثل للزوار فى أى منطقة جذب أو مكان. إذا ما تم تجاوز هذا المستوى، يقل استمتاع الزائر وتتأثر بنية الموقع بشكل ضار. وفور تقدير مدى القدرة الاستيعابية، تبرز الحاجة إلى خطة للتحكم فى عدد الزوار عند هذا المستوى أو أقل منه. إن استخدام القدرة الاستيعابية أداة للإدارة تتم عادة بتقييد الدخول، وزيادة القدرة الاستيعابية أو دمج هذين العاملين معًا.

يتم تقدير مدى القدرة الاستيعابية غالبًا بناءً على عدد الزوار الذين قد يسببون زحامًا أو مشاكل أخرى فى الموقع. وعادة يكون قياس هذه القدرة الاستيعابية المادية، مع طرق التحكم، مثل الأسعار والتذاكر، هى الاعتبارات الوحيدة التى تُؤخذ فى الحسبان فقط. ولكن لابد من مراعاة "القدرة الاستيعابية الاجتماعية" للموقع أيضًا، لأنها تساعد فى تحديد مدى استمتاع الزائر.

تعتبر العوامل الاجتماعية التى تؤثر فى القدرة الاستيعابية أكثر صعوبة فى القياس لهذا يتم فى الغالب تجاهلها، لكن لابد من الأخذ فى الاعتبار استمتاع الزائر ورأيه. ولابد من محاولة تحديد، على سبيل المثال، عند أى نقطة يدرك الزائر أن الموقع مزدحم، ومتى يبدأ التأثير الضار لعدد الزوار على استمتاعه بالموقع. هناك أيضاً عوامل تحدد عدد السائحين الذين يستطيعون الوصول للموقع، تلك الأعداد تلعب دورًا فى تحديد إطار القدرة الاستيعابية

شكل 72: تكدس الزوار أمام المقبرة رقم 9 وادي الملوك

بوضع الحدود الفعلية لاستيعاب الزوار. ويمكن تحديد الحدود العملية للقدرة الاستيعابية لوادي الملوك بطرق مختلفة، لكن كل التحديدات أو التعريفات قد تتأثر بالحدود المادية لوسائل النقل، والمساحة، وإدارة الموقع، والتعليم، والبيئة.

إن القدرة الاستيعابية لخدمات الموقع مثل دورات المياه، وأماكن تقديم الطعام، وأماكن انتظار السيارات، أسهل في قياسها عن مناطق التراث الحالية ذات الجذب التي هي جزء منها، لما لديها من قدرات استيعابية محدودة جدًّا. عند زيادة عدد الزوار عن العدد المسموح به لهذه الخدمات، يتم توجيههم أحيانا إلى خدمات أخرى. لكن منطقة الجذب التراثي ليس لها هذا الخيار: حيث أن الناس قد أتوا لرؤيتها.

تحديد مدى القدرة الاستيعابية لوادي الملوك

إحدى طرق تحديد قدرة استيعاب موقع تبدأ بالعناصر المختلفة لبنيته المادية. على سبيل المثال، منطقة انتظار الحافلات السياحية لوادي الملوك لا يمكن أن تستوعب أكثر من سبعين أتوبيسًا في وقت واحد. إذا فرضنا أن 30 راكبًا متوسط

حمولة كل أتوبيس (تختلف الأتوبيسات فى الحجم- من 12 إلى 50 راكبًا- لكن 30 راكبًا هو متوسط عدد المجموعة السياحية)، فإن إجمالى ما يمكن استقبالهم فى منطقة انتظار حافلات وادي الملوك 2100 شخص (70 ×30) وذلك قبل ضرورة مغادرة بعض الأتوبيسات لتفسح الطريق لغيرها. وبما أن زيارة المجموعة السياحية لوادي الملوك تستغرق فى المتوسط 90 دقيقة (إضافة إلى 30 دقيقة للذهاب والعودة إلى الأتوبيس، فيكون الإجمالى 120 دقيقة)، فهذا يعنى أن الأتوبيسات لا يمكن أن تحمل أكثر من 1050 زائر فى الساعة للموقع. أضف إلى هذا الرقم، السياح الذين يأتون إلى الوادي فرادى مستقلين وسائل مواصلات أخرى مثل عربة أجرة، أو سيارة خاصة، أو دراجة، أو حمار، أو مشيًا على الأقدام، بالتالى يصل عدد السياح إلى 1200 سائح فى الساعة. هذا العدد يمكن أن يزيد لو أمكن زيادة سعة مكان انتظار السيارات، وأصبحت المجموعات السياحية أكبر، واستخدم السياح وسائل مواصلات أخرى أكثر، أو طرأت تغييرات على نظام ساحة الانتظار.

على أية حال، إن القدرة الاستيعابية لوادي الملوك يمكن تحديدها فقط بمراقبة موضوعية. وإذا تسألنا هل يبدو وادي الملوك ممتلئًا؟ هل هناك شعور بزحام شديد؟ هل هناك ما يعوق حركة الأفراد والمجموعات؟ هل هناك صفوف أو طوابير عند مداخل المقابر؟ هل أماكن الاستراحات ممتلئة عن آخرها؟ هل هناك طوابير أمام دورات المياه؟ هل الزحام يغلق بوابة الدخول إلى وادي الملوك؟ إذا كانت الإجابة على أى من هذه الأسئلة "نعم" فإن القدرة الاستيعابية القصوى ربما تم تجاوزها. وتُرجح مراقبة وادي الملوك فى أيام الذروة من الأسبوع أن هذه الأحوال الضارة تحدث عندما يكون هناك أكثر من 1000 زائر فى وادي الملوك الشرقى. وللأسف، يتم تجاوز هذا العدد كثيرًا الآن على الأقل ثلاثة أيام أسبوعيًّا (الجمعة والسبت والأحد) عندما يستضيف وادي الملوك 1700 زائر بشكل منتظم ما بين الساعة 7:00 والساعة 11:00 صباحًا. (لم يجر اختبار القدرة الاستيعابية للوادي الغربى، لكن، بما أن ما يميزه السكون والعزلة والجمال الطبيعى، فإن المراقبة الموضوعية للمنطقة ترجح أن 30 فردًا- أى حمولة أتوبيس واحد- قد يكون أقصى عدد ممكن.)

باستثناء التغييرات المؤثرة فى إدارة السياحة أو التغييرات التى تُفرض على الشركات السياحية من قبل المجلس الأعلى للآثار، فمن المرجح أن يستمر توزيع زيارة السياح، غير المنتظم، لوادي الملوك خلال اليوم كما هو، متمثلًا فى زحام شديد فى الصباح الباكر ومنتصف النهار، وأخف وطأة بعد الظهر، ويصل أغلب الزوار يوم الجمعة والسبت والأحد.

تنظيم توافد الزوار إلى وادي الملوك وفى داخله

يتم تنظيم حركة الزوار فى جميع مواقع التراث الثقافى بطريقة ما، وتعرف بإدارة توافد الزوار. وقد يتم ذلك ببساطة بتوجيه الزوار عبر الموقع باستخدام لافتات أو مشرفين، أو قـد يتم بشكل أكثر تعقيداً، بوضع تخطيط لطرق دخول الزوار واستخدام الكمبيوتر فى منظومة التذاكر.

ولفهم سلوك الزائر فى وادي الملوك، قام مشروع خرائط طيبة بدراسات عديدة لمعرفة عدد الزوار الذين يدخلون الموقع فى غضون ساعة من الزمن، وعدد الزوار إلى الموقع خلال يوم واحد، وفترة مكوثهم فى الوادي، والوقت الذى قضوه فى المقابر وأعداد الزوار الذين دخلوا المقابر.

حاليًا، تفتح مقابر وادي الملوك من الساعة6:30 صباحًا إلى الساعة 17:00 مساءً، بإجمالى 11 ساعة يوميًا. وأظهر مسح مشروع خرائط طيبة أن عدد الزوار يختلف كل ساعة وكل يوم فى وادي الملوك خلال أيام الأسبوع.

وفيما يلى نتائج أعمال مسح أكتوبر عام 2004 كما هو موضح فى الجداول أرقام 66 و67.

نستخلص من هذه النتائج أن الزيارة لوادي الملوك ليست ذات سعة منتظمة. حيث هناك أوقات ذروة يوميًا عندما يصبح عدد الزوار عاليًا بدرجة خطيرة. وهذا يحدث تقريبًا فى الوقت نفسه كل يوم بين الساعة 8:00–8:30 صباحًا، ومرة أخرى من الساعة 11:20–11:50 صباحًا. ففى 23 من أكتوبر،

بلغت نسبة من زاروا الوادي هذا اليوم خلال فترات الذروة 34% من إجمالى الزوار، وفى 24 من أكتوبر، بلغت نسبة من دخلوا الوادي خلال فترة زمنية بلغت 30 دقيقة 22% من إجمالى الزوار لهذا اليوم. تُظهر هذه النتائج الحاجة الماسة إلى تطبيق نظام تحكم فى الزحام بوادي الملوك.

وكما ناقشنا آنفًا، فإن تقلبات درجة الحرارة والرطوبة فى مقابر وادي الملوك تتأثر بزيادة عدد الزوار. وتظهر البيانات التى تم جمعها من مقبرة رقم 9 وادي الملوك يومى 23 و 24 أكتوبر 2004 بوضوح كيف أن بلوغ الذروة فى عدد الزوار يؤثر على المناخ داخل المقابر. وتوضح القوائم التالية هذا الخط. لكن من الضرورى فهم كيفية استخدام الزوار للموقع وتحرك المجموعات المختلفة خلاله وكما ناقشنا آنفًا، كل زوار وادي الملوك تقريبًا يحضرون إلي وادي الملوك جزءًا من رحلات منظمة يقودها مرشدون مرخصون من الحكومة. هذه المجموعات تختلف فى العدد من شخص إلى شخصين حتى 40 -50 شخصً.

وتوضح أعمال المسح غير الرسمية أن متوسط عدد المجموعة بلغ حوالى 23 شخص. حيث يقوم المرشد المرافق للمجموعة بشراء التذاكر الخاصة بمجموعته وعادة يلقى محاضرة مختصرة، مقدمةً عن وادي الملوك فى مكان ما بالقرب من

الفترة الزمنية	السبت 23 أكتوبر 2004		الأحد 24 أكتوبر 2004	
	العدد	إجمالى اليوم %	العدد	إجمالى اليوم %
8:10–8:00	413	7,37	282	3,47
8:20–8:10	275	4,91	401	4,93
8:30–8:20	159	2,84	198	2,44
8:40–8:30	103	1,84	237	2,92
8:50–8:40	61	1,09	245	3,01
9:00–8:50	91	1,62	169	2,08
9:10–9:00	131	2,34	218	2,68
9:20–9:10	151	2,70	276	3,40
9:30–9:20	182	3,25	368	4,53
9:40–9:30	127	2,27	188	2,31
9:50–9:40	84	1,50	102	1,26
10:00–9:50	77	1,37	103	1,27
10:10–10:00	160	2,86	123	1,51
10:20–10:10	55	0,98	70	0,86
10:30–10:20	57	1,02	203	2,50
10:40–10:30	105	1,87	101	1,24
10:50–10:40	16	0,29	74	0,91
11:00–10:50	65	1,16	35	0,43
11:10-11:00	1	0,02	72	0,89
11:20–11:10	134	2,39	22	0,27
11:30–11:20	372	6,64	248	3,05
11:40–11:30	389	6,94	426	5,24
11:50–11:40	301	5,37	299	3,68
12:00-11:50	110	1,96	221	2,72
12:10–12:00	4	0,07	14	0,17
12:20–12:10	57	1,02	9	0,11
12:30–12:20	0	0,00	131	1,61
12:40–12:30	6	0,11		
إجمالى العينة	3686	%65,80	4835	%59,49
إجمالى الزوار		5602		8127

جدول 66: أعداد زوار وادي الملوك خلال فترة زمنية محددة

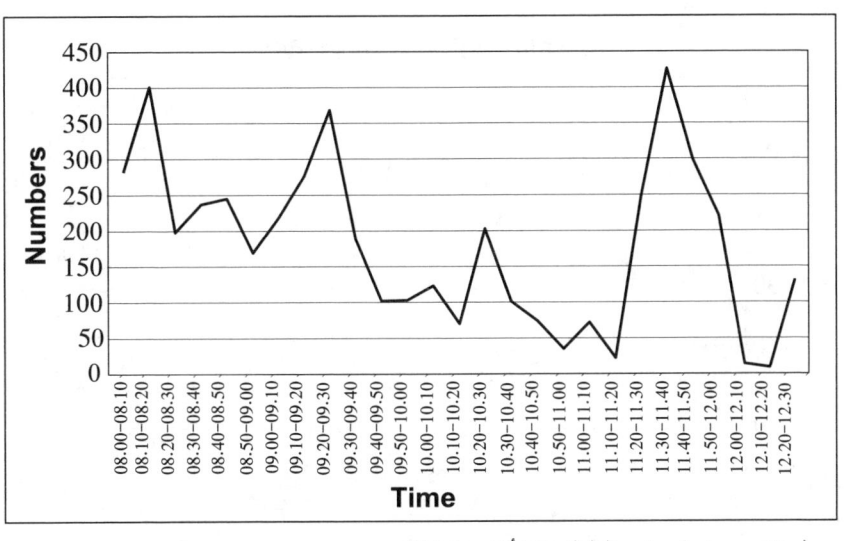

جدول 67: عدد زوار وادي الملوك، 23 أكتوبر 2004

مدخل وادي الملوك أو فى منطقة استراحة الزوار تحت المظلات بمنتصف الوادي. ثم يأخذ المرشد المجموعة إلى مقبرتين، وأمامهما يقوم بشرح مختصر باستخدام لافتة المقبرة لوحةً إرشادية. ويقوم المرشد بالتركيز على الملامح البارزة فى المقبرة ثم ينتظر فى الخارج بينما تقوم المجموعة بالتجول داخل المقبرة. ويتكرر الشىء نفسه فى المقبرة الثانية التى اختارها المرشد. وعادة يتم اختيار مقبرتين قرب منتصف وادي الملوك: مقابر رقم 6 و9 أو 11، ثم الأقل زيارة مقبرة رقم 1 أو 2، تليهما مقابر رقم 14 و15 و34 و43 . بعد ذلك يعطى المرشد المجموعة نصف ساعة لزيارة المقبرة الثالثة على أن تكون من اختيارهم. وبما أن أغلب السائحين لا يعرفون الوادي فسوف يُفضلون مقبرة مدخلها واضح من مكان وقوفهم فى هذه اللحظة. قليلون من يتجولون فى أعماق الوادي. ويدفع بعض السائحين رسومًا إضافية للحصول على تذكرة لمقبرة توت عنخ آمون وذلك بدلاً من زيارة مقبرة ثالثة اختيارية مسموح بها ضمن تذكرة الدخول العامة. قليل من السائحين لا يختارون شيئًا ويفضلون الجلوس فى منطقة استراحة الزوار حتى عودة المجموعة لأتوبيسهم.

عادة يختار المرشدون المقابر التى يزورونها بناءً على ثلاثة معايير: لابد أن تكون المقبرة قريبة، وتستغرق وقت أقل للوصول إلى مدخلها. 2- أن تكون معروفة للمرشدين جيدًا (وليست مقبرة يعرفون عنها القليل أو لا يعرفون شيئًا عنها). 3- يجب أن تكون المقبرة سهلة الدخول، و قليلة السلالم وغنية بالزخارف الملونة. وعادة تُفضل المقابر الكبيرة المستوية عن المقابر

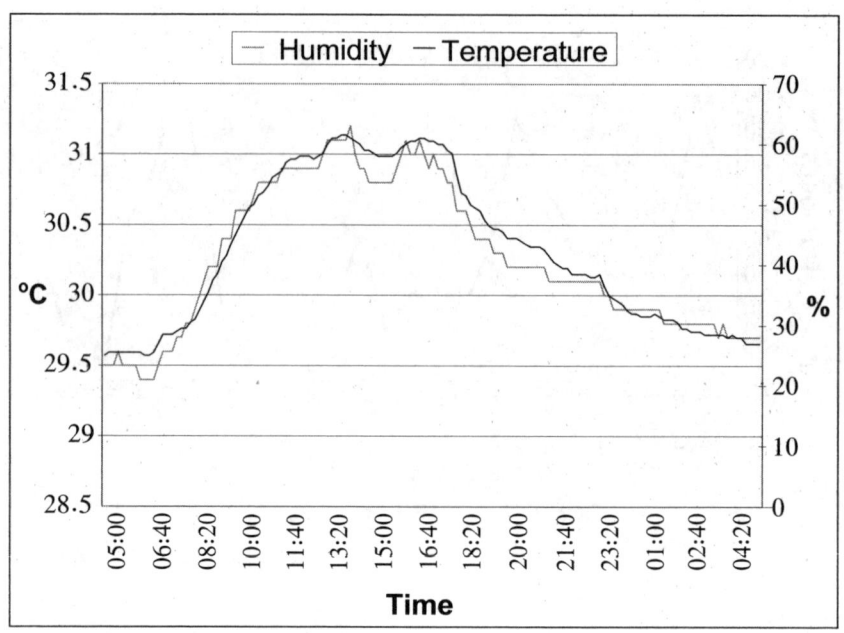

جدول 68: درجة الحرارة والرطوبة، مقبرة رقم 9 وادي الملوك، 24 أكتوبر 2004

الصغيرة أو العميقة. فإذا توفرت هذه الصفات في مقبرة وكانت بالفعل مزدحمة بالسائحين، ورغم ضيق الوقت، فليس ذلك بمشكلة، وسيصطف السائحون في طوابير مرارًا أمام مقبرة رقم 9 وادي الملوك 15-20 دقيقة انتظارًا للدخول، على سبيل المثال، لأن مرشدهم أخبرهم أنها مقبرة جميلة جدًا.

اقتراحات مشروع خرائط طيبة: توافد الزوار إلى وادي الملوك
أظهرت أعمال المسح التي قمنا بها أن عدد الزوار في وادي الملوك يحتاج إلى إدارة لحماية البيئة الهشة ولتعزيز تجربة الزائر. لذا فإننا نحتاج إلى التعامل مع كيفية إدارة عدد الزوار ودخولهم إلى وادي الملوك في التوقيت نفسه.
هناك نقطتان من الممكن عمليًا التحكم عن طريقهما في عدد زوار وادي الملوك:

1- قبل التوجه إلى وادي الملوك يمكن إخطار قائد الرحلة ربما قبل الوصول إلى استراحة كارتر تجاه وادي الملوك أن الوادي كامل العدد وأن الأتوبيسات القادمة إلى الوادي في هذا الوقت ستُجبر على الانتظار في منطقة انتظار السيارات قبل نزول الركاب.

2- يمكن إخطار السائحين فى مركز الزوار أن الوادي كامل العدد وسوف يتم التأجيل حتى x من الدقائق قبل السماح لهم بركوب الترام. ويمكن للسائحين أن يشغلوا أنفسهم أثناء الانتظار بالشراء من الحوانيت، أو الجلوس إلى موائد الكافيتريا، أو قضاء وقت أكثر فى مركز الزوار، ومشاهدة معروضاته واستخدام كمبيوتراته.
شملت الطرق التى اتبعت فى مناطق الجذب التراثى، للتحكم عدد

الزوار وتنظيم، الآتى. ويتم دراسة تأثير التطبيق على وادي الملوك بعد كل طريقة.

أ – وضع قيود على الأعداد الفعلية المسموح بها بالموقع أو الأجزاء التابعة له: يمكن التحكم فى عدد الزوار عند مدخل كل مقبرة بعدادات إلكترونية أو حراس يسجلون عدد السائحين فى المقبرة عند أى مرحلة من الزمن، ومنع زوار أكثر مؤقتًا من الدخول إذا وصلت القدرة الاستيعابية للذروة. وقد جربت هذه الطريقة بشكل غير رسمى فى مقبرة رمسيس 6 رقم 9 لفترة حوالى شهر، وذلك عن طريق حارس واحد يقوم بإحصاء عدد الزوار. وكانت التجربة ناجحة ولم تلق أى اعتراض من السائحين أو المرشدين. إذا تم استبدال الحارس بالعدادات الإلكترونية، فلابد من اختيار عدادات لها شكل جمالى والقدرة على الصمود أمام قسوة البيئة فى وادي الملوك.

ب – التقيد بعدد المجموعات: إذا حُدد عدد المجموعة السياحية، نفترض مثلا، لكل مرشد 30 سائحًا، بالتالى سينخفض حجم المجموعات الذين يقفون فى وادي الملوك للسماع إلى محاضرات أو المنتظرين فى صف لدخول المقبرة. واقعيًّا، ربما يكون هذا هو الحال الآن، فيما عدا الزوار القادمين من البحر الأحمر، ويصلون فى مجموعات كبيرة بصحبة عدد قليل من المرشدين.

جـ – ساعات فتح المقابر: الطريقة الوحيدة لتقليل عدد الزوار بوادي الملوك فى أى وقت، هو مد ساعات الزيارة فى الوادي وتشجيع المرشدين علىالذهاب إلى هناك فى غير أوقات الذروة. حاليًا يفتح وادي الملوك للزيارة من الساعة 6 ص - 5 م. ويمكن أن يمتد هذا من الساعة 6 ص - 9 م، حيث أن المقابر تعتمد فى إنارتها الداخلية على إضاءة صناعية، والمخطط الآن إنارة خارج الوادي بعد غروب الشمس. ويجب التنسيق مع الشرطة عند مد العمل لساعات إضافية، حيث أنهم هم الذين يفرضون ميعاد الغلق الساعة الخامسة مساءً وهم الذين ينفذون

أيضا قواعد منع الأجانب من عبور كوبرى الأقصر على النيل بعد الغروب. سيزيد ذلك ساعات العمل فى الوادى من 11 ساعة إلى 15 ساعة يوميًا وقد يعنى هذا، نظريًا، أن سياح أقل سيزورون الوادى خلال ساعات الذروة من الساعة 7 ص حتى 11 ص. إذا افترضنا أن الحد الأقصى الثابت هو 1000 سائح فى الساعة، فإن مد ساعات الفتح سوف يسمح لـ 15 ألف زائر كل يوم، وليس من المحتمل أن تقل أعداد السياح لهذا الكم لعقد من الزمن على الأقل.

إن تطبيق أوقات زيارة بديلة قد يتطلب تعاون المرشدين والمنظمين للرحلات السياحية. فلابد أن يقتنعوا أنه من الأفضل لهم زيارة البر الغربى مساءً، وليس صباحًا، على سبيل المثال. مثل هذا التغيير فى خط الرحلة قد يضيف تكاليف إضافية على منظم الرحلة: وقد يحتاج إلى تأجير أتوبيس إضافى، وإعادة ترتيب البرامج السياحية المعدة، أو تغيير مواعيد العشاء على المراكب السياحية. واقعيًا، ربما يكون لدى الزوار الفرادى فقط، والمقيمين بالأقصر على المراكب النيلية أو بالفنادق لمدة يومين أو ثلاثة أيام، مرونة فى تنظيم رحلاتهم السياحية. ومع ذلك، فإن إمكانية زيارة مقابر غير مزدحمة بطريقة أكثر استرخاء قد يكون فى حد ذاته حافزًا جيدًا لمثل هذه التغييرات فى البرامج المعتادة. إن تقديم عروض تذاكر مخفضة لزيارة الآثار فى غير ساعات الذروة قد تكون طريقة ممكنة أيضًا لتشجيع هذا التغيير، ولكن هذا لا يروق لإدارة المجلس الأعلى للآثار الحالية التى تخشى أى خسارة فى الإيرادات (ربما لا يجب تقديم تخفيض فى قيمة التذاكر فى غير ساعات الذروة، لكن رفع قيمة التذكرة وقت ساعات الذروة.)

مثل هذه التغييرات فى برنامج المواعيد قد لا تكون مقبولة أو حتى ممكنة لرحلات اليوم الواحد القادمة من الغردقة. حيث أن هذه المجموعات تغادر منطقة البحر الأحمر فى حوالى الساعة 4:30 صباحًا، وتصل الأقصر الساعة 9 صباحًا.

ويقضون ثلاث ساعات فى البر الغربى قبل الذهاب إلى الأقصر لزيارة معبد الكرنك ثم الغداء. ثم يغادرون إلى الغردقة فى حوالى الساعة 4:30 مساءً. مثل هذه الزيارة المختصرة تترك فرصة ضئيلة لتعديل البرنامج. وقد نما هذا القطاع لسوق زائر البر الغربى بشكل سريع، وبصفة خاصة بين آلاف السياح الروس والأوربيين الشرقيين الذين يزورون البحر الأحمر. ومعروف أن 100 أتوبيس تقل حوالى 3000–4000 سائح يزورون الأقصر ليوم واحد. وبلغ عددهم فى عدة مناسبات مثلًا عام 2004 أكثر من 50% من إجمالى عدد زوار وادي الملوك.

وربما يسهم تغيير برنامج رحلات اليوم الواحد للمجموعات بزيارة الكرنك فى الصباح والبر الغربى بعد الظهيرة فى التخفيف بعض الشىء من الزحام فى وادي الملوك، لكنه سيؤدى إلى زيادة الزحام فى الصباح الباكر بالكرنك. وبما أن القيود الزمنية على رحلات اليوم الواحد هذه كبيرة جدا، يمكنهم شراء تذاكر خاصة لوادي الملوك تتيح لهم زيارة مقبرتين فقط بدلا من الثلاث المتاح زيارتها، وبهذا نقلص تأثيرهم على المقابر ونقلل وقتهم في وادي الملوك من 120 دقيقة إلى 90 دقيقة. ورجحت أعمال المسح التى قمنا بها أن هذا قد يكون بديلًا مقبولًا لكثير من المجموعات السياحية.

وهناك مشكلة مماثلة للسائحين الذين يصلون الأقصر أو يغادرونها بالرحلات النيلية. فبسبب برامج طيران الشارتر إلى أوروبا ومنها، تغادر أغلب الرحلات النيلية الأقصر لأسوان يوم السبت أو الأربعاء وأغلبهم يعودون إلى الأقصر يوم الأحد أو يوم الخميس. وهذا يعنى أن يومى الاثنين والجمعة هما من أكثر الأيام زحامًا فى وادي الملوك، حيث أن هؤلاء السائحين يجعلونه أول محطة فى رحلتهم إلى الأقصر. ومرة أخرى، يتطلب ذلك مفاوضات مضنية مع منظمى الرحلات لتغيير هذه البرامج. ومن غير المحتمل أن منظمى الرحلات الأوروبية سيرغبون فى التحول إلى طيران منتصف الأسبوع بدلا من الطيران الذى يستفيد من عطلة نهاية الأسبوع لعملائهم. (عرض لرحلة يمتد من مساء يوم الجمعة من الأسبوع الأول حتى مساء يوم الأحد من الأسبوع الثانى، مما يسمح بعطلة 10 أيام وفقد خمسة أيام عمل فقط.)

أما بالنسبة للمجموعات السياحية والسياح الفرادى الذين يمكثون فى فنادق الأقصر لعدة أيام أو فترة أطول فلديهم مرونة أكبر فى برامجهم، وقد يكونون هم من يمكن تشجيعهم على زيارة وادي الملوك فى غير ساعات الذروة. ويمكن تنفيذ هذا بوضع إشعارات فى ردهات الفنادق، وإخبار التوكيلات السياحية وناشرى كتب الإرشاد السياحى، وحث المرشدين المحليين باقتراح أوقات زيارة بديلة. ولم نتمكن حتى الآن من تحديد أى نسبة من زوار وادي الملوك يقيمون فى فنادق الأقصر؛ ربما يكون حوالى 40% فقط من العدد الإجمالى للزوار. لكن حتى هذا العدد يمكن أن يشكل تأثيرًا على مقابر وادي الملوك.

د – ضوابط ساحة انتظار السيارات: وضع لافتات على البر الغربى توضح عن طريق أضواء تومض أو لوحة رقمية أن ساحة انتظار السيارات لوادي الملوك ممتلئة بالكامل. وهذا يعنى حاليًا أن هناك أكثر من خمسين أتوبيسًا فى الساحة. وإذا ما تم نقل ساحة انتظار السيارات

أسفل الطريق وتوسعتها، فهذا يعنى زيادة سعتها إلى 100 أتوبيس. ويدرك السائقون والمرشدون أنهم سيجبرون على الانتظار دقائق عديدة قبل أن يسمح لهم بدخول ساحة انتظار السيارات لإنزال الركاب وسيضطرون إلى زيارة أماكن أخرى أقل ازدحامًا فى البر الغربى قبل التوجه إلى وادي الملوك.

- هـ ـ ضوابط اقتصادية من خلال الأسعار: بعض مقابر وادي الملوك لها شعبية أكثر لدى المرشدين والزوار عن المقابر الأخرى. ربما أكثر المقابر زيارة مقابر رقم 8 و9 و11. لذا يمكن فرض رسوم إضافية لزيارة هذه المقابر، وبذلك يمكن تخفيض عدد الزوار دون إنقاص الدخل. وهناك اختيار آخر وهو تقسيم مقابر وادي الملوك إلى ثلاث مجموعات طبقًا لتفضيلها وسهولة دخولها. وقد يسمح للزوار بزيارة مقبرة واحدة فقط من كل من هذه المجموعات الثلاث بنفس التذكرة التى تسمح بزيارة ثلاث مقابر. ويمكن أن تشمل المقابر: مقبرة رقم 9 (رمسيس السادس، الأكثر زيارةً)، مقبرة رقم 1 (رمسيس السابع، تشهد إقبالًا بسيطًا)، ومقبرة رقم 19 (منتو حر خبش إف، الأقل زيارةً.)

- و ـ غلق جزء أو كل الموقع فى أوقات معينة: يمكن غلق المقابر بشكل مؤقت عند الوصول لدرجة الاستيعاب. ويمكن فتح المقابر بالتناوب، على سبيل المثال، فتح المقبرة رقم 9 وادي الملوك أيام الاثنين والأربعاء والجمعة فيما بين الساعة 6 ص–11 ص ويومى الثلاثاء والخميس فيما بين الساعة 11–5 م ، وفتح المقبرة رقم 8 أيام الاثنين والأربعاء والجمعة فيما بين الساعة 11 ص–5 م ويومى الثلاثاء والخميس فيما بين الساعة 6 ص–11 ص. وإعلام المرشدين بهذه المواعيد مقدمًا حتى يتسنى لهم تخطيط برنامجهم وزياراتهم بطريقة تناسبهم.

- ز ـ إعداد نسخ للمقابر: نُوقشت كثيرًا فكرة إعداد مقابر مستنسخة بالحجم الكامل، سواء تصنيعها من صور ملونة أو منحوتة وملونة من بلاستر أو بلاستيك. أغلب الاقتراحات لم تكن فعالة من حيث التكلفة. والسؤال هو أين يمكن وضع نسخة كاملة لمقبرة كبيرة الحجم دون الإضرار بالمظهر الجمالي العام للوادي؟ إن إعداد مقابر مستنسخة لها أرضيات مستوية بدلا من الانحدار الشديد الموجود فى المقابر الأصلية قد يخفف من بعض المشاكل. وإضافة مخرج عند نهاية المقبرة للخروج قد يساعد فى تقليل الزحام والتكدس. بالنسبة لبعض الزوار، ربما يكون السعر المنخفض لزيارة المقابر المستنسخة عامل جذب إذا تأكد أن التجربة تختلف بنسبة بسيطة عن مشاهدة المقبرة الأصلية. ويمكن

بسهولة عمل مستنسخات لمقبرة توت عنخ آمون ومقبرة نفرتارى بوادي الملكات حيث توجد الصور الكاملة لكليهما. وقد حصل مشروع خرائط طيبة حاليًا على صور شاملة تغطى أغلب المقابر المنقوشة لواديالملوك، وهذه الصور يمكن أيضًا أن تستخدم لعمل المستنسخات. قد تكون المنطقة الصحراوية جنوب الملقطة على البر الغربى موقعا مناسبًا لوضعها هناك.

ح – التحويل لمواقع قريبة أو أجزاء أخرى من وادي الملوك: يمكن وضع لافتات على الطريق المؤدى إلى الوادي وعند مدخل وادي الملوك وعند ملتقى المماشى داخله توضح مدى القدرة الاستيعابية للمقابر داخل وادي الملوك، وإخطار الزوار والمرشدين مقدمًا عن المقابر التى تجاوزت قدرتها الاستيعابية وأنها مغلقة بشكل مؤقت. ويمكن توضيح مستويات الزحام أو التكدس وإعطاء كود لونى:

أخضر: استيعاب عادى، مسموح للزوار دخول الموقع

أصفر: مستويات مرتفعة، ربما يكون هناك بعض التكدس أو الزحام، ويقترح اختيارات بديلة

أحمر: الموقع كامل العدد مؤقتًا، يرجى الذهاب إلى مكان آخر، وحاول مرة أخرى فيما بعد

وهكذا لابد من وضع نظام لإحصاء عدد الزوار وحفظ سجل بعدد الزوار فى وادي الملوك فى أى وقت وأيضًا داخل كل مقبرة على حده.

اقتراحات مشروع خرائط طيبة، تسيير حركة الزوار بوادي الملوك

من الضرورى إدارة حركة الزوار فى وادي الملوك إذا أردنا تجنب التكدس والزحام داخل مناطق ومقابر بعينها. حيث إن نمط سلوك الزوار الحاليين والمرشدين يجعل المنطقة المركزية لوادي الملوك مزدحمة جدًّا بينما المناطق الأخرى خالية.

فيما يلى أمثلة لبعض الاختيارات للتحكم فى الزحام:

- معلومات عن مقابر مفتوحة
- الإعلان عن طريق اللافتات
- المماشى
- الحواجز المادية
- نُظم إصدار التذاكر

معلومات عن المقابر المفتوحة

إذا تم الاحتفاظ بنظام تذكرة لثلاث مقابر، فسوف يرى السياح أن أفضل شيء هو زيارة مقبرة واحدة من كل أسرة من أسرات الدولة الحديثة الثلاث (جدول 69). فقد تغيرت المقابر على مر الزمن فى ذلك العصر فى التخطيط والمحتوى، وتطورها مهم لفهم الديانة المصرية والعمارة الدينية القديمة. وهذا يعنى أن السياح سوف يختارون مقبرة واحدة من كل أسرة من تلك الأسرات الثلاث. ولكن، بسبب العدد غير المتساوى للمقابر التى تعود إلى الأسرات الثلاثة، وأن

الأسرة الثامنة عشرة	
35 وادي الملوك	أمنحتب الثانى
34 وادي الملوك	تحتمس الثالث
43 وادي الملوك	تحتمس الرابع
62 وادي الملوك	توت عنخ آمون
57 وادي الملوك	حور محب
32 الوادي الغربى	آى
الأسرة التاسعة عشرة	
8 وادي الملوك	مرنبتاح
16 وادي الملوك	رمسيس الأول
17 وادي الملوك	سيتى الأول
الأسرة العشرون	
1 وادي الملوك	رمسيس السابع
2 وادي الملوك	رمسيس الرابع
6 وادي الملوك	رمسيس التاسع
9 وادي الملوك	رمسيس السادس
11 وادي الملوك	رمسيس الثالث
14 وادي الملوك	تاوسرت / ستنخت
15 وادي الملوك	سيتى الثانى
19 وادي الملوك	منتو حر خبش إف
47 وادي الملوك	سيبتاح

جدول 69: المقابر المسموح بزيارتها تبعا للأسرة

العديد من المقابر مغلقة، ومواقعها متناثرة، ومساحتها مختلفة، والدخول إليها صعب نسبيًّا (بسبب السلالم والمنحدرات)، وتعذر الوصول إلى هذه المعلومة الأثرية.

هناك بديل آخر، وهو أن يزور السياح مقبرة من كل مجموعة من المجموعات الثلاث المختلفة طبقا للموقع الجغرافى وشهرة المقبرة. لو اعتبرنا أن المنطقة المركزية هى المنطقة المجاورة للاستراحة الرئيسية، بالتالى فإن المقبرتين الأبعد تكونان خارج دوائر مركزة من هذه المنطقة، وبناءً على هذه الخطة، يتاح للزوار زيارة مقبرة واحدة من كل منطقة (جدول 70).

منطقة 1	
2 وادي الملوك	رمسيس الرابع
6 وادي الملوك	رمسيس التاسع
8 وادي الملوك	مرنبتاح
9 وادي الملوك	رمسيس الخامس و رمسيس السادس
11 وادي الملوك	رمسيس الثالث
16 وادي الملوك	رمسيس الأول
17 وادي الملوك	سيتى الأول
منطقة 2	
1 وادي الملوك	رمسيس السابع
14 وادي الملوك	تاوسرت / ست نخت
15 وادي الملوك	سيتى الثانى
47 وادي الملوك	سيبتاح
57 وادي الملوك	حور محب
منطقة 3	
19 وادي الملوك	منتو حر خبش إف
34 وادي الملوك	تحتمس الثالث
35 وادي الملوك	أمنحتب الثانى
43 وادي الملوك	تحتمس الرابع

جدول 70: مقابر وادي الملوك المتاحة للزيارة طبقا للمنطقة

اللافتات

قام مشروع خرائط طيبة بتثبيت لافتات جديدة في وادي الملوك عام 2000. حيث كانت اللافتات السابقة غير ملائمة، والمعلومات غير كافية، والمادة المصنوع منها اللافتات لا تقاوم عوامل البيئة القاسية في الوادي (شكل 74 أ، ب). وقد حصلنا على تصريح من الحكومة المصرية لتصميم لافتات جديدة وإنتاجها وتثبيتها في الوادي. وكان هدفنا تقديم معلومات دقيقة ميسرة للسائحين وأيضا لتساعد المرشدين على الشرح خارج المقابر، وليس داخلها. وقد رأينا أن ذلك سيسهم في تخفيف الزحام الخطير داخل المقابر، الذي يهدد جدرانها المنقوشة. أيضًا جعلت هذه اللافتات السائحين على معرفة أعمق بما يزورونه من معالم. اللافتات التي قمنا بتثبيتها مطبوعة بالليزر على ألواح ألومونيوم، ومضمون بقاؤها 40 سنة على الأقل حتى في أسوأ الأحوال الجوية بالوادي. وقد صممت بمستوى جمالي عالٍ وصنعتها شركة سويسرية.

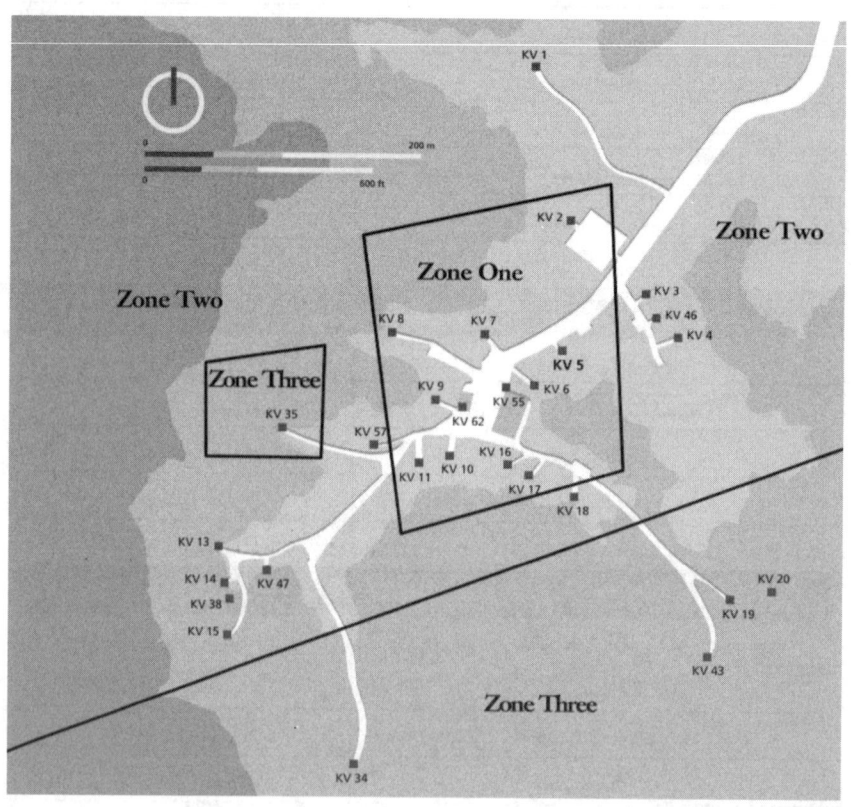

شكل 73: خريطة توضح مناطق وادي الملوك

تم تثبيت عشرين لافتة– منها لافتات للشرح العام، وأخرى مخصصة لكل مقبرة من 11 مقبرة مفتوحة الآن للزيارة، وست لافتات أخرى لمقابر معدة للفتح خلال الأعوام القليلة القادمة. وقد وضعت هذه اللافتات تحت مظلة، وقامت إدارة الآثار المصرية بوضعها بجوار مدخل كل مقبرة. كما شملت هذه اللافتات أيضًا سبع خرائط توضح طبوغرافية وادي الملوك وموقع مقابره وتخطيطها.
وقدوضعت اللافتات عند مدخل وادي الملوك وعند تقاطعات طرق المارة.
توضح اللافتات المقابر المفتوحة للزيارة حاليًا، وتلك التى يسمح بالدخول إليها بكراسى المقعدين، وتلك التى بها سلالم شديدة الانحدار. وقد وضعت لافتاتأمام كل مقبرة مفتوحة للزيارة تصفها وتوضح أيضًا التخطيط المحورى
للمقبرةومعلومات عن تاريخها، وقصة اكتشافها، وأبرز ملامحها وصور لأهم المناظر والنصوص بها. وصممت اللافتات لتكون خلفية لمحاضرات المرشدين ولتزود السياح الفرادى بالمعلومات الأساسية عن المقبرة .

وعند وضع اللوحات، أعلن المجلس الأعلى للآثار أن المرشدين من الآن فصاعدًا ممنوعون من الشرح داخل المقابر. وبالرغم من اعتراضهم على اللافتات أول الأمر، إلا أن المرشدين سرعان ما وافقوا عليها، عندما اكتشفوا أن السائحين يفضلون الهدوء والسكينة وقضاء وقت ممتع داخل المقابر وأن عدم الشرح أفضل. وبالمثل فضل المرشدون البقاء خارج المقبرة للتدخين والتحدث مع زملائهم. والسائحون أيضًا، رحبوا باللافتات، وعادة ما يقومون بتصويرها لتكون ذكرى لزيارتهم عند عودتهم إلى أوطانهم. اللافتات مكتوبة باللغة الإنجليزية فقط (بناءً على طلب المجلس الأعلى للآثار)، ولهذا قام مشروع خرائط طيبة بنشر كتيب مصور من 36 صفحة باللغة العربية لمجموعات المدارس والمدرسين الذين يزورون وادي الملـوك. وقد نفذت الطبعات الأولي التى بلغت 7500 نسخة (بواقع جنية واحد للنسخة)، ومن المخطط طبع المزيد. يُباع الكتيب فى أماكن البيع الخاصة بالمجلس الأعلى للآثار فى مواقع متعددة بطيبة لكن، لسوء الحظ، غير متوفر فى وادي الملوك نفسه. ومزمع أيضًا إصدار دليل باللغة الإنجليزية.

يوجد الآن ثلاث خرائط مختلفة معلقة فى وادي الملوك، كل واحدة تعطى معلومة مختلفة. وقد رسمت كل الخرائط بمقياس رسم (موضح على كل خريطة) وموجهة بطريقة تتيح للناظر إليها أن يكون نظره عند قمتها. وهكذا، مثلًا، إذا كنت تواجه الشرق عند النظر إلى الخريطة، يكون الشرق عند قمة الخريطة.
بعض الخرائط تظهر مستويات التلال المحيطة بواسطة خطوط الكونتور التى عطى إحساسًا عامًّا بتضاريس المنطقة. وهناك لافتات أخرى تشمل خرائط لمقابر مهمة، ورسمت بطريقة كما لو أن الناظر يراها خلال الصخرة الأم.
توضح بعض الخرائط مداخل المقابر، وبعض الخرائط يوضح رقم المقبرة

وأيضًا اسم صاحبها. وضعت لافتات الخرائط فى أماكن متعددة فى وادي الملوك لإرشاد السياح إلى المقابر.

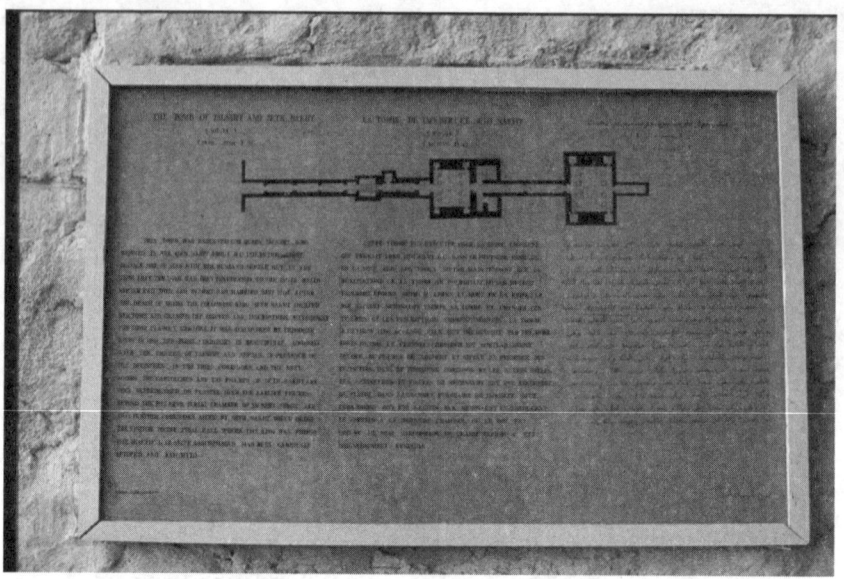

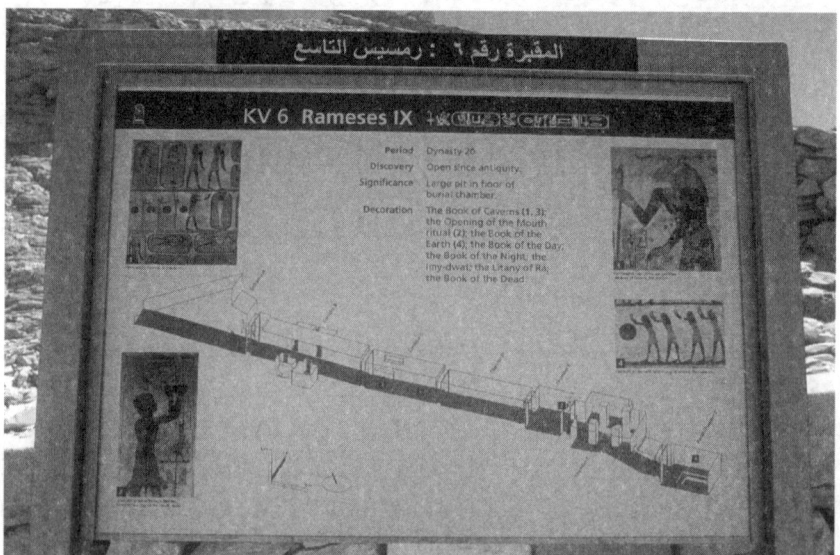

شكل 74 أ، ب: لافتة المقبرة رقم 6، قبل و بعد

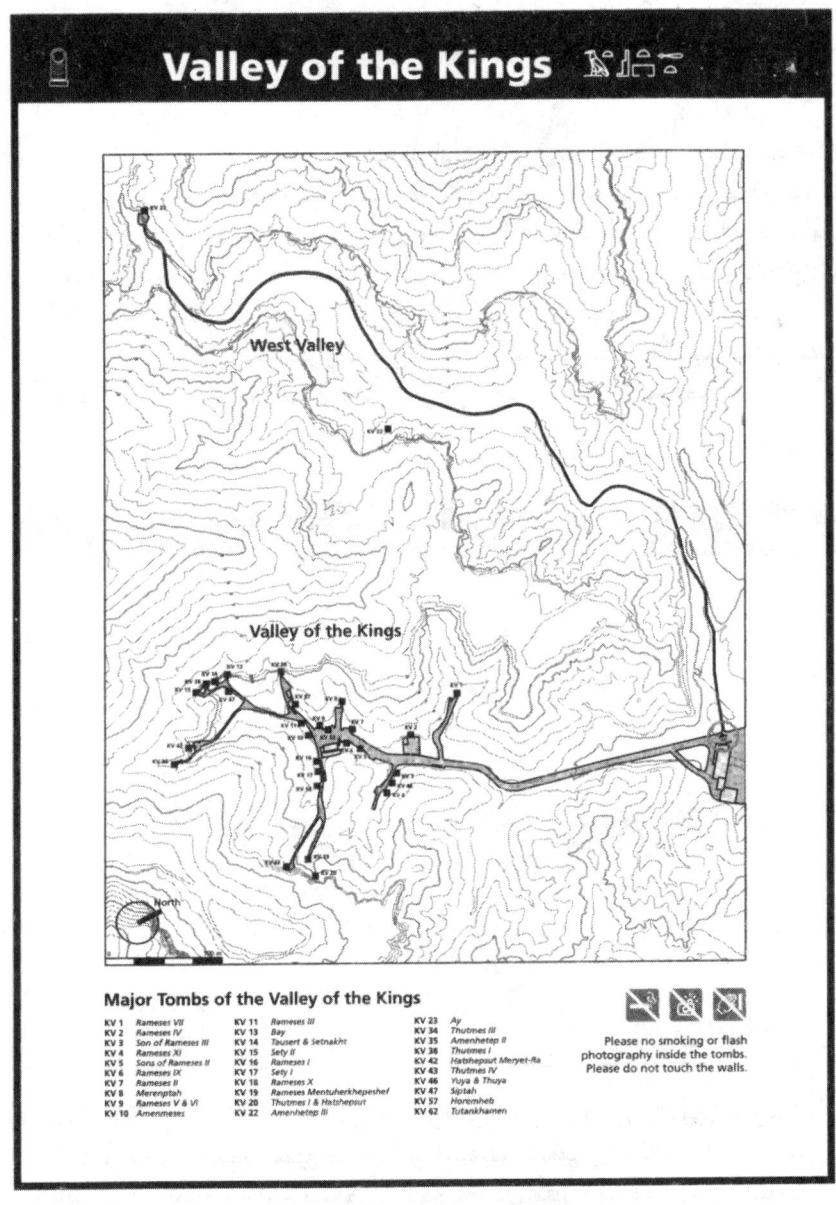

- شكل 75 أ: خريطة عامة تظهر كلا من الوادي الشرقى والغربى. وقد وضعت هذه اللافتة فى منطقة انتظار السيارات غرب الكافيتريا، حيث يبدأ الطريق الترابى إلى الوادي الغربى. هذه الخريطة تظهر مواقع المقابر على خريطة طبوجرافية للمنطقة. وتظهر أيضًا الطرق والمماشى الرئيسية

ومستويات التلال المحيطة بالواديين. واحدة تتجه إلى الغرب، واتجاه الغرب عند قمة هذه الخريطة.

- شكل 75 ب: خريطة طبوجرافية للوادي الشرقى، لا توضح فقط مدخل كل مقبرة، لكن أيضًا تخطيط كل مقبرة. تظهر أيضا مماشى وخطوط كونتور تشير إلى شكل التلال حول الوادي ومستوياتها. وقد عُرفت المقابر بأرقامها وهناك قائمة تذكر أرقام المقابر المهمة وأسماء أصحابها. يتضح الشرق أعلى هذه اللافتات، ويوجد الشرق عندما تنظر مواجهًا لها. ووضعت نسخة أخرى من هذه الخريطة فى المنطقة المظللة خلف مكتب التذاكر عند مدخل الوادي، ووضعت لافتتان أخريان عند منطقة الاستراحة منتصف الوادي.

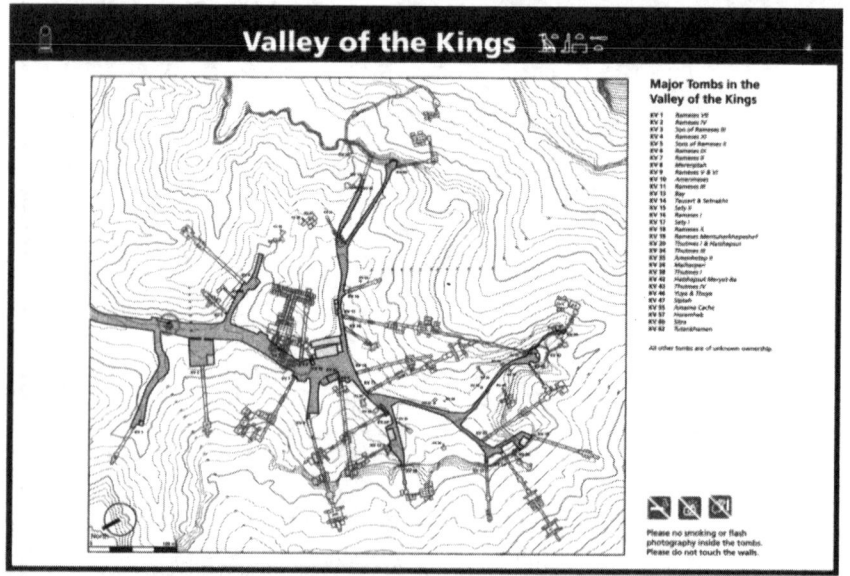

- شكل 75 ج: نسخة أبسط لخريطة الوادي الشرقى تظهر الممرات ومداخل المقابر دون المعالم الطبوجرافية أو تخطيط المقابر. المقابر المهمة مشار إليها برقم المقبرة واسم صاحبها. وتاريخ كل مقبرة سواء الأسرة الثامنة عشرة أو الأسرة التاسعة عشرة أو العشرين. هذه اللافتات توضح المقابر ذات السلالم المنحدرة لتحذير الزوار غير القادرين، والمقابر المجهزة لدخول كراسى المقعدين. وقد وضعت نسخ من هذه اللافتة فى عدة أماكن فى وادي الملوك الشرقى. ودومًا يكون الاتجاه أعلى قمة اللافتة بناءً على

موقعها واتجاهها، سواء جنوب أو شرق. تشير الخطوط المنقطة إلى الدروب المؤدية أعلى الجبل إلى الدير البحرى ودير المدينة. وتحوى اللافتة أيضا قائمة بالمقابر المهمة فى الوادي، وتوضح أى المقابر مفتوحة للزيارة حاليًا وأيها مغلق.

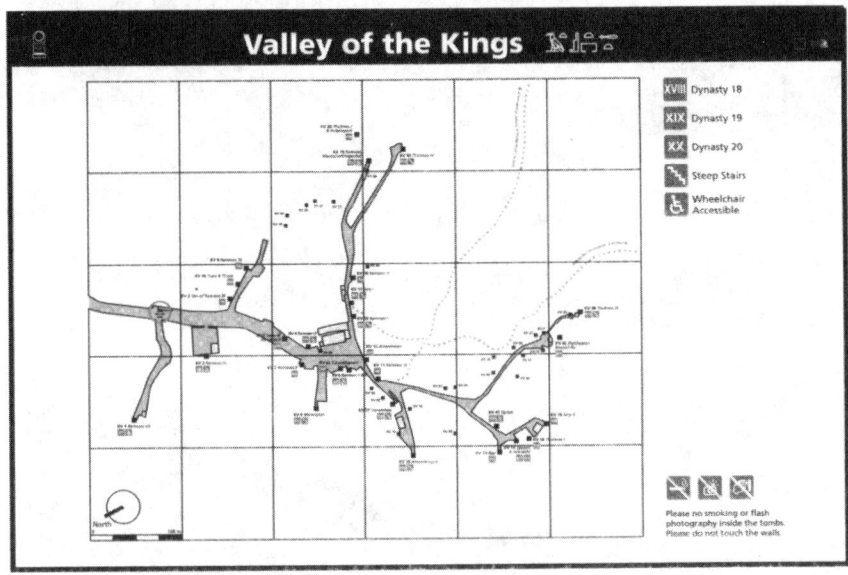

الدروب

الطريقة الوحيدة لإدارة الزحام فى الوادي يمكن أن تتم بنجاح إذا تمت توسعة بعض الدروب أو المماشى بوادي الملوك. وينطبق هذا تماما على الممشى بين المقبرة رقم 11 والمقبرة رقم 57، حيث يصبح المكان كعنق الزجاجة كل يوم ويصعب المرور. وقد ساهم الممشى الجديد المؤدى من المقابر رقم 3 و46 و4 إلى المقبرة رقم 21 فى تخفيف بعض الزحام. ووضعت حاليًا سلالم منحدرة وغير مناسبة فى الطريق الواقع مباشرة شرق المقبرة رقم 18، لكن لابد أن يجهز بمدخل لكراسى المقعدين وأيضًا وضع لافتة قرب المقبرة رقم 3 تشير إلى أن الطريق يؤدى إلى عدة مقابر مفتوحة للزيارة.

الحواجز المادية

من المشاكل الخطيرة كيفية تنظيم الزحام أمام المقابر رقم 6 و9 و11 لأن هذه المقابر تجذب اهتمام الكثير من الزوار. وتكمن الحلول المقترحة فى استخدام

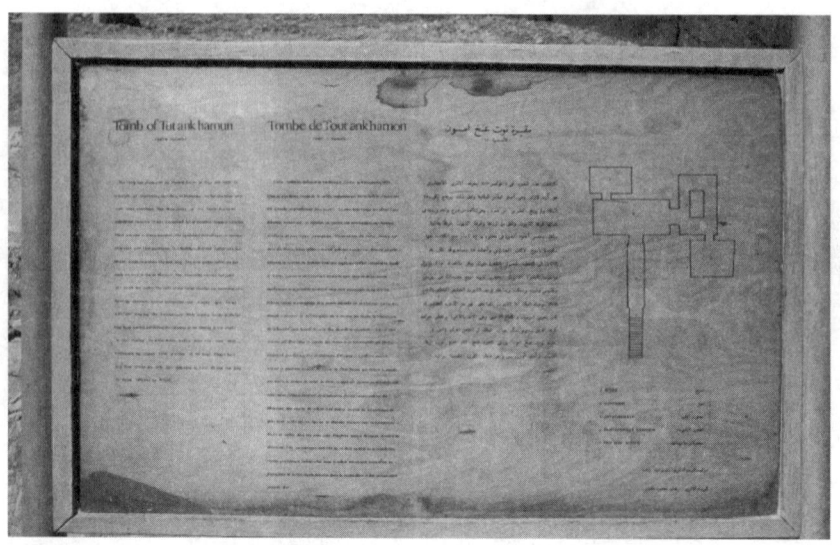

شكل 76 أ، ب: لافتة من وادي الملوك

حبال وقوائم لعمل ممرات مشابهه لتلك الموجودة فى المطارات عند مكاتب الوصول للتأكد من أن الطوابير الطويلة للسياح لن تتلوى إلى الوادي، مؤدية إلى زحام أكثر.

أنظمة شراء التذاكر
ستناقش لاحقا فى "نظم إصدار التذاكر."

شكل 77: سياح يعبرون من وادي الملوك إلى دير المدينة فوق الجبل

القدرة الاستيعابية لمقابر وادي الملوك

تختلف مقابر وادي الملوك بشكل ملحوظ فى المساحة والتخطيط. أصغر مقبرة فى وادي الملوك مفتوحة للزيارة هى مقبرة رمسيس الأول رقم 16، حيث تبلغ مساحتها 254 م2. أما أكبر مقبرة، فهى مقبرة مرنبتاح رقم 8، حيث تبلغ مساحتها 2742م2. ويختلف تخطيط المقابر من مقابر شديدة الانحدار، متمثلة فى مقابر الأسرة الثامنة عشرة ذات المحور المنحنى (على سبيل المثال: مقبرة تحتمس الرابع رقم 34) إلى مقابر شبه مستوية، ذات محور واحد (على سبيل المثال: مقبرة رمسيس السابع رقم 1). ويمكن للمقابر أن تستوعب أعدادًا مختلفة من السياح بناءً على المساحة والتخطيط، ولابد من تحديد أقصى قدرة استيعابية لكل مقبرة. حيث إن تجاوز هذه القدرة من المنتظر أن يدمر بنية المقبرة، ويؤدى إلى تفاقم المشاكل البيئية والسياحية.

يُقصد بالقدرة الاستيعابية، أقصى عدد من الأشخاص يمكن أن يتواجد داخل مقبرة ما فى نفس التوقيت دون إحداث تغييرات غير مقبولة فى البيئة الطبيعية أو عدم الاستمتاع بالزيارة. إن تواجد أشخاص أكثر مما ينبغى فى أى مقبرة يمكن أن يرفع درجات الحرارة والرطوبة المحيطة بصورة غير مقبولة، وأن يسبب للسائحين شعورًا غير مريح بالازدحام ويدمر الجدران المنقوشة.

شكل 78: طابور طويل من السياح أمام إحدى المقابر

والسؤال هو كيف يمكن تحديد القدرة الاستيعابية؟ يمكن مراقبة درجة الحرارة والرطوبة وغلق المقبرة مؤقتًا عند بلوغ هذين العاملين مستويات غير مقبولة. لكن، هذا يفترض ارتباطًا قريبًا ومباشرًا بين مستويات الإشغال والعوامل البيئية، ولكن ثبت أن هذا لا يحدث.

نهج آخر، هو تحديد مساحة مترية طولية لكل زائر عند تجوله فى المقبرة. بطبيعة الحال، هذا رقم افتراضى، لكن ملاحظات الواقع ترجح أهميته. فقد لاحظنا أن السياح المنتظرين فى الطوابير يشعرون بعدم الراحة مع وجود مسافة أقل من هذه تفصل بينهم، وبالتالى من الطبيعى أن يحاولوا زيادة هذا الفاصل على الأقل إذا لم تتدخل عوامل أخرى. إذا فرضنا مقبرة لها

مقبرة	طول(م)	قدرة استيعابية	رقم معدل	لاحظات (أشخاص)
وادي الملوك 1	30	60	60	
وادي الملوك 2	56	112	112	
وادي الملوك 6	58	116	116	
وادي الملوك 8	83	166	133	ممر منحدر/درجات سلم
وادي الملوك 9	82	164	132	درجات سلم/حجرة
وادي الملوك 11	56	112	101	ممر ضيق
وادي الملوك 14	84	168	168	
وادي الملوك 15	65	130	130	
وادي الملوك 16	22	44	36	درجات سلم
وادي الملوك 19	16	32	32	
وادي الملوك 23	43	86	77	درجات سلم
وادي الملوك 34	35	70	50	درجات سلم
وادي الملوك 35	25	50	40	درجات سلم
وادي الملوك 43	65	130	91	درجات سلم/ محور
وادي الملوك 47	26	52	52	
وادي الملوك 57	80	160	128	درجات سلم
وادي الملوك 62	15	30	24	درجات سلم

جدول 71: القدرة الاستيعابية المقترحة من مشروع خرائط طيبة لمقابر وادي الملوك

ممر طوله 80م يؤدى إلى مدخلها يمكن أن يستوعب 80 شخصًا يمشون فى خط واحد إلى داخل المقبرة و 80 آخرين فى طريقهم إلى الخروج منها، بهذا تكون القدرة الاستيعابية للمقبرة 160 شخصًا. هناك بعض المعالم المعمارية التى تتطلب عمل تعديلات لـ" قاعدة المتر الواحد". على سبيل المثال،

العدد	الحيز الزمنى	العدد	الحيز الزمنى
81	10:40-10:30	152	7:40 -7:30
62	10:50-10:40	227	7:50 -7:40
67	11:00-10:50	246	8:00 -7:50
106	11:10-11:00	293	8:10 -8:00
55	11:20-11:10	237	8:20 -8:10
51	11:30-11:20	193	8:30 -8:20
86	11:40-11:30	174	8:40 -8:30
57	11:50-11:40	136	8:50 -8:40
74	12:00-11:50	180	9:00 -8:50
52	12:10-12:00	144	9:10 -9:00
58	12:20-12:10	148	9:20 -9:10
50	12:30 -12:20	87	9:30 -9:20
106	12:40-12:30	85	9:40 -9:30
29	12:50-12:40	95	9:50 -9:40
36	13:00-12:50	87	10:00- 9:50
		52	10:10-10:00
3649	إجمالى	67	10:20-10:10
114,03	متوسط	76	10:30-10:20

جدول 72: أعداد زوار مقبرة رقم 6 وادي الملوك، 21 سبتمبر 2004

إذا كان للمقبــرة سلالم شديدة الانحدار (كما هو الحال فى مقبرة رقم 57 وادي الملوك، حور محب)، حيث يتحرك السياح ببطء شديد ويحتاجون إلى مساحة خطية أكبر، وبالتالى لابد من تقليص عدد الزوار. أما المقابر ذات الممرات الأوسع فيمكنها استيعاب زوار يمشون أزواجًا، لكن لم نسمح بذلك لأن دراستنا أثبتت أن ذلك يؤدى إلى زحام حيث يعيق السياح الداخلين إلى المقبرة طريق أولئك المغادرين لها.

وأمدتنا الحسابات بناءً على قاعدة "متر واحد" بالأرقام التالية المعدلة جدول 71 لكل المقابر المفتوحة بوادي الملوك. سواء مقابر ذات سلالم شديدة الانحدار، أو ذات ممرات ضيقة جدًّا أو تتميز بمعالم أخرى.

المرحلة التالية لهذه العملية إحصاء العدد الواقعى لزوار مقابر وادي الملوك. وبالفعل، يفوق عدد الزوار الحالى القدرة الاستيعابية المثالية، بل فى بعض الحالات يصل إلى درجة خطيرة.الأرقام متاحة للوادي ككل، لكن لم يسجل أبدًا عدد زوار كل مقبرة على حده. وفى محاولة لإحصاء نسبة الزحام الشديد، رصد مشروع خرائط طيبة أعداد الزوار فى ثلاث مقابر على مدى يومين متتاليين. و يوضح الجدول 72 و 73 أعداد الزوار للمقابر رقم 6 و9 و11، حيث تم إحصاؤهم وقت استراحات استمرت لمدة عشر دقائق ما بين الساعة 7:00ص -1:00 ظهرا يوم الثلاثاء 21 سبتمبر 2004، بواسطة فريق مشروع خرائط طيبة.

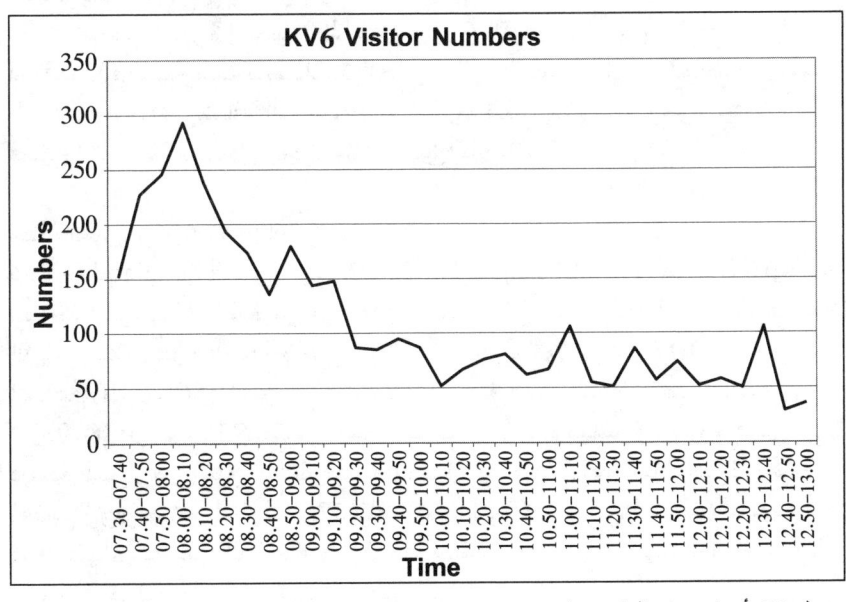

جدول 73: أعداد زوار المقبرة رقم 6، 21 سبتمبر 2004

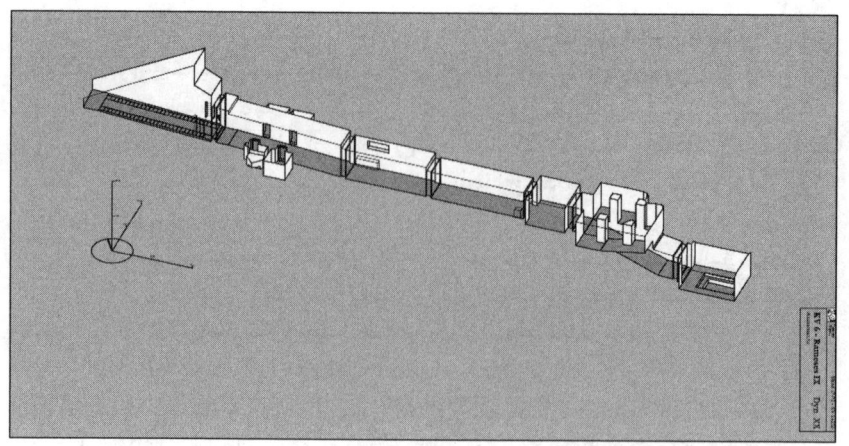

شكل 79: تخطيط مقبرة رمسيس التاسع رقم 6 وادي الملوك

أعداد زوار المقابر

مسح المقبرة رقم 6 وادي الملوك

يوضح الجدول 72 و 73 بجلاء تجاوز عدد زوار المقبرة رقم 6 القدرة الاستيعابية الموصى بها بـ 116 زائر للمقبرة عند نقطة زمنية محددة فى فترة زمنية فيما بين الساعة 7:40 - 9:30 ص. أى أن العدد داخل المقبرة تجاوز المستويات الموصى بها بمقدار ثلاثة أضعاف.

تحظى مقبرة رمسيس السادس رقم 6 بإقبال شديد من السياح نظرًا لموقعها القريب والمتوسط للاستراحة وحالتها الجيدة جدًا من الحفظ ونقوشها الجدارية الجيدة. إضافة إلى التخطيط البسيط للمقبرة، وعدم وجود عدة مستويات وسلالم، مما يجعلها مفضلة من قبل عدد كبير من الزوار.

مسح المقبرة رقم 9 وادي الملوك

تجاوز العدد داخل المقبرة رقم 9 خلال فترة ذروة الإشغال القدرة الاستيعابية الموصى بها بـ132 شخص أى تعدى بنسبة 250% (جدول 74). وارتفع عدد الزوار خلال فترة الصباح حتى وصل إلى الذروة وزاد عن 307 سائحين الساعة 9:40 - 9:50 ص، 20 سبتمبر، ثم بلغ العدد الذروة عند الساعة 9:20-9:30 ص، 21 سبتمبر، مما تسبب فى زيادة مباشرة خطيرة فى درجة الحرارة ومستويات الرطوبة (جدول 75، 76). تجذب المقبرة رقم 9 اهتمام زوار وادي الملوك (لا تختلف عن المقبرة 6 وادي الملوك) لطبيعة تخطيطها، ونقوشها الرائعة، وموقعها وسط وادي الملوك. لهذه الأسباب اختار مشروع خرائط طيبة المقبرة للمراقبة البيئية.

الحيز الزمنى	الاثنين، 20 سبتمبر 2004 عدد	الثلاثاء، 21 سبتمبر 2004 عدد
7:40 -7:30	68	165
7:50 -7:40	56	154
8:00 -7:50	102	167
8:10 -8:00	109	163
8:20 -8:10	125	160
8:30 -8:20	168	154
8:40 -8:30	217	176
8:50 -8:40	191	186
9:00 -8:50	258	215
9:10 -9:00	286	217
9:20 -9:10	258	236
9:30 -9:20	301	303
9:40 -9:30	274	280
9:50 -9:40	307	244
10:00-09:50	283	242
10:10-10:00	255	217
10:20-10:10	263	208
10:30-10:20	287	184
10:40-10:30	290	83
10:50-10:40	221	57
11:00-10:50	139	19
إجمالى	**4458**	**3830**
متوسط	**212**	**182**

جدول 74: عدد زوار المقبرة رقم 9 وادي الملوك كل 10 دقائق، من 7:30ص - 11:00ص، 21-20 سبتمبر 2004

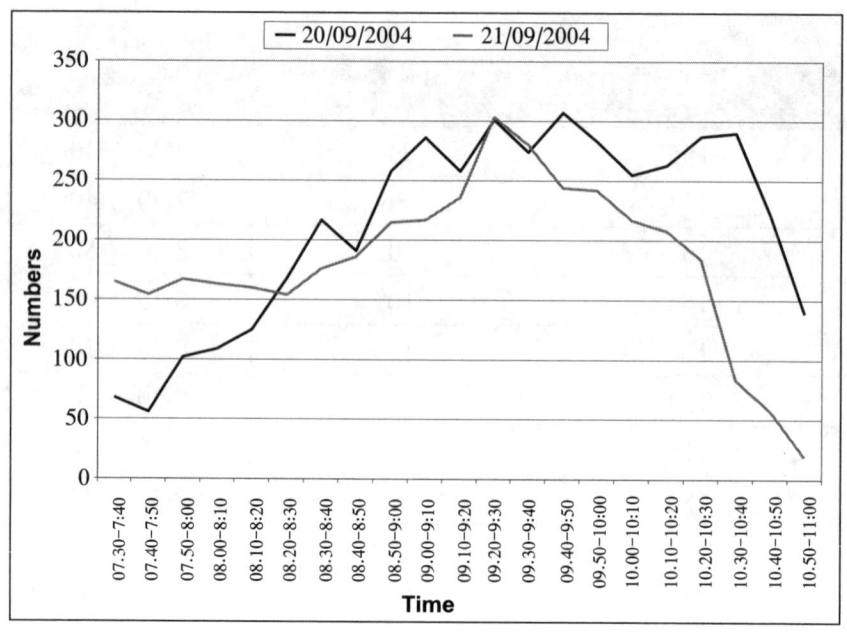

جدول 75: عدد زوار المقبرة رقم 9 وادي الملوك

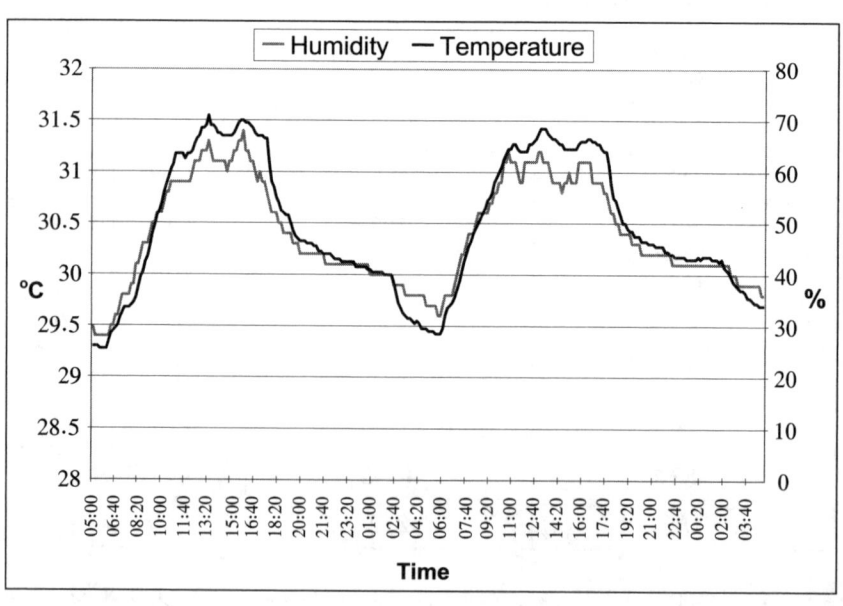

جدول 76: درجة الحرارة و الرطوبة فى المقبرة رقم 9 وادي الملوك ، 20-21 سبتمبر 2004

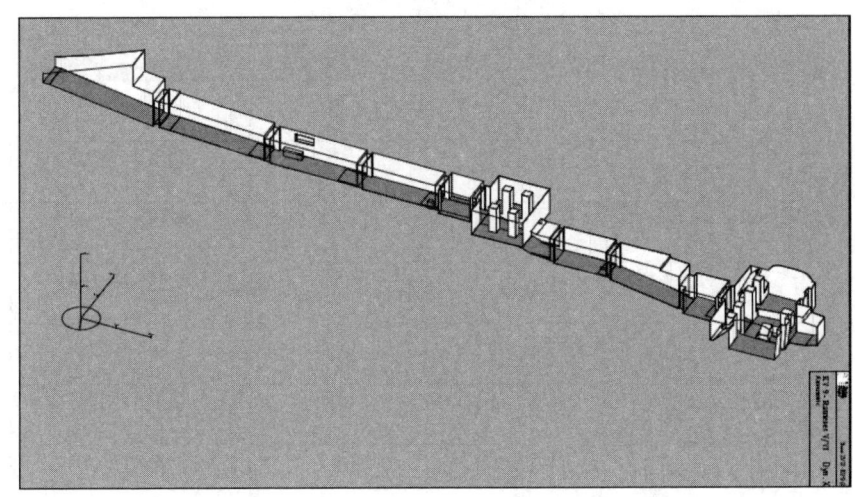

شكل 80: تخطيط مقبرة رمسيس الرابع رقم 9 وادي الملوك

مسح المقبرة رقم 11 وادي الملوك
سجل مشروع خرائط طيبة تجاوز القدرة الاستيعابية الموصى بها بـ 101 فى ثلثين من الحيز الزمنى تقريبًا. وتجاوز الإشغال المستويات الموصى بها بنسبة 80% وقت ذروة الحيز الزمنى. هذه المقبرة تشبه المقبرتين رقم 6 و9، الواقعتين بالمنطقة الوسطى لوادي الملوك.

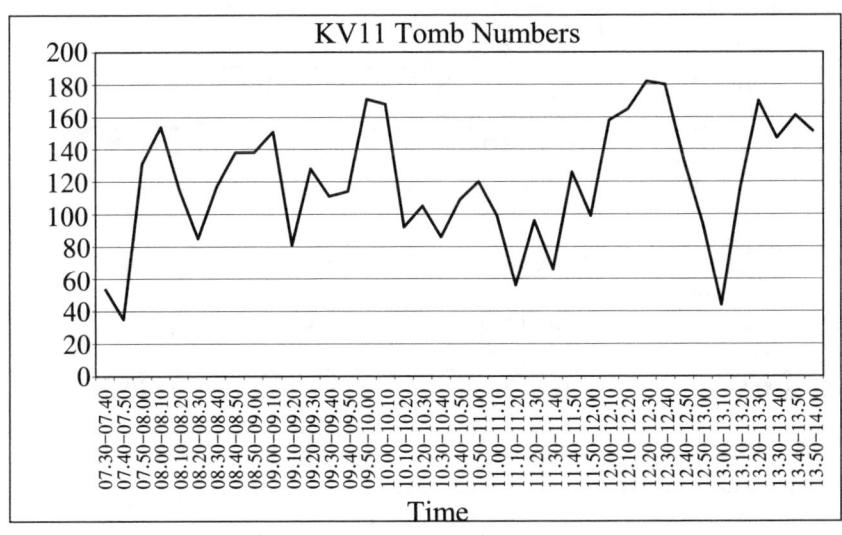

جدول 77: عدد زوار مقبرة رقم 11 وادي الملوك، 21 سبتمبر 2004

القدرة الاستيعابية لمقابر وادي الملوك | 231

الحيز الزمنى	العدد		
7:40 -7:30	54	11:00-10:50	120
7:50 -7:40	35	11:10-11:00	99
8:00 -7:50	131	11:20-11:10	56
8:10 -8:00	154	11:30-11:20	96
8:20 -8:10	115	11:40-11:30	66
8:30 -8:20	85	11:50-11:40	126
8:40 -8:30	117	12:00-11:50	99
8:50 -8:40	138	12:10-12:00	158
9:00 -8:50	138	12:20-12:10	165
9:10 -9:00	151	12:30-12:20	182
9:20 -9:10	81	12:30-12:40	180
9:30 -9:20	128	12:50-12:40	133
9:40 -9:30	111	13:00-12:50	94
9:50 -9:40	114	13:10-13:00	44
10:00-9:50	171	13:20-13:10	116
10:10-10:00	168	13:30-13:20	170
10:20-10:10	92	13:40-13:30	147
10:30-10:20	105	13:50-13:40	161
10:40-10:30	86	14:00-13:50	151
10:50-10:40	109	**متوسط**	**145,19**

جدول 78: أعداد زوار مقبرة رقم 11 وادي الملوك، 21 سبتمبر 2004

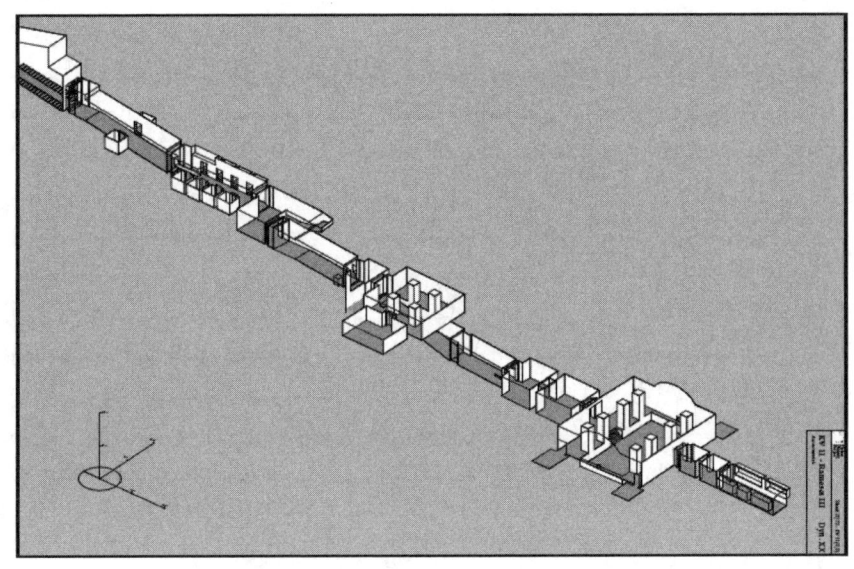

شكل 81: تخطيط مقبرة رمسيس الثالث رقم 11 وادي الملوك

شكل 82: مسح مشروع خرائط طيبة

الفترة الزمنية لزيارة المقبرة

كم من الوقت يقضى الزائر فى المقبرة؟ سؤال مهم يتيح لنا تحديد أقصى عدد من السياح يمكن أن يستمتع بزيارة المقبرة وفقًا لكل ساعة وكل يوم. الأرقام التالية أُحصيت بناءً على أعمال المسح التى قام بها مشروع خرائط طيبة خلال سبتمبر 2004. تم تسجيل فترة الزيارة فى ثلاث مقابر، رقم 6 و9 و11 (رصدت آنفًا للقدرة الاستيعابية). قُدم لكل عاشر زائر للمقبرة ورقة مسجل عليها الزمن واليوم، بها عبارة (مكتوبة بخمس لغات) تطلب من الزائر تسليم الورقة عند مغادرته للمقبرة. وقت تسليمها، يُراجع الزمن ومدة الزيارة ثم يتم إحصاء الوقت الذى قضاه الزائر. وقد نُظم الزمن بحيث يُحصى كل عشر دقائق، وبالتالى يمكن جدولة فترة الزيارة فيما بين الساعة 7:00 - 7:10، ص، ومن الساعة 7:10 - 7:20 ص ،ومن الساعة 7:20 - 7:30 ص، وهكذا دواليك. تظهر الجداول التالية فترة مكوث الزوار فى كل من المقابر الثلاث (جداول 79-82، و84-88).

مسح المقبرة رقم 6 وادي الملوك

الحيز الزمنى	متوسط فترة الزيارة دقائق		
7:50 -7:40	8	10:20-10:10	6
8:00 -7:50	6	10:30-10:20	3
8:20 -8:10	8	10:40-10:30	7
8:30 -8:20	5	10:50-10:40	6
8:40 -8:30	9	11:00-10:50	6
8:50 -8:40	7	11:10-11:00	7
9:00 -8:50	11	11:20-11:10	5
9:10 -9:00	8	11:40-11:30	4
9:20 -9:10	5	12:10-12:00	4
9:30 -9:20	7	12:20-12:10	3
9:40 -9:30	6	12:30-12:20	4
9:50 -9:40	9	12:40-12:30	5

جدول 79: فترة زيارة المقبرة رقم 6 وادي الملوك، 21 سبتمبر 2004

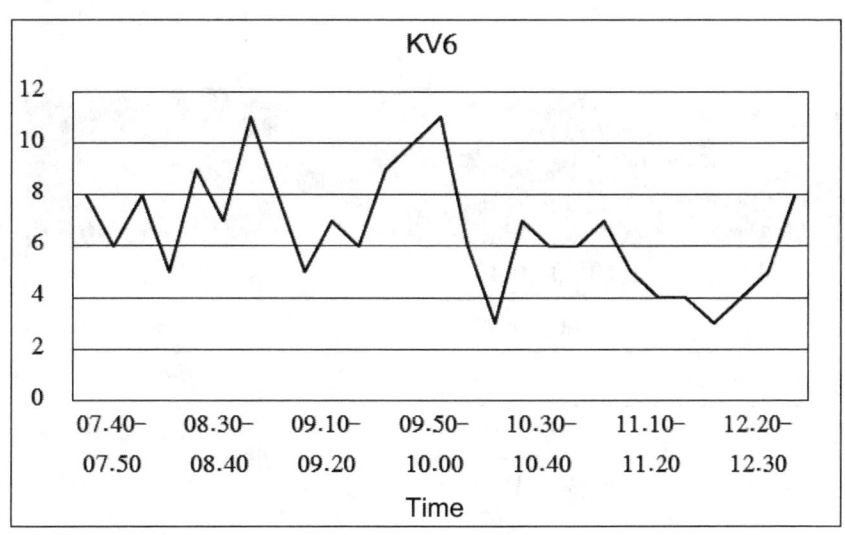

جدول 80: فترة زيارة المقبرة رقم 6 وادي الملوك، 21 سبتمبر 2004

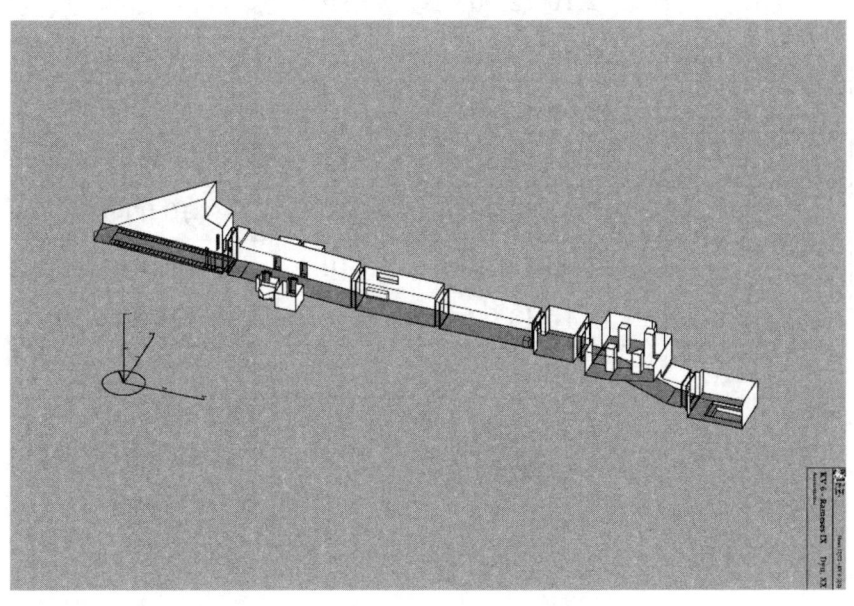

شكل 83: تخطيط مقبرة رقم 6 وادي الملوك

مسح المقبرة رقم 9 وادي الملوك

الحيز الزمنى	متوسط فترة الزيارة دقائق		
7:40 -7:30	9	10:50-10:40	14
7:50 -7:40	12	11:00-10:50	11
8:00 -7:50	12	11:10-11:00	10
8:10 -8:00	12	11:20-11:10	7
8:20 -8:10	13	11:30-11:20	9
8:40 -8:30	20	11:40-11:30	10
9:00 -8:50	24	11:50-11:40	8
9:10 -9:00	11	12:00-11:50	11
9:20 -9:10	16	12:10-12:00	13
9:30 -9:20	15	12:20-12:10	10
9:40 -9:30	18	12:30-12:20	6
9:50 -9:40	17	12:40-12:30	8
10:00-9:50	14	12:50-12:40	8
10:10-10:00	10	13:00-12:50	7
10:20-10:10	15	13:10-13:00	10
10:30-10:20	15		
10:40-10:30	17	**متوسط فترة الزيارة**	**12,25 دقيقة**

جدول 81: فترة زيارة المقبرة رقم 9 وادي الملوك، 20 سبتمبر 2004

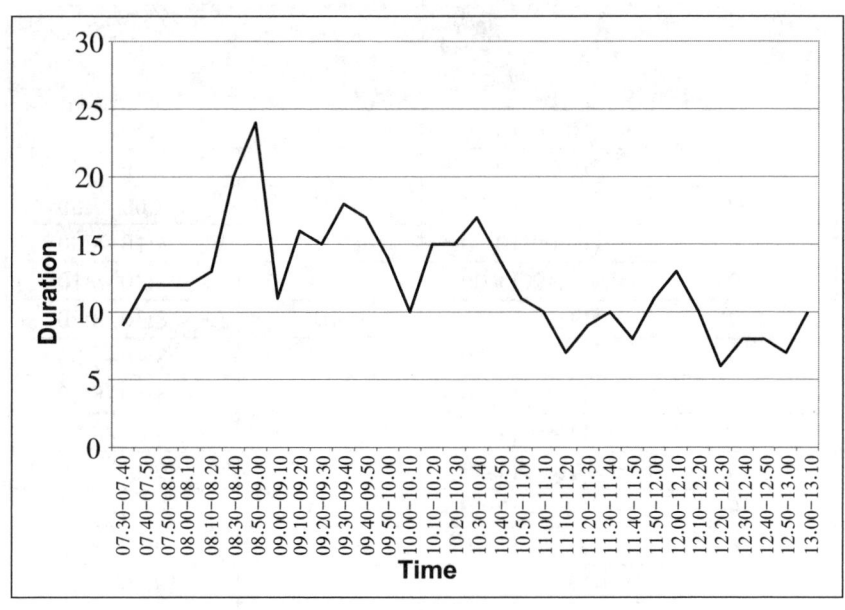

جدول 82: فترة زيارة المقبرة رقم 9 وادي الملوك، 20 سبتمبر 2004

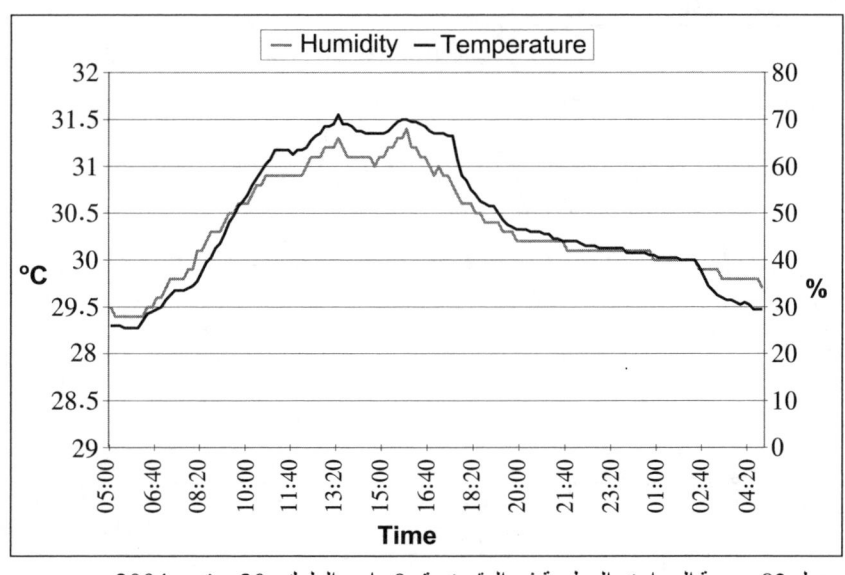

جدول 83: درجة الحرارة والرطوبة فى المقبرة رقم 9 وادي الملوك، 20 سبتمبر 2004

الحيز الزمنى	متوسط فترة الزيارة دقائق		
7:40 -7:30	8	10:20-10:10	10
7:50 -7:40	13	10:30-10:20	10
8:00 -7:50	12	10:40-10:30	15
8:10 -8:00	14	11:00-10:50	9
8:20 -8:10	14	11:10-11:00	9
8:30 -8:20	9	11:20-11:10	9
8:40 -8:30	13	11:30-11:20	9
8:50 -8:40	11	11:40-11:30	9
9:00 -8:50	13	11:50-11:40	11
9:10 -9:00	11	12:00-11:50	8
9:20 -9:10	14	12:10-12:00	9
9:30 -9:20	14	12:20-12:10	6
9:40 -9:30	14	12:30-12:20	7
9:50 -9:40	9	12:40-12:30	7
10:00-9:50	10	12:50-12:40	9
10:10-10:00	10	13:00-12:50	6
		متوسط فترة الزيارة	**10,38 دقيقة**

جدول 84: فترة زيارة المقبرة رقم 9 وادي الملوك، 21 سبتمبر 2004

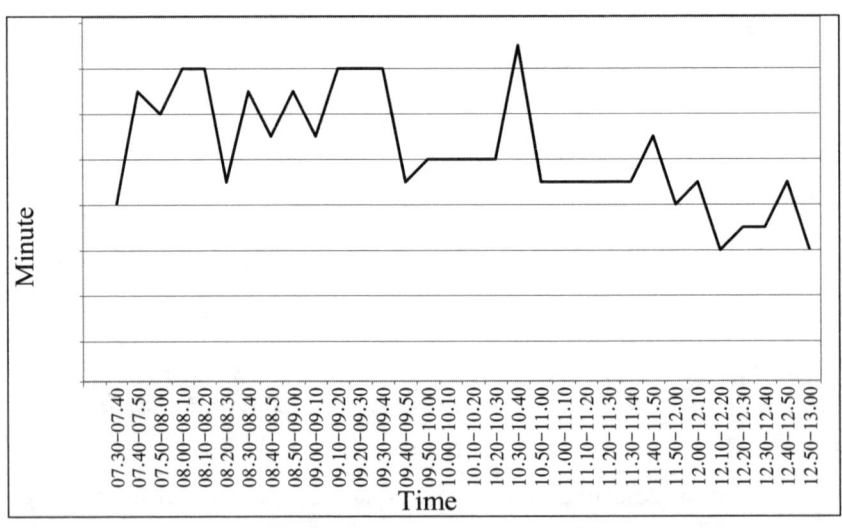

10.00-10.10
10.50-11.00
11.00-11.10
11.10-11.20

جدول 85: فترة زيارة المقبرة رقم 9 وادي الملوك، 21 سبتمبر 2004

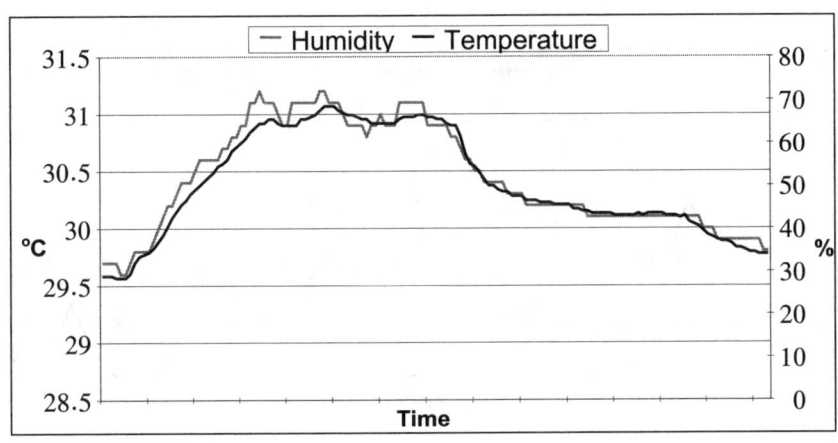

جدول 86: درجة الحرارة والرطوبة فى المقبرة رقم 9 وادي الملوك، 21 سبتمبر 2004

سح المقبرة رقم 11 وادي الملوك

الحيز الزمنى	متوسط فترة الزيارة دقائق		
7:40 -7:30	9	11:00-10:50	11
8:00 -7:50	14	11:10-11:00	10
8:10 -8:00	11	11:30-11:20	11
8:20 -8:10	13	11:40-11:30	8
8:30 -8:20	10	11:50-11:40	9
8:40 -8:30	17	12:00-11:50	8
8:50 -8:40	12	12:10-12:00	8
9:00 -8:50	10	12:20-12:10	8
9:10 -9:00	11	12:30-12:20	8
9:30 -9:20	11	12:40-12:30	6
9:50 -9:40	8	12:50-12:40	6
10:00-9:50	10	13:00-12:50	6
10:10-10:00	10	13:10-13:00	7
10:20-10:10	9	13:20-13:10	9
10:30-10:20	9	13:30-13:20	6
10:40-10:30	14	13:50-13:40	7
10:50-10:40	9	**متوسط فترة الزيارة**	**9,56 دقيقة**

جدول 87: فترة زيارة المقبرة 11 وادي الملوك، يوم 20 سبتمبر 2004

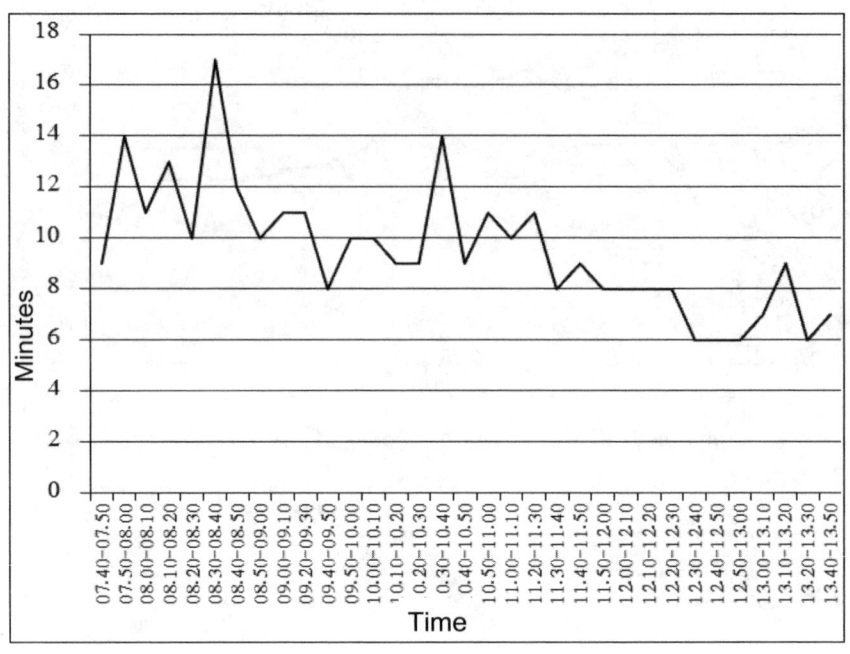

جدول 88: فترة زيارة المقبرة رقم 11 وادي الملوك، 20 سبتمبر 2004

لم يكن من المستغرب أننا وجدنا أنه كلما كانت المقبرة مزدحمة طالت فترة زيارة السائح. ويعود السبب لاضطرار السياح إلى التحرك ببطء شديد بطول الممرات المليئة بالناس. وتحدث الزيارات الأطول أيضًا فى الصباح الباكر، عندما تكون أعداد السياح قليلة نسبيًا، ويتحرك الناس بحرية خلال الممرات. (لم نتمكن من تحديد هل هناك علاقة متبادلة بين طول الزيارة ونوع الزائر. ربما مجموعات السياح تمكث فترة أقل فى المقابر عن السياح الفرادى، ربما يمكث السياح الذين يعودون للمرة الثانية وقتًا أكثر عن زوار المرة الأولى. وربما تستقبل المقابر التى ليس عليها إقبال من الزوار زيارات أطول من تلك المعروفة أكثر فى الوادي. إجمالا، لم نتمكن من دراسة تلك الاحتمالات.)

اقتراحات مشروع خرائط طيبة

نستخلص مما ذكر آنفًا أن مشروع خريطة طيبة كان قادرا على اقتراح قدرة استيعابية لكل مقبرة مفتوحة فى وادي الملوك. وقد شاهدنا كيف أن هذا المستوى الآمن يتم تجاوزه يوميًا. إضافة إلى أن الازدحام الشديد يحدث دومًا وقت ساعات الذروة. لكن الصورة ليست بهذا السوء، فكثير من المقابر

تستضيف زوارًا أقل، غالبا بسبب موقعها. فالمنطقة الوسطى للوادي حول الاستراحة تزدحم عادة بشدة خلال فترات الذروة، فى حين تكون هناك أجزاء أخرى هادئة نسبيًّا. لهذا يبدو أن المشكلة الرئيسية تكمن فى إدارة حركة الزوار.

يعتبر نظام التحكم فى أعداد زوار مقابر وادي الملوك محورًا مهمًّا للخريطة العامة لإدارة الموقع. لهذا لابد أن يكون نظام التحكم جزءًا في أى خطط لحماية المقابر، ونظام التذاكر وخطط البنية التحتية. هذا النظام قد يكون تقنية غير مكلفة نسبيًّا، تتمثل فى استخدام جملة الموظفين العاملين فى وادي الملوك مثل المشرفين والحراس واستخدام نظام التقسيم إلى مناطق كما وصف آنفًا لضبط توافد السياح حول الموقع ومقابره.

يمكن ربط التقنية المتقدمة بنظام التذاكر (تناقش لاحقًا) وعرض معلومات عن مستوى الزحام من غرفة تحكم مركزية على لوحات معلومات فى مركز الزوار والاستراحة. ويمكن إعلام السياح عند مدخل الوادي وعند مدخل كل مقبرة بعدد السياح فى الداخل ومدة الانتظار. وبالتالى إذا كانت المقبرة رقم 9 ممتلئة وهناك طابور فى انتظار الدخول، يمكن وضع أضواء حمراء وربما إشارة إلى الوقت المتوقع انتظاره. فى غضون ذلك يمكن أن يتجول الزوار فى الوادي أو يزوروا مقبرة أخرى.

تشمل الاقتراحات الأخرى المطروحة للدراسة فيما يخص وضع قيود على الدخول إلى مقابر وادي الملوك أو تحويل الدخول عنها، الآتى:

- أن يحدد المجلس الأعلى للآثار المقابر التى ستزورها المجموعات
- وضع قيود على دخول المقابر المشهورة
- مناوبة فتح المقابر وغلقها على أساس يومى وأسبوعى
- التدخل البشرى: أن يتولى الحراس تنظيم عملية الدخول
- إنذارات بدرجة الحرارة والرطوبة
- أيام راحة

الوضع الحالى

تم بالفعل تفعيل قليل من اقتراحات مشروع خرائط طيبة التى ذكرت آنفا. فعلى سبيل المثال يجب:

الحصول على تذاكر إضافية (إضافة إلى تذكرة دخول الوادي الرئيسية) لزيارة المقبرة رقم 64 (توت عنخ آمون) ورقم 9 (رمسيس الخامس والسادس). وهناك دراسة لفرض تذكرة إضافية للمقبرة رقم 8 (مرنبتاح). أدى ذلك إلى نقصان عدد زوار هذه المقابر بشكل ملحوظ، لكن على الجانب الآخر أدى إلى زيادة الزوار فى مقابر أخرى. من المقابر التى تأثرت

بصورة سلبية من كثرة الزوار المقابر رقم 1 و2 و11 بسبب قربها من المدخل، وسهولة الدخول إليها، ونقوشها الجيدة، مما جعل المرشدين يفضلونها. وهناك 11 مقبرة مفتوحة فقط للجمهور حاليًا، مما يجعل الزحام مشكلة مؤرقة. ولا توجد أى مقبرة مفتوحة للجمهور حاليا من الأسرة 18.

لم يحدث أى تغيير فى مواعيد زيارة وادي الملوك أو لكل مقبرة على حدة، وكذلك لم يوضع أى نظام لمراقبة القدرة الاستيعابية موضع التنفيذ.

تقلص عدد زوار وادي الملوك منذ ثورة 2011 بنسبة حوالى 40-50%، لكن لا تزال هناك أعداد كبيرة من السائحين تزور الموقع. لابد من التفكير جديا فى بناء مستنسخات مــن المقابر المفضلة لدى الزوار (مقابر رقم 64 و11 وربما حتى 17) وإتاحتها للمجموعات الكبيرة التى تزور الأقصر ليوم واحد أو نصف يوم.

شراء التذاكر

يتم شراء تذاكر وادي الملوك من مركز الزوار. أما فيما يخص المجموعات، يقوم المرشدون المرافقون لهم بشراء التذاكر بينما يقوم السياح بالتجول فى منطقة الحوانيت. لكن السياح الفرادى يقومون بشراء تذاكرهم بأنفسهم. ينقسم نظام تسعير التذاكر حاليًا إلى أربعة مستويات: أجانب، وطلبة أجانب، ومصريين، ثم أخيرًا طلبة مصريين (جدول 89) هذه التذكرة تتيح زيارة ثلاث مقابر فى الوادي الشرقى. ولابد من شراء تذكرة إضافية لزيارة مقبرة آى بالوادي الغربى. وتذكرة أخرى لمقبرة توت عنخ آمون، وأيضًا يتم ذلك من خلال أربع فئات مختلفة فى السعر.

تُفحص تذاكر الدخول مرة عند بوابة الأمن الرئيسة ومرة أخرى عند مدخل كل مقبرة، حيث يقوم الحارس بقطع زاوية من التذكرة إشارة إلى زيارة مقبرة واحدة. لكن هذا النظام غير كاف. حيث أن بعض الحراس يقطعون جزءًا صغيرًا جدًّا من ركن التذكرة، فى حين يقوم آخرون بقطع التذاكر فى أماكن معينة. أى ليس هناك نظام محدد متبع. لذلك غالبًا ما يكون هناك لبس فى عدد المقابر التى

	أجنبى	طالب أجنبى	مصرى	طالب
تذكرة وادي الملوك (3 مقابر)	55	30	4	2
مقبرة توت عنخ آمون	70	30	20	10
الوادي الغربى	20	10	2	1
كل التذاكر بالجنيه المصرى، اعتبارًا من يناير 2006				

جدول 89: أسعار تذاكر وادي الملوك

زارها السائح، ويمكن أن تنشأ نزاعات. خلال استطلاع رأى أصحاب المصلحة فى المسح، عبر الزوار عن عدم رضاهم عن هذا الإجراء، خاصة أن أصل التذكرة، التى يريدون الاحتفاظ بها ذكرى قد دمر.

اقتراحات مشروع خرائط طيبة

لابد عند تصميم نظام جديد للتذاكر يأخذ فى الاعتبار رغبة الزائر فى أن يكون لديه سجل لزيارته، وحقيقة أن أكثر من 7000 تذكرة يتداولها حاليا على الأقل أربع مرات فى كل زيارة المسئولون عن الموقع. فى ضوء ذلك هناك حاجة إلى تذكرة يمكن مراجعتها من قبل الحراس وأيضًا، يمكن للسائح الاحتفاظ بها ذكرى. إلى جانب الموضوعات المتعلقة بالتذاكر ؛ المطروحة للنقاش لاحقًا، نرى أنه لبناء قدرة استيعابية للمستقبل، ينبغى أن يكون نظام التذاكر جزءًا من نظام معلومات إدارة أكبر. ويجب معالجة مسألة التعامل النقدى أيضًا؛ فسوف يستفيد المجلس الأعلى للآثار إذا سهل قبول الدفع بالدولار أو كروت الائتمان بمركز

شكل 84: شباك بيع التذاكر بمركز الزوار

الزوار الجديد (لا يمكن حتى الآن الدفع بكارت الائتمان). وسوف يكون ذلك مفيدًا إذا قرر المجلس الأعلى للآثار فى المستقبل بيع منتجات، مثل خرائط إرشادية وهدايا. ولكن تداول العملة الصعبة يخضع لرقابة وزارة المالية، لهذا، قد يكون من الصعب تطبيق هذا الاقتراح.

واحدة من أسهل طرق تسجيل أعداد الزوار ومراقبته فى وادي الملوك ومقابره تنويع إجراءات التذاكر. تتراوح الاحتمالات من سهلة إلى معقدة، ومن رخيصة إلى مكلفة، ولكل منها مزاياها وسلبياتها.

لابد من تطبيق نظام جديد للتذاكر فى وادي الملوك. ولابد أن تستخدم هذه الخطة تذاكر ذات أكواد وماكينات تذاكر آلية لبيع التذاكر فى نقاط مختلفة (البر الشرقى للأقصر، ومكتب تذاكر البر الغربى، وعند مدخل وادي الملوك

وموقع وسط داخل وادي الملوك). وإصدار تذكرة عامة لوادي الملوك تُشترى عن طريق ماكينات آلية مشفرة، مما يتيح إضافة أى شروط وقت شراء التذكرة. (هذا هو الخيار الوحيد القابل للتطبيق إذا كان من الممكن للمرشدين شراء عدد كبير من التذاكر مسبقًا، وأن يتمكن سياح اليوم الواحد القادمون من البحر الأحمر من شراء التذاكر يوم وصولهم دون الخوف من نفاذ التذاكر فى وقت معين.) بعد شراء التذاكر، يزور السائح عددًا محددًا من المقابر، مرورًا عبر باب دوار عند مدخل الوادي والطريق الموصل للمقبرة المختارة. وسيتيح هذا إحصاءً دقيقًا للزوار فى الوادي ككل وفى كل مقبرة على حده. ويمكن ربط تلك الأبواب الدوارة بشبكة أكبر تظهر عدد الزوار فى الوادي فى وقت ما، مما يتيح الفرصة للمرشدين والسياح الفرادى بالذهاب إلى مكان آخر حتى ينحسر الزحام. ولكن هناك عيب بالنسبة للأبواب الدوارة، وهو ضرورة القيام بصيانة البنية التحتية، وصيانة تلك الماكينات العاملة فى هذا المناخ القاسى، إضافة إلى مظهرها المزعج.

هناك خيارات أخرى تشمل الآتى (ضرورة الأخذ فى الاعتبار تطبيق أكثر من خيار فى الوقت نفسه):

أ- تذكرة لمقبرة واحدة. يمكن بيع تذكرة لكل مقبرة على حدة بدلا من بيع تذكرة واحدة تتيح زيارة عدة مقابر. وترك الحرية للسائح أو لمرشده السياحى ليقرر أى المقابر يزور وعدد المقابر التى يريد زيارتها. فمثلا بعض المجموعات، مثل رحلات اليوم الواحد القادمة من البحر الأحمر، قد تزور مقبرتين فقط، فى حين أن المهتمين بالمصريات غير المحترفين قد يرغبون فى زيارة ثمانى مقابر أو تسع. يمكن إصدار تذاكر فردية لأية مقبرة أو لمقبرة بعينها، ولابد من تحديدها عند شراء التذكرة.
يمكن تقاضى سعر مختلف لزيارة مقبرة واحدة بناءً على أهميتها. فعلى سبيل المثال مقبرة رمسيس السادس رقم 9، من أكثر المقابر زيارة نظرًا لحالة نقوشها الجيدة جدا. بالتالى يمكن تقاضى سعر أعلى لهذه المقبرة عن مقبرة منتو حر خبش إف رقم 19، فهى مقبرة صغيرة، وبعيدة عن الطرق المطروقة، ونادرًا ما يزورها أحد. ويمكن أن تستمر مقبرة توت عنخ آمون كما هى بتذكرتها الخاصة المتميزة.

ب- تذاكر لعدة مقابر: حاليًا يشترى السياح تذكرة تتيح لهم زيارة أى ثلاث مقابر فيما عدا توت عنخ آمون وآى، فكلتاهما لابد لهما من تذكرة خاصة منفصلة. هناك عدة تنويعات ممكنة، كلها قد تفترض استمرار وجود تذكرة منفصلة لتوت عنخ وآى.

1- تذكرة واحدة تتيح زيارة أى مقبرتين. قد تناسب هذه سياح اليوم الواحد القادمين من البحر الأحمر وبرنامجهم المحدود جدًّا.

2- تذكرة واحدة تتيح زيارة أكثر من ثلاث مقابر.
3- تذكرة واحدة تتيح زيارة كل مقابر وادي الملوك: قد تروق لعدد قليل من المهتمين بالمصريات الذين يرغبون فى زيارة كل المقابر، وللمرشدين السياحيين الذين يريدون المرونة الكبيرة التى قد يتيحها مسار الرحلة. ولكن، من الواضح، أن سعر مثل هذه التذاكر قد يعكس هذه الأعداد المختلفة للمقابر، وقد تكون قيمة التذكرة عاملا سلبيًا.
4- كما نوقش آنفًا، إصدار تذكرة تتيح زيارة مقبرة واحدة فى كل مجموعة مقابر: على سبيل المثال، أن تجمع المقابر فى ثلاث تصنيفات بناءً على تفضيلها، وبالتالى استبعاد بعض المقابر الأكثر زيارة وتشجيع السياح على زيارة بعض المقابر البعيدة عن الطرق المطروقة، وتوزيع الزحام. تلك المجموعات قد تكون: مقابر رقم 1 و2 و6 و9 و11 (الأكثر زيارة)؛ مقابر14 و15 و34 و43 و47 (متوسطة الزيارة)؛ والمقبـرتين رقم 16 و19 (أقل زيارة). وهناك إمكانية أخرى وهى إصدار تذكرة تتيح زيارة مقبرة واحدة مـن كل أسرة ممثلة فى الوادي.

ج- تذاكر موقوتة: سواء أكانت لزيارة مقبرة واحدة، أو اثنتين، أو ثلاث، أو أكثر، وتتيح التذاكر الموقوتة للزائر زيارة وادي الملوك بتحديد مسبق خلال اليوم. فمن خلال تحديد عدد ثابت من التذاكر لكل حيز زمنى (على سبيل المثال خلال الساعات:7:00-8:00، 8:00-9:00، 9:00-10:00 صباحًا)، يمكن التحكم فى عدد زوار وادي الملوك فى وقت ما. لابد من شراء التذاكر مسبقا، طبعًا، وبالتالى لابد من وجود منفذ لبيع التذاكر على البر الشرقى (ربما عند متحف الأقصر، ومعبد الأقصر، أو متحف التحنيط)، حيث يمكن للمرشدين السياحيين والسياح شراء التذاكر قبل 24 ساعة أو 48 ساعة قبل زيارتهم. مثل هذه التذاكر لا يمكن استبدالها أو رد قيمتها. قد يكون من الصعب على سياح اليوم الواحد إلى الأقصر شراء مثل هذه التذاكر الموقوتة، بما أن برنامجهم ضيق ومدة بقائهم فى الأقصر قصيرة جدًا. أما بالنسبة لهؤلاء الذين لا يمكنهم شراء تذاكر موقوتة مسبقًا، فإن المجلس الأعلى للآثار يمكن أن يجنب عددًا من تذاكر "مفتوحة" تتيح للسائح زيارة وادي الملوك فـى أى وقت ليوم محدد- مقابل زيادة مادية.

د- تصاريح لبعض السائحين: خاصة دارسى المصريات غير المحترفين الذين تطول مدة إقامتهم فى الأقصر لأكثر من يوم أو يومين، يمكن بيع تصريح خاص يسمح بزيارة كل آثار طيبة خلال فترة محددة لثلاثة أيام أو أربعة أو أسبوع. ويمكن بيع مثل هذه التصاريح فى الأقصر ولصق صورة صاحب التصريح عليها.

هـ- تذاكر متميزة جدا: بعض الزوار يزورون وادي الملوك بدون شراء أى تذكرة. قد يشمل هؤلاء شخصيات مهمة، وأصحاب مقام رفيع ودارسين. ومن أجل الحصول على تسجيلات دقيقة لعدد الزوار فى أى مقبرة فى أى وقت، لابد من حصولهم على تذاكر بدون مقابل حتى يمكن إحصاؤهم مع كل التذاكر وقت تجميعها إحصائيًّا.

و- تذاكر إليكترونية: عند دراسة إصدار تذاكر جديدة لابد من التفكير فى إصدار تذاكر مشفرة. وسوف تسهم فى تنظيم الزحام، وإدارة الموقع والإدارة المالية.

ولابد من تواجد منافذ بيع تذاكر فى مركز الزوار بوادي الملوك، ومنافذ بيع التذاكر المركزية على البر الغربى (على سبيل المثال، بيت المدينة)، وتواجد مكتب على البر الشرقى بالأقصر. لابد من توافر التذاكر قبل الزيارة بـ 24-48 ساعة، إذا طُبق نظام تذاكر موقوتة. وأن تكون غير قابلة للتعويض والاستبدال. وإمكانية شراء التذاكر بالجنيه المصرى أو بطاقة الائتمان. ويجب موافقة المجلس الأعلى للآثار على سعر التذاكر والإعلان عن أى تغييرات قبل تنفيذها بتسعة أشهر على الأقل، حتى يتسنى لشركات السياحة تعديل أسعارها تبعا لذلك.

تلخيصا لهذا، فيما يلى القرارات التى يجب أن تتخذ فيما يخص نظام شراء التذاكر:

- سعر التذكرة
- إصدار تذاكر موقوتة
- عدد المقابر المتاحة فى التذكرة
- بيع تذكرة لمقبرة واحدة
- تذكرة واحدة لكل مقابر وادي الملوك
- تذاكر متفاوتة الثمن للمقابر المفضلة والأقل إقبالا
- تقسيم الموقع إلى المناطق
- وضع جدول زمنى للموقع
- أنواع التذاكر المتاحة
- تذاكر فى غير وقت الذروة
- مكان الشراء
- شراء التذكرة بكروت ائتمان
- ساعات فتح أطول
- إدارة نظام إصدار التذاكر
- الاستثمار فى نظام التذاكر

شكل 85: أحد الباعة غير المرخص لهم يضايق الزوار

شكل 86 أ، ب، ج: تجارب مختلفة لزوار وادي الملوك

تجربة السائح في وادي الملوك

تتأثر تجربة السائح الكلية في وادي الملوك بعدة عوامل: وقت الزيارة، والمواسم وأوقات اليوم المختلفة، ووسيلة النقل، وأحوال المناخ سواء داخل المقبرة وخارجها، والانطباع الأول عن الموقع، ومستوى الخدمة المقدمة للعميل، والشركات السياحية، ومستوى الترجمات المتاحة، إلخ. ويمكن لإدارة وادي الملوك أن تحاول التأثير في بعض تلك العوامل بطريقة إيجابية وبهذه الطريقة تنجح تجربة الزائر، وهناك عوامل أخرى، لكنها، خارج نطاق سيطرتهم.

بناءً على استبيان آراء أصحاب المصلحة الذي قام به مشروع خرائط طيبة في وادي الملوك تلقينا إجابات كثيرة من الزوار فيما يخص المظاهر الإيجابية والسلبية لزيارتهم. وبدون تكرار ما جاء في الفصل الرابع، يمكن تلخيص العوامل الرئيسية التي تؤثر في التجربة الكلية لزيارة وادي الملوك.

مظاهر إيجابية:

- التأثر الشديد بوجودهم هناك
- المقابر ونقوشها
- زيارة توت عنخ آمون
- البيئة الطبيعية لوادي الملوك
- المرشدون السياحيون وما يقصوه عن تاريخ وادي الملوك

مظاهر سلبية

- أعداد الزوار والشعور بالزحام الشديد
- الضوضاء وعدم الاستمتاع بجو المقبرة
- عدم وجود موظفين في الموقع قادرين على إعطاء معلومات
- عدم وجود سيطرة على الزوار
- مضايقات الحراس والتجار والباعة الجائلين
- عدم توفر مادة للشرح، أي دليل، ومنشورات، إلخ

اقتراحات مشروع خرائط طيبة

هناك عوامل كثيرة تؤثر في تجربة الزائر، وإذا تم تطبيق كل مقترحات مشروع خرائط طيبة التي وردت في هذا الكتاب، فسيكون لها تأثير إيجابي على تجربة السائح.

ملخص الاقتراحات

- ضرورة ضبط عدد الزوار فى وادي الملوك وفى كل مقبرة على حدة
- عرض لوحات فى وادي الملوك وبالقرب منه توضح للمرشدين القدرة الاستيعابية القائمة
- لابد من دراسة نظام جديد لشراء التذاكر واختباره
- لابد من دراسة إيجاد منافذ متعددة لبيع التذاكر
- التحكم فى الزحام
- لابد من مد ساعات فتح وادي الملوك

الفصل الثامن: إدارة موقع وادي الملوك

من الضروري متابعة تنفيذ كل الاقتراحات في المستقبل وقبول اقتراحات أصحاب المصلحة المسئولين عن إدارة وادي الملوك الواردة في هذا التقرير. وتشمل المؤسسات التي يندرج فيها أصحاب المصلحة الآتي:

- مكتب رئيس الجمهورية
- وزارة الثقافة
- المجلس الأعلى للآثار (يطلق عليه : وزارة الدولة لشئون الآثار ، لكن ما زال يطلق عليه كثيرون المجلس الأعلى للآثار)
- وزارة السياحة
- وزارة الإسكان والمجتمعات العمرانية الجديدة
- وزارة الدولة لشئون البيئة
- وزارة الزراعة واستصلاح الأراضي
- وزارة الموارد المائية والري
- وزارة المالية
- مجلس مدينة الأقصر والمجلس الأعلى لمدينة الأقصر

تمتلك الدولة كل المواقع الأثرية بجمهورية مصر العربية ويتولى المجلس الأعلى للآثار إدارتها لصالح الدولة، مما يجعل هذه المؤسسة أهم صاحب مصلحة وبالتالي خُصص لها هذا الفصل.

وتتطلب إدارة الموقع الناجحة لوادي الملوك تضافر الإجراءات في التخطيط وتبادل المعلومات. حيث يكمن نجاح أي خطة إدارة موقع أو فشلها في سهولة تطبيقها والتدريب الجيد للمديرين الذين يحملون عبء تنفيذها. لهذا قمنا بدراسة الإطار العملي للإدارة الحالية واقترحنا تطبيق إجراء بديل يأتي لاحقًا. وقد لفتنا النظر أيضا إلى موضوع تمويل الموقع وكفاءة العاملين بالموقع

والتدريب ومعايير الصيانة. وأخيرًا، درسنا كيفية إدارة كل هذه المعلومات واستخدامها بنجاح.

المجلس الأعلى للآثار

فى مصر، المجلس الأعلى للآثار هو المؤسسة الحكومية الرسمية المسئولة عن تسجيل التراث الثقافى وحفظه وإدارته. ولكي نفهم آلية عمل هذه المؤسسة فعليًا لابد من النظر إلى بنيتها والقوانين المنظمة لها. يرجع تاريخ إنشاء هيئة مسئولة عن الآثار إلى عام 1858 وذلك أثناء فترة احتلال مصر، وأطلق عليها مصلحة الآثار، وكان يديرها الفرنسيون، وكانت مسئولة عن جميع الحفائر الأثرية فى البلاد. بعد استقلال مصر عام 1922، بدأ يدير المصلحة تدريجيًا موظفو الحكومة المصرية، وفى عام 1971 أُعيد تسميتها بهيئة الآثار المصرية. ثم بعد ثورة يناير 2011، أصبح للمجلس الأعلى للآثار مكانة أكثر تميزًا وأصبح هيئة شبه–وزارية. لكن المهام البيروقراطية والمالية لها غير واضحة حتى الآن.

يقع المقر الحالى للمجلس الأعلى للآثار بالقاهرة بالزمالك والعباسية. ويترأس المنظومة وزير دولة لشئون الآثار ولجنة دائمة، ويعمل بها 42000 موظف.

وفيما يلى المهام الرئيسية للمجلس الأعلى للآثار فيما يتعلق بالمواقع الأثرية، إضافة إلى تسجيل هذه المواقع وإدارتها وصيانتها:

- إصدار تصاريح إجراء أعمال الحفائر فى كل المواقع وللأفراد
- وضع ضوابط عمل البعثات الأجنبية العاملة فى الآثار بمصر

ولابد من الإشارة هنا إلى الإطار القانونى الذى يعمل فى إطاره المجلس الأعلى للآثار (ملحق 5). لقد كان التطور التشريعى فيما يخص حماية الآثار فى مصر غير فعال حتى صدور قانون 215 لسنة 1951. ويعتبر هذا أول تشريع قانونى غطى كل مواضيع حماية الآثار، ولوجود الكثير من الثغرات به عدل عام 1983 بالقانون رقم 117.

أهم نقاط القانون رقم 117:

- إن المجلس الأعلى للآثار هو الحامى القانونى للآثار
- عُرفت "الآثار" بأنها أية قطعة، محمولة أو ثابتة، يزيد عمرها عن مائة عام، أو قطع أو مواقع اختيرت بقرار وزارى، وبناءً على هذا تعتبر ملكية عامة
- حظر الاتجار فى الآثار
- حظر تصدير الممتلكات الثقافية

تقسيمات جبانة طيبة

تعتبر المنطقة الأثرية الواقعة على البر الغربى منطقة شاسعة بكل المقاييس. فهى تغطى على الأقل حوالى 10كم مربع (وهذا بناء على قرار عام 1926 التنظيمى، على سبيل المثال). وتغطى ضعف هذه المساحة بناء علـى قرارات أخرى، (مثل قرار عام 1980). ثم أضاف إليهـــا قرار عام 2004 "منطقة حرم"، وبالتالى تضاعف حجمها مرة أخرى مرتين وربما ثلاث. إذا أردنا إدارة جبانة طيبة وحمايتها بطريقة فعالة، لابد مـــن تقسيمها إلى وحدات إدارية أصغر محددة الحدود.

يدخل ضمن حدود البر الغربى مواقع أثرية، وأراضٍ زراعية، ومنشآت سياحية، وطرق سريعة ودروب، وقنوات رى وصرف، وقرى قديمة وحديثة. لهذا يتولى إدارتها موظفون من وزارات ومصالح حكومية كثيرة، مثل الزراعة والرى والمجتمعات العمرانية الجديدة، والبيئة، والثقافة، والسياحة، والداخلية، والكهرباء، ومجلس مدينة الأقصر وآخرين. وغالبًا ما تتصادم أهداف هذه المصالح الحكومية.

يمكن تقسيم البر الغربى إلى مناطق واضحة واسعة بعدة تقسيمات. ويمكن أن ترتكز تلك التقسيمات على حدود بيئية، وعرقية، واجتماعية، وتاريخية، وأثرية أو إدارية.

بيئيًا من الشرق إلى الغرب، تتكون من:

أ- منطقة زراعية، تشمل أيضا قرى جديدة ومواقع أثرية. ويمكن إعادة تقسيم هذه المنطقة إلـــى "أحواض" رى، عبارة عن منخفضات طبيعية استخدمت منذ القدم حتى الستينيات من القرن الماضى باعتبارها جزءًا من نظام رى الحياض الفيضى. ويحدد الأحواض جسور موجودة منذ عقود كثيرة وما زالت موجودة حتى اليوم وقد استخدمت أساسات للطرق على البر الغربى بعد التخلى عن نظام رى الحياض.

ب- الصحراء المنخفضة بطول حافة الأرض الزراعية. هذه المنطقة المنبسطة نسبيًا عبارة عن رمال متموجة وأحجار تبرز منهم بعض التلال التى ترتفع قليلا عن مستوى المنطقة الزراعية. وقد تأثرت بدرجة شديدة بسبب تغير مستويات المياه الجوفية. وقد تسببت المياه فى أضرار خطيرة لكثير من المعابد والمقابر الصغيرة الواقعة هنا. ويتفاوت عرض المنطقة من عدة مئات من الأمتار إلى كيلومتر أو أكثر، وتمتد بطول كل الجبانة.

ج- الصحراء العالية، وشبكة أودية معقدة، حيث يقع الوادي الشرقى والغربى للملوك، ووادي الملكات، وكثير مـــن أودية صغيرة نائية استخدمت أماكن للدفن، وورش عمل قديمة، أو محاجر.

عرقيًا، هناك أربعة مناطق صحراوية، تسمى على وجه العموم بالقرنة. وترتبط كل واحدة بعائلات لها أصول، وتذكر التقاليد أنهم جاءوا من جنوب الجزيرة العربية واستقروا هنا منذ القرن الخامس عشر الميلادى. تلك القبائل هم الحربات، والحساسنة والعطيات والغابات. وقد أطلق عليهم الرحالة الأوربيون الأوائل "سكان الكهوف" حيث كانوا يعيشون داخل مقابر النبلاء بالقرنة. فى حين سكن الأرض الزراعية على البر الغربى سكان أصليون محليون يعملون فى الزراعة، بعضهم مسلم والبعض الآخر مسيحى، ويدعون أنهم سلالة المصريين القدماء.

اجتماعيًا وبيروقراطيًا، يمكن أيضا تقسيم البر الغربى إلى سلسلة من القرى تتكون من حوالى 20 قرية، تشمل : الجزيرات، وقرية حسن فتحى، ونجع كوم لولاح، ونجع القطر، ونجع مدينة هابو، وقرنة مرعى، والبعيرات، ونجع الرسايلة، ونجع الرامسيوم أو السهل الشرقى، وعزبة الورد، والسوالم، والقباوى، والسيول، والجنينة، والطارف، والرواجحة، والعبابدة، وقمولة. تقع كل القرى فى نطاق المنطقة الزراعية. وتنظر الحكومة إلى تلك القرى والنجوع باعتبارها أشبه بكيانات مستقلة، يحكم كلًا منها عمدة يتم اختياره وتساعده لجنة من كبار رجال القرية ويتولون جميعًا البت فى الأمور المهمة فى القرية. بعض القرى تقع بعيدًا عن المواقع الأثرية (الجزيرات، على سبيل المثال)، وأخرى تقع فوقها تماما (نجع كوم لولاح، أو الكوم).

تاريخيا، قسمت المنطقة الأثرية (فى الأساس مناطق صحراوية) إلى 10 مناطق (من الشمال إلى الجنوب). يقدر المجلس الأعلى للآثار فقط عدد المقابر فى كل منطقة بتلك المقابر الموثقة. لكن، فى الواقع، معروف وجود ضعف هذا العدد أو ثلاثة أضعافه على الأقل. والمناطق هى:

أ- الطارف (تعنى: "الحد") تقع أقصى النهاية الشمالية للجبانة، تضررت بشدة من الأبنية الحديثة، ويقع بها كثير من مقابر الدولة الوسطى ومقاصيرها، ومصاطب الدولة القديمة، وورش عمل تعود إلى ما قبل التاريخ.

ب- وادي الملوك، فى الواقع هو عبارة عن وَاديين، وادٍ شرقى ووادٍ غربى، بهما مقابر ملوك مصر خلال الدولة الحديثة وآخرون. يوجد 62 مقبرة فى الوادي الشرقى، وأربع فى الوادي الغربى. ويمكن القول إنها واحدة من أجمل المواقع الأثرية فى العالم وأهمها.

ج- دراع أبو النجا، يقع بين الطريق الصاعد لحتشبسوت والطارف، وهو عبارة عن تل يحوى مقابر حكام الأسرة السابعة عشرة، وعائلاتهم، وكهنة الدولة الحديثة.

د–الدير البحرى وبيرابى، وهو مدرج طبيعى شيدت فيه معابد تذكارية لمنتوحتب الثانى وتحتمس الثالث وحتشبسوت.
هـ –العساسيف (تعنى: "الأنفاق المترابطة")، تقع شمال الطريق الصاعد لحتشبسوت وجنوبه، وتحتوى على حوالى 40 مقبرة تعود إلى الدولة الحديثة.
و–الخوخة (تعنى: "تل القباب") عبارة عن رابية صغيرة تقع شمال الشيخ عبد القرنه وشرق العساسيف، بها خمس مقابر تعود إلى الدولة القديمة و53 مقبرة تعود إلى الدولة الحديثة.
ز–علوة الشيخ عبد القرنه، عبارة عن رابية صغيرة جنوب الطريق الصاعد لمعبد حتشبسوت وغرب الرامسيوم، سميت على اسم شيخ مُسلم أسطورى. وهناك جدار حديث يقسم الرابية إلى حيزين. إضافة إلى تلك، هناك منطقة ثالثة أصغر يوجد بها حوالى 100 مقبرة من الدولة الحديثة.
ح–قرنة مرعى ("قمة الشيخ مرعى")، تقع أقصى جنوب مجموعات مقابر الأفراد، يوجد بها حوالى 17 مقبرة من الدولة الحديثة. دير المدينة. قرية وجبانة العمال، مكان إقامة الحرفيين المسئولين عن نحت المقابر الملكية وزخرفتها بوادي الملوك ومشاريع ملكية أخرى .
ط –وادي الملكات، وهو مكان دفن كثير من ملكات الدولة الحديثة وأعضاء أسرات ملكية. به حوالى 82 مقبرة معروفة.
ي–مدينة هابو، حيث يقع المعبد التذكارى لرمسيس الثالث، وهو موقع مدينة سُكنت حتى القرن التاسع الميلادى، ونسق لمجموعة معابد تذكارية أخرى تعود إلى الدولة الحديثة.
ك– الملقطة وبركة هابو، وهى مجموعة قصر أمونحتب الثالث وميناء ضخم قام بحفره احتفالا بعدة يوبيلات تمجيدًا له، ويقع عند أقصى الحد الجنوبي لجبانة طيبة.
ل–مناطق نائية. عبارة عن سلسلة من أودية صغيرة إلى شمال وغرب وجنوب الجبانة، وتحوى مقابر صغيرة لأعضاء أسرات ملكية، وصوامع مسيحية، وورش عمل تعود لما قبل التاريخ، ومحاجر، ومخربشات، ومعابد يونانية–رومانية.

أثريا، تحوى الجبانة عدة أنواع من الآثار، تتوزع داخل الجبانة فى مجموعات جغرافية:
أ–المعابد التذكارية: شيدت غالبًا بطول حافة الأرض الزراعية. قبل الدولة الحديثة، كانت مثل هذه المعابد تقع قريبة من مقابر فراعنتها. لكن فى

طيبة، كانت متفرقة. والسبب وراء ذلك أن مقابر الفراعنة كانت تنحت فى أماكن نائية، وجافة ومحمية طبيعيًّا جيدًا، فى حين أن المعبد لابد أن يكون سهل الوصول إليه للمواكب الجنائزية الآتية بالقوارب من المعابد على البر الآخر للنيل.

ب‍- مقابر النبلاء: تقع فى المناطق المنخفضة من الصحراء وفى بعض الأودية. على الأقل 2000 مقبرة منها، أغلبها مقابر صغيرة، وكثير منها يزخر بالنقوش، وكلها نحتت فى جوانب التلال بطول السهل الفيضى للنيل.

ج‍- المقابر الملكية: تقع فى وادي الملوك والملكات. معروف فى وادي الملوك 62 مقبرة، و82 فى وادي الملكات. تعود كلها إلى عصر الدولة الحديثة. وتختلف حالة المقابر إلى حد كبير فى الحجم والحفظ والجودة.

د‍- مناطق السُكنى: تقع بين المعابد التذكارية وفى دير المدينة.

ه‍- ورشعمل تعود لما قبل التاريخ: تقع فى مناطق شاسعة على سطح الأرض وتنتشر على قمة الجبل أو إلى شمال طيبة مباشرة.

و- آثار يونانية-رومانية: تشمل معابد ومقابر على التلال وفى الأبنية القديمة.

ز- أديرة مسيحية وصوامع رهبان: تتناثر فى عدة أماكن. هناك عدة عشرات منها، وأحد هذه الأديرة، ويعود إلى القرن السابع الميلادى، لا يزال به رهبان.

ح‍- مخربشات، ولوحات، ومقاصير محفورة غالبًا فى الصخر أو على منحدرات الجبال المنخفضة. وقد تم توثيق آلاف منها.

ط‍- هناك أيضًا مواد أثرية مدفونة تحت الأرض الزراعية، تشمل أبنية معابد قديمة، وقرى، وقنوات، وموانئ.

إداريا، هناك أربعة تقسيمات مختلفة للأراضى على البر الغربى:

أ- منطقة أثرية تخضع لإشراف المجلس الأعلى للآثار. ومن المدهش، أن حدود هذه المنطقة غير واضحة. وقد رسم خط على خرائط هيئة المساحة المصرية عام 1925 يزعم إظهار امتدادها الشرقى، لكن هذا الخط فى بعض الحالات يمتد عبر المواقع الأثرية، وليس حولها. ويبذل المجلس الأعلى للآثار حاليا الجهد لتحديد حدود قانونية ملزمة لأرض البر الغربى الواقعة تحت سيطرته، لكن لم ينشر هذا حتى الآن. ومن المرجح أن ينتهى الأمر بمنازعات وقضايا فـــى المحاكم، ومصادرة (أمر قضائى بذلك).

ب-مناطق غير أثرية تخضع لإشراف مجلس مدينة الأقصر أو مؤسسات حكومية أخرى. تقع هذه غالبًا فى أراض صحراوية مملوكة للدولة، وعلى ضفتى نهر النيل.

ج-أراضٍ ملكية خاصة، وهى غالبًا أراضٍ زراعية.

د- أراضٍ تم الاستيلاء عليها بطرق غير قانونية سواء بمناطق أثرية أو غير أثريةً.

إدارة المجلس الأعلى للآثار الحالية لجبانة طيبة

منذ حوالى عام 1998، قسم المجلس الأعلى للآثار جبانة طيبة إلى ثلاث مناطق لأهداف إدارية. كل منطقة تحت إشراف مفتش آثار يرفع تقاريره إلى كبير مفتشى البر الغربى.

أ-شمال طيبة، يشمل وادي الملوك، ومعبد تحوت، والطارف، ومعبد سيتى، ودراع أبو النجا، والمناطق الأثرية المجاورة.

ب-وسط طيبة، يشمل كل المواقع بين شمال طيبة وجنوبها.

ج- جنوب طيبة، يشمل الملقطة، ومدينة هابو، ووادي الملكات، ودير المدينة، وقرنة مرعى، وتمثالى ممنون، والمناطق الأثرية المجاورة.

والسبب وراء هذا التقسيم هو توزيع المهام البيروقراطية والأثرية إلى وحدات أصغر يمكن إدارتها بكفاءة عما كان الوضع عليه قبل ذلك.

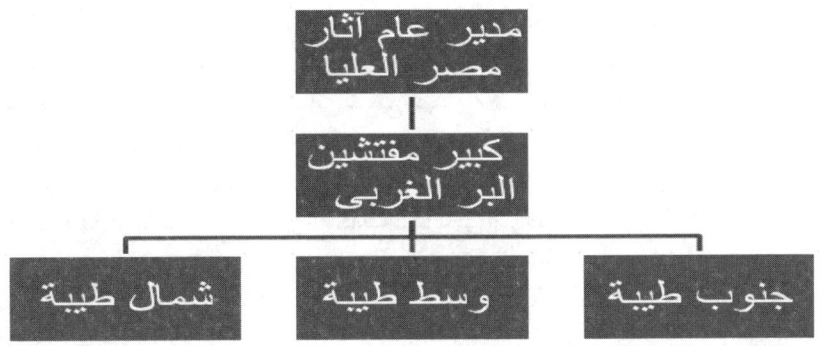

شكل87: التقسيم الإدارى الحالى للمجلس الأعلى للآثار

مستويات التوظيف الحالي لوادي الملوك

يقوم على إدارة وادي الملوك يوميًّا كبير مفتشين يعاونه ثلاثة مفتشين، ولكن إدارة وادي الملوك وعماله تشمل هيئات مختلفة كثيرة، ولا يوجد شخص واحد له

السيطرة المطلقة على الموقع. يشمل موظفو المجلس الأعلى للآثار مفتشين، وحراسًا وعمال نظافة ومرممين وموظفى التذاكر ومهندسين. يوكل امتياز إدارة دورات المياه، لجهة معينة، أما الأمن فتتولاه شرطة السياحة وشرطة الأمن الداخلى.

يشكل الحراس أغلب موظفى وادي الملوك، إذ يبلغ عددهم 134 حارسًا يعملون فى ثلاث نوبات عمل كل 12 ساعة للحراسة، ويرأس كل دورية عمل مشرفان للحراسة. ويعتبر الحراس هم حجر الزاوية فى إدارة وادي الملوك. فهم على اتصال مباشر بالزوار وهم قوة الشرطة الفاعلة لحراسة المقابر. وللحراس الحق فى منع الزوار من دخول المقبرة إذا كانت مزدحمة إلخ، وعليهم التعامل مع مشاكل التذاكر، والخلافات حول استخدام الكاميرا وتوجيه قائدى المجموعات والمرشدين.

ويبدو أن مفتشى الآثار فى وادي الملوك ليس لهم مسئوليات وأن أسلوب إدارتهم تفاعلي وليس حمائي. وتشمل المواضيع التى من المتوقع أن يتعاملوا معها تنظيم الزحام، وحل المنازعات التى تنشأ بين السياح و/أو المرشدين والحراس، وحالات الطوارئ، وطلبات زيارة المقابر المغلقة واستفسارات البعثات فيما يخص المناطق المصرح لهم العمل بها.

المجلس الأعلى للآثار والمخصصات المالية لوادي الملوك

كما هو متبع فى كل مواقع التراث العالمى، يذهب دخل بيع التذاكر مباشرة إلى خزينة الدولة. ويتم تمويل إدارة الموقع بتخصيص منحة سنوية من وزارة المالية لوزارة الدولة لشئون الآثار (سابقًا المجلس الأعلى للآثار). ثم يقوم المجلس الأعلى للآثار بمنح أموال إلى المراكز الإقليمية لإدارة المواقع والأنشطة الخاصة. وتدر مبيعات التذاكر فى جميع أنحاء مصر دخلًا وفيرًا للاقتصاد المصرى. لكن تلك الإيرادات لا ترتبط مباشرة بحجم التمويل الذى يتلقاه المجلس الأعلى للآثار. وقد شهدت أسعار التذاكر مؤخرًا زيادة كبيرة، لكن لا تعتبر هذه زيادة مبالغ فيها مقارنة بمناطق الجذب السياحى فى دول أخرى.

حديثا، ناقشت إدارة بعض مواقع التراث نظام التمويل بواسطة الحكومة المركزية. على سبيل المثال، فى موقع بومبى بإيطاليا، شكلت الإدارة أمانة لإدارة الموقع على أن تبقى عائدات مبيعات التذاكر مع الموقع وتستخدم لإدارة وصيانة الموقع. وتعالت الأصوات فى مصر من ممثلين للمجلس الأعلى للآثار مطالبة برفع سعر التذاكر 25% فى كل المواقع لتمويل مشاريع الصيانة. من المرجح أن هذا الإجراء سيجد مساندة من الجمهور؛ فقد أشارت كثير من إجابات زوار الوادي إلى الرغبة فى دفع تذاكر أعلى قيمة ما دامت ستوجه لصيانة الموقع.

الوضع الحالى

فى ضوء الشكل الجديد للمجلس الأعلى للآثار السابق وكونه أصبح وزارة فسيكون شكل التمويل موضع إعادة نظر.

إدارة الموقع وتدريب إدارة الموارد الثقافية

يتلقى المفتشون العاملون بوادي الملوك حاليا قليلًا من التدريب لإدارة الموقع أو لا يتلقون أى تدريب. ما هو متاح فى مصر مخطط بطريقة جيدة لكنه معد فقط لمواجهة مشاكل وقتية بواسطة هيئات خارجية. وإذا أردنا تحقيق أهداف طويلة المدى لهذا المخطط العام فلابد من إدارة ناجحة للموقع. ويحرص كثير من العاملين فى الموقع حرصًا شديدًا على معرفة المزيد عن العمل الذي يؤدونه ويتمنون أن يعملوا بكفاءة عالية أكثر.

اقتراحات مشروع خرائط طيبة

أ – تطوير برنامج تدريب إدارة الموارد الثقافية وتطبيقه:

يهدف برنامج إدارة الموارد الثقافية إلى تحديد الموارد الثقافية، وتعريفها، وتقديرها وحفظها، وإدارتها، وتفسيرها بطريقة تتيح الاستمتاع بها والتعلم منها فى الحاضر والحفاظ عليهم للأجيال القادمة دون إضرار. لكن للأسف، رغم أن تراث مصر الثقافى ضمن أكثر مواقع التراث تنوعًا فى العالم ، فقليل جدًّا من مواقعها الثقافية العديدة أو آثارها "لم تصب بضرر" اليوم، بسبب تاريخها الطويل والضغوط البيئية العديدة التى تتعرض لها المواقع الأثرية. والأسوأ أن نسبة قليلة منها فقط وثقت بطريقة علمية: فالتدهور يعني خسرانها الكامل وتعذر علاجهم. وهكذا فإن التراث الثقافى المصرى أصبح هشًّا ومهددًا بالزوال على نحو متزايد، وأصبحت هناك حاجه ماسة لبرامج تدريب الموارد الثقافية إذا ما أردنا الحفاظ على هذا التراث فى صورة مستدامة وموحدة. ولابد أن تسهم الإدارة والتوثيق بشكل فعال فى إعداد شرح أفضل لإثراء تجربة زوار المواقع الثقافية.

هناك حاجة ماسة لبرنامج إدارة الموارد الثقافية لإعداد كوادر مدربة من مديري إدارة المواقع المصريين، والموظفين المساعدين الذين يستطيعون التعامل مع مشاكل إدارة الموقع وصيانته اليوم ومستقبلًا. وسيسهم برنامج تدريب الموارد الثقافية هذا فى علاج مشاكل آثار مصر والتركيز على تدريب شباب مصريين يعملون، أو على وشك العمل، فى المجلس الأعلى للآثار وهيئات أخرى ترتبط به. وسوف يدربون على التخطيط والإدارة والمراقبة للعمليات المرتبطة بأى نوع

من المواقع الثقافية، وبالتالى تمكينهم من التعامل بكفاءة مع أنواع كثيرة من الآثار أو مواد أثرية تعود لعصور تاريخية متعددة. وتباعًا، سيدربون مديرى المواقع من الأجيال القادمة الذين سيرثون المسئولية فى الحفاظ على آثار مصر.

خلال الأعوام القليلة الماضية، طورت كثير من المؤسسات فى مصر وأمريكا برامج تدريب إدارة الموارد ثقافية على كل من المستويين المحلي والعالمي.

وتتفق تلك المؤسسات كلها على مفهوم برنامج إدارة الموارد الثقافية وما يجب أن يحقق. وقد صاغ مكتب الولايات المتحدة للمجلس الدولى للآثار والمواقع (US/ICOMOS) اتفاقًا جماعيًّا جيدًا فى وصف أحد أوجه برنامج تدريب الموارد الثقافية، باعتباره نظام "تشجيع فاعل لحفظ المواقع الأثرية وصيانتها وإدارتها فى العالم، والآثار، سواء المكتشفة أو غير المكتشفة، من خلال التعاون الدولى، وتبادل المعلومات والخبرات التقنية والتعليم."

اعترف مكتب الولايات المتحدة للمجلس الدولى للآثار والمواقع (US/ICOMOS)، وأيضًا معهد جيتى للترميم (GCI)، ومكتب الولايات المتحدة لخدمة المتنزهات والحدائق الوطنية (U.S. National Park Service)، وعدة مؤسسات أخرى بوجود عدة عوامل تقرر مدى فعالية برنامج تدريب الموارد الثقافية. لكن لا يوجد عامل أكثر تأثيرًا فى تقرير مدى نجاح برامج تدريب الموارد الثقافية، أكثر من دور مديرى المواقع، ومديرى المخازن وقاعدة البيانات، ومساعديهم. وتتشابه واجبات هؤلاء الأشخاص تشابهًا شديدًا حيث يتوجب عليهم ما يلى:

- جمع كل المعلومات المتاحة عن التاريخ الطبيعى والثقافى للموقع أو الأثر المسئولين عنه،
- تحديد أهمية الموقع وقيمته،
- توثيق أحواله الطبيعية والتعرف على تأثير هذه الأحوال على أعمال الصيانة والحفظ،
- مراعاة العوامل القانونية والاجتماعية والبيئية التى ستؤثر فى المسئوليات الإدارية،
- حفظ و حماية الموقع، آخذين فى الاعتبار متطلبات السياحة والبحث العلمى والتطور الاجتماعى-الاقتصادى

لا يوجد برنامج تدريب موارد ثقافية يرجو إحداث تغييرات جوهرية فى يوم وليلة فى أى من سياسات أى حكومة أو إجراءاتها. ولتحقيق هدفنا لحماية الموقع، نقترح البدء فى برنامج تدريب يتكون من: برنامج إدارة مبدئى للموقع وبرنامج تدريب موارد ثقافية على مستوى جيد يتولى تشجيع شباب الموظفين

الواعدين فى هيئات حكومية عدة، خاصة المجلس الأعلى للآثار: وموظفى العلاقات العامة فى مؤسسات أخرى الذين يتعاملون معهم مباشرة.

السبب الرئيسى أن مشاكل إدارة الموارد الثقافية لم تعالج بفعالية أكثر فى مصر هو عدم وجود مديرين مواقع وإداريين مؤهلين جيدًا فى مجال إدارة الموارد الثقافية حتى يتمكنوا من توزيع الموارد المالية وتنظيم وقت فريق العمل بحكمة والتخطيط لاستخدامها على أفضل وجه ومتابعتها. وبالتالى فى برنامج تدريب الموارد الثقافية الذى نقترحه، على كل مدير موقع تنمية الفهم والخبرة المطلوب لما يلى:

- تحديد المشاكل التى تواجه إدارة الموارد الثقافية
- إيجاد حلول مناسبة للمشاكل الصغيرة للحماية، وتطوير الموقع وإدارته، والعمل بدراية مع المتخصصين لمعالجة المشاكل الأكبر
- مساعدة الجمهور المحلى على إدراك أنه من مصلحتهم الاجتماعية والاقتصادية حماية المواقع الأثرية المحلية والوثائق التاريخية
- العمل مع كل من السائحين والمرشدين السياحيين لحماية المواقع وتعزيز إحساس التعلم والرضى عند السائحين
- حفظ قاعدة بيانات للموقع تتيح مراقبة منتظمة لحالة الموقع المتغيرة وإعانة الإدارة فى اتخاذ القرارات السديدة
- فهم قوانين بلادهم ونظمها لمنع حدوث أية مشاكل محتملة فى الموقع، ولتسهيل تعاونهم مع المجموعات المحلية والمؤسسات الإدارية وممثلى الوزارات.

خلاصة القول أن ما نحتاج إليه هو مديرين مدربين تدريبًا جيدًا لمراقبة هذا التراث الثقافى الهش، الذى لا يمكن تعويضه، ويتعرض للتهديد بصورة مستمرة، وحفظه وإدارته وتحقيق ذلك فى إطار القيود البيروقراطية المصرية القائمة. وحرص البرنامج التدريبى بالأقصر الذى نظمه مركز البحوث الأمريكى والمجلس الأعلى للآثار على تحقيق كثير من الأهداف المذكورة أعلاه، مع التأكيد على ضرورة تعليم التقنيات الحديثة فى الحفائر وتسجيل الآثار. ولابد من الانتظار لرؤية هل سيتاح لخريجى هذا البرنامج الفرصة لتطبيق ما تعلموه على مواجهة الإجراءات الإدارية للمجلس الأعلى للآثار على البر الغربى. وبدون ريب، ما زالت هناك حاجة لبرامج تدريب عامة أكثر متعلقة بتدريب الموارد الثقافية، توصلنا إلى:

ب – تنفيذ برنامج تدريبى محدد المواعيد لكل العاملين فى موقع وادي الملوك فورًا، وليس فقط المشاركين فى إدارة الموقع. وهناك حاجة ماسة لبرامج تدريب فى إدارة موقع وادي الملوك، ومثل هذه البرامج لابد أن تُعد وتناسب حاجات

المفتشين، والمسئولين عن الأمن، والحراس والمرممين والمسئولين عن أعمال الصيانة.

ج - لابد أن يقوم المفتشون برسم خريطة إدارة الموقع، آخذين فى الاعتبار المقترحات الواردة فى هذا المخطط العام. وفيما يلى نموذج للمعايير المقترحة لأنشطة الإدارة والأهداف المرجوة فى وادي الملوك كما اقترحتها اليونسكو.

معايير اليونسكو المقترحة لإدارة الموقع

- هل هناك خطة إدارة لاستراتيجية صيانة موقعك للتراث العالمى، وهل يتم تحديث هذه الخطة دومًا؟
- هل تم تحديد الأهداف الطويلة والمتوسطة والقصيرة المدى بوضوح؟
- هل تم الأخذ فى الاعتبار فى هذه الخطة القيم والأولويات وأقل التدخلات ضررًا؟
- هل هناك جرد، وهل تم تسجيل وتوثيق الموارد بدقة؟
- هل توثيق الموقع متاح الإطلاع عليه؟
- هل هناك نسختان من توثيق الموقع محفوظتان فى مكان آمن؟
- هل هناك خطة للحماية من الحريق، وهل تختبر بانتظام؟
- هل لديك خطة لمواجهة الخطر فى موقعك؟
- هل تم تعيين موظف ونائب له لمواجهة الكوارث؟
- هل القوانين والنظم المتبعة تعكس آخر المعلومات التقنية وقواعد الصيانة؟
- هل تطبيق القوانين كان فعالا. إذا لم يكن، أين نقطة الفشل؟
- هل البنية الإدارية كافية ومؤثرة فى إنجاز دورها؟
- هل أنشئت قنوات اتصال مع المنظمات الدولية العاملة فى مجال حفظ التراث العالمى؟

د - أخيرًا، هناك نقطة أخرى يجب أن توضع فى الاعتبار فيما يخص الموظفين العاملين فى الموقع هى سهولة تمييزهم من الزائرين والعاملين فى وادي الملوك. من الضرورى أن يرتدى المفتشون العاملون فى وادي الملوك زيًّا مناسبًا حتى يمكن التعرف عليهم من قبل السياح والمرشدين باعتبارهم سلطة مسئولة عن وادي الملوك. مثل هذا الزى الموحد سيضفى إحساسًا بالفخر على

من يرتديه ينعكس فى أداء عمله والتعامل مع السياح الأجانب والمحليين والمرشدينالسياحيين. ويمكن لموظفى استعلامات مركز الزوار ارتداء مثل هذا الزى أيضًا. كذلك الحال بالنسبة للمسئولين عن أعمال الصيانة يمكن أن يرتدوا زى من قطعة واحدة مثل تلك التى يرتديها العاملون فى الشركات الخاصة المتعاقدة. ويجب أن يرتدى سائقو الطفطف زيًّا مختلفًا عن المفتشين حتى لا يحدث خلط بينهم. وكذلك الحال بالنسبة للمسئولين عن الأمن لابد أن يرتدوا زيًّا مناسبًا، وخاصة هؤلاء الذين يقومون بتفتيش حقائب السياح عند مركز الزوار ولا يصح أن يرتدوا ملابس مدنية. ويجب أن يرتدى المسئولون عن تقديم المساعدات الطبية زيًّا لائقًا.

التخطيط لمواجهة الطوارئ والكوارث

لابد من الاستعداد المسبق الجيد لمواجهة الطوارئ مثل السيول والزلازل والمرض والحوادث والسرقة أو التخريب. ولابد من تعيين فريق لمواجهة حالات الطوارئ وتدريبهم على مواجهة تلك المشاكل الخطيرة رغم ندرة حدوثها، لهذا لابد من تخزين المؤن اللازمة والمعدات فى أحد مخازن المجلس الأعلى للآثار بحيثيسهل الوصول إليها. ولابد من إزالة الرديم المنجرف إلى المقابر، واستخدام

شكل 88: عربة الإسعاف

مضخات لشفط أى مياه متجمعة، وتثبيت شفاط لتقليل مستويات الرطوبة. ولابد من توفر رافعة لولبية وأجهزة هندسية أخرى لدعم الجدران المتصدعة والمتهدمة والأسقف باعتبارها حلولًا مؤقتة إلى أن يحين الوقت لعمل الإصلاحات الدائمة. ولابد من مراقبة الأحوال مراقبة جيدة.

اقتراحات مشروع خرائط طيبة

لابد من عمل خطة تقييم مخاطر مشابهه لتلك المقدمة أسفل (بواسطة اليونسكو) جنبًا إلى جنب مع خطة مواجهة الكوارث. ولابد من تدريب كل المديرين والعاملين على الإجراءات التى يجب اتخاذها فى حالة حدوث مثل هذه الكوارث.

مبادئ اليونسكو لمواجهة المخاطر

- التخطيط والإعداد المسبق هو حجر الزاوية للحماية الفعالة للتراث الحضارى ضد المخاطر.
- التخطيط المسبق لممتلكات التراث الثقافى لابد أن يعد فى إطار الملكية الكلية، ويضع مخططًا متكاملًا لصيانة مبانيه، ومنشآته، وما يرتبط به من محتويات ومنظر طبيعى.
- التخطيط المسبق لحماية التراث الثقافى ضد الكوارث لابد أن يربط اعتبارات حماية التراث باستراتيجية كلية لمنع الكوارث للممتلكات.
- يجب الوفاء بمتطلبات التأهب فى أبنية التراث بوسائل يكون لها أقل تأثير على قيم التراث.
- لابد أن توثق ممتلكات التراث، وسماتها المهمة وتاريخ مواجهة الكوارث للممتلكات بوضوح باعتبارها قاعدة للتخطيط لمواجهة الكوارث، ورد الفعل والإصلاح.
- لابد أن تشمل برامج صيانة الممتلكات التاريخية محوراً للتراث الثقافى المعرض للخطر.
- لابد أن يشارك سكان ممتلكات التراث ومستخدموه فى تطوير خطط مواجهة الطوارئ.
- لابد أن يكون تأمين معالم التراث أولوية قصوى خلال الطوارئ.
- بعد الكارثة، لابد من بذل الجهود لضمان حفظ وترميم الأبنية أو المعالم التى تضررت أو فقدت.
- لابد أن تدمج مبادئ الصيانة حيثما يتناسب فى كل مراحل التخطيط لمواجهة الكوارث، رد الفعل والإصلاح.

صيانة الموقع

الصيانة- الحفاظ على الموقع نظيفًا وآمنًا ومنظمًا- تشمل مهام تتداخل فيها الحماية والنظافة وجهود التأمين. ونشير هنا بصفة خاصة إلى نظافة الموقع، وتشمل إزالة القمامة والقاذورات وتنظيف المرافق السياحية والإدارية. ولابد أن يعد برنامج للصيانة فى وادي الملوك باعتباره جزءًا من برنامج واحد يشمل كل الجبانة. ونركز هنا على وادي الملوك. ولضمان سلامة مقابره، والمظهر الجمالي لتلاله، واستماع الزائر بالزيارة، لابد أن يخضع وادي الملوك لبرنامج نظافة منتظم.

يشارك فى برامج الصيانة خمسة مجموعات مختلفة من العاملين، هم:

1- فريق من الموظفين المحليين المعينين للصيانة العامة والمسئولين عن تنظيف المماشى والطرق والتلال داخل وادي الملوك وحوله.
2- فريق للصيانة العامة مسئول عن الطريق المعبد من استراحة كارتر إلى وادي الملوك، وهو جزء من فريق صيانة الجبانة ككل.
3- عمال نظافة دورات المياه.
4- موظفو مركز الزوار.
5- فريق من العمال المدربين على أعمال الصيانة والترميم مسئول عن النظافة داخل مقابر وادي الملوك.

تلك المجموعات، التى قد تشمل أشخاص من شركات خاصة متعاقدة، تخضع لإشراف مشترك للمجلس الأعلى للآثار وفريق العاملين فى الترميم.

اقتراحات مشروع خرائط طيبة

أ- ضرورة تدريب كل موظف مشارك فى برامج الصيانة. ويجب أن يوضح التدريب أهمية هذا العمل والاهتمام المطلوب ليؤدى بنجاح. ولابد أن يشرح المشرفون التقنيات الصحيحة والتأكيد على ما يجب عدم القيام به فى الموقع. وضرورة تقييم عمل الموظفين بانتظام.

ب- لابد أن يكون لموظفى الصيانة زى مناسب، يصممه ويُعده المجلس الأعلى للآثار.

ج- يجب وضع صناديق قمامة فى أماكن مناسبة فى جميع أنحاء الوادي الشرقى والغربى، ومنطقة انتظار الحافلات، ومبنى مركز الزوار، والمماشى والطرق بينهم، وبقية المحطات بطول الطريق من استراحة كارتر. ولابد من وضع منافض سجائر فى كل استراحة مظللة بوادي الملوك.

د- جداول العمل. فى البداية، قبل تنفيذ الجداول التالى ذكرها يجب القيام بعملية تنظيف شاملة. حيث تملأ مئات الأكوام من رديم الأبنية والحفائر على جانبى الطريق من استراحة كارتر إلى مركز الزوار، لذا لابد من إزالتها إلى موقع مصرح به، ولابد من إزالة الصرف الصحى الذى ظل يلقى هنا لأعوام، والقمامة والنفايات البشرية التى تملأ مداخل مقابر وادي الملوك، والزجاجات والأكياس البلاستيكية المتناثرة على التلال.

يوميا يجب القيام بما يلى:

- القمامة- زجاجات المياه، وعلب المشروبات الغازية، والورق، وأعقاب السجائر، و ما شابه- لابد من جمعها يوميًّا من المماشى، والمرافق العامة، ومداخل المقابر.
- صناديق القمامة لابد من تفريغها مرة يوميا على الأقل، وإذا دعت الضرورة، تزال من وقت لآخر لغسلها وتنظيفها.
- أن يكون للمجلس الأعلى للآثار عربة نقل صغيرة لإزالة القمامة جزءًا من خطتها لصيانة الجبانة ككل.
- المناطق العامة والمكاتب- أماكن الاستراحات المظللة، واستراحة وادي الملوك الرئيسية، ونقاط التفتيش، ومكاتب المفتشين، ومحطات الترام- لابد من كنسها بانتظام، وتفريغ صناديق القمامة، وغسل النوافذ.
- لابد من تنظيف دورات المياه يوميًّا بواسطة العمال المسئولين عن دورات المياه باستخدام المياه، ومطهرات مصرح بها، ووسائل نظافة مساعدة أخرى. مع ورق دورات المياه، لابد توفيرها مع عمال النظافة، إذا ما استمر النظام الحالى لمنح حقوق الصيانة والتشغيل لشركات خاصة. حاليًا، يمنح الأفراد هذا الحق من المجلس الأعلى للآثار فى مقابل دفع كل تكاليف التشغيل إضافة إلى الرسوم.
- سوف تدار الكافيتريا باعتبارها امتيازًا خاصًّا بموجب تصريح من المجلس الأعلى للآثار. لابد أن يشمل عقد الاستغلال شروطًا بمراعاة معايير قياسية للصحة والنظافة، وأن تكون المواد المباعة فى أوعية صديقة للبيئة قدر المستطاع. إزالة القمامة إما أن تكون مسئولية شركات النظافة، أو إذا تولت عربات المجلس الأعلى للآثار جمع القمامة، فلابد من تقاضى رسوم عنها.
- لابد من تنظيف مركز الزوار يوميًّا بواسطة العاملين فيه.

- لابد من التأكد من النظافة داخل المقابر كل صباح ووسط النهار بواسطة الحراس المكلفين بحراستهم. أى تنظيف آخر، لابد أن يتم بواسطة موظفى (الصيانة).
- الأثريون العاملون فى وادي الملوك مسئولون عن إزالة رديم حفائرهم ونقلها من الوادي إلى موقع نفايات يصرح به المجلس الأعلى للآثار خارج المنطقة الأثرية بالبر الغربى. لابد من ضمان أن منطقة العمل المصرح لهم العمل بها نظيفة، وآمنة، ومنظمة أثناء فترة عملهم. على المفتش أن يفحص موقع الحفائر نهاية موسم العمل، ويرفع تقريرا موضحا لحالته.
- أن يتولى العاملون فى شرطة السياحة والآثار نظافة مكاتب الأمن ونقاط تفتيش الزوار.
- نقطة المساعدات الأولية والإسعاف لابد من تنظيفها بواسطة موظفيها والتزام أقصى معايير النظافة. ولابد من توفير المساعدات المطلوبة والمعدات وأن تكون فى حالة جيدة فى كل الأوقات. يشمل هذا الكراسى المتحركة، والنقالات، وأنابيب الأكسجين والأقنعة والضمادات.

أسبوعيًّا يجب القيام بما يلى:

- غالبًا ما تغطى الرمال المجلوبة بالرياح التلال داخل وادي الملوك وحوله، إضافة إلى ما يلقيه السياح من مخلفات بطول طريق الترام. لذا لابد من فحص تلال وادي الملوك وفيما بينه ومركز الزوار، والطريق من استراحة كارتر، ومماشى وادي الملوك، والدير البحرى، ودير المدينة، أسبوعيًّا وإزالة أية قمامة منها.
- لابد من مراقبة منتظمة للطريق المعبد من استراحة كارتر إلى وادي الملوك لمنع الممارسات غير المشروعة من إلقاء مخلفات الصرف الصحى، ورديم البناء، ورديم الحفائر، ومخلفات المستشفيات، ومواد أخرى مما شوه المنظر العام خلال الأعوام الماضية. ويجب الإبلاغ الفورى عن هذه الممارسات غير المشروعة لمكتب المجلس الأعلى للآثار.
- جولة تفتيشية لمقابر وادي الملوك المفتوحة للزيارة يقوم بها المفتشون وعضو من فريق الصيانة أسبوعيًّا.

كل ثلاثة أشهر يجب القيام بما يلى:

- ضرورة تفقد داخل مقابر وادي الملوك فى كلٍ من الوادي الشرقى والوادي الغربى بانتظام بواسطة المفتش وعضو من فريق الصيانة

على الأقل مرة كل ثلاثة أشهر، أو أكثر إذا دعت الضرورة لذلك. ينبغى على الموظفين التحقق من وجود أى ضرر، أو تغييرات فى بنية الصخرة الأم، أو تغييرات فى الألوان والبلاستر، أو إذا ما كانت هناك أجهزة كهربية معطلة أو أجهزة تدفئة وتهوية ومكيفات وما شابه. ويجب على موظف الصيانة استخدامكنسة كهربية ذات قوة منخفضة، لإزالة التراب المتراكم فوق المماشى الخشبية ودرجات السلالم. ولابد من فحص أرضية الصخرة الأم عند قاعدة الجدران للتأكد من عدم وجود كسرات متساقطة من بلاستر أو حجر قبل استخدام المكنسة الكهربائية. ويجب تقديم تقرير فورى إلى مفتش المجلس الأعلى للآثار فى حالة وجود أية مشكلة.

- يجب تنظيف الحواجز الزجاجية أو البلاستيكية فى المقابر بواسطة موظفين تحت إشراف مباشر لفريق الصيانة وذلك حتى يتم إزالتها، ويستبدل بها نظام مماشٍ جديد، ولابد من تحريك اللوحات الزجاجية الكبيرة من أماكنها قبل تنظيفها، ولابد أن يتم التنظيف خارج المقبرة. ولابد أن يتم التنظيف باستعمال فوط مخصصة لذلك. ويجب تجنب استعمال الرشاشات مثل ويندكس أو ما شابه، التى يمكن أن تجذب التراب وتؤثر على الجدران. ولا يجب إحضار أوعية المياه وسوائل النظافة الأخرى أبدًا إلى داخل المقابر.
- يجب فحص أجهزة التدفئة والتهوية والمكيفات وصيانتها تبعًا لتعليمات الصانع. ويجب تنظيف أو استبدال لمبات الإضاءة إذا لزم الأمر.
- يجب تنظيف اللافتات الإرشادية المصنوعة من الألومنيوم بوادي الملوك من التراب أو غسلها. ولابد من فحص اللافتات عند مدخل وادي الملوك وفى منطقة الاستراحة للتأكد من أن اللافتات المكتوب عليها "مغلقة" فى مكانها الصحيح بجوار المقابر المغلقة مؤقتا للزيارة.

سنويًا يجب القيام بما يلى:

ويجب أن يقوم رئيس فريق الصيانة وأحد موظفى الصيانة بعمل مسح سنوى لنظافة وادي الملوك ومقابره المحيطة به للتأكد من أن العمل تم بدقة ولتحديد الحاجات المستقبلية. ولابد من رفع تقرير إلى مكتب كبير المفتشين.

هـ- عند جمع القمامة، لابد من نقلها بواسطة عربة نقل إلى مكان مخصص لإلقاء القمامة مصرح به من قبل المجلس الأعلى للآثار خارج المنطقة الأثرية. ولابد من إيجاد أماكن مخصصة لإلقاء القمامة، ورديم الحفائر، والمخلفات بحيث تكون منفصلة عن بعضها.

و ــ المعدات والإمدادات اللازمة:
- حجرة لتخزين معدات النظافة فى منطقة مركز الزوار
- صناديق للقمامة، لابد أن يكون لونها مناسبًا
- مقشات كبيرة ذات مواصفات خاصة
- مكنستان كهربيتان لها منظم سرعة (مثل تلك المهداة من مشروع خرائط طيبة)
- فوط مخصصة لتنظيف ألواح الزجاج
- سوائل نظافة لتنظيف ألواح الزجاج
- معدات لتنظيف دورات المياه (توفرها الشركة المسئولة عن النظافة)
- توفير زى للعاملين، يقوم بتصميمه المجلس الأعلى للآثار
- توفير لورى صغير لنقل القمامة. وأن يكون صغيرًا، ولونه مناسبًا، وعليه علامة باللغة العربية والإنجليزية وشعار المجلس الأعلى للآثار. وأن يعمل مثل الترام بالكهرباء حتى لا يصدر عنه أي ضوضاء أو يلوث الهواء.
- شفطات مياه محمولة لاستخدامها فى حالة الفيضانات الطارئة. وأن تحفظ فى الموقع وتفحص كل عدة أشهر للتأكد من سلامتها. ليس هناك حاجة لأكثر من ثلاثة، ولابد من توفر خراطيم مياه بطول عدة مئات من الأمتار. قد يضطر إلى استخدامها عبر مسافات طويلة فوق التلال لشفط المياه من داخل بعض المقابر.
- منافخ صغيرة منخفضة القوة لسحب الرطوبة من المقابر المغمورة بالمياه. ولابد أيضًا من توفير شبكة أنابيب مرنة للتحكم فى حركة الهواء.
- رافعة لولبية لدعم بنائى مؤقت
- صائدات فئران لإعاقة الهوام التى تجذبها نفايات السياح
- أجهزة إطفاء حريق

ز ــ الشروط الواجب توافرها فى العاملين بالصيانة:
- مفتشون يعينهم المجلس الأعلى للآثار للإشراف على وادي الملوك
- متخصصون فى الصيانة، لمراقبة نظافة المقابر وحالتهم
- سائقون لعربات جمع القمامة
- أربعة رجال، أو خمسة، معينين لجمع القمامة ونقلها

من المرجح أن يتعاقد المجلس الأعلى للآثار على بعض العاملين فى الصيانة من القطاع الخاص، كما هو الحال فى الجيزة والكرنك. ويمكن أن يتولى موظفو

القطاع الخاص مهام مثل تلك المحددة آنفًا فى البرنامج (1) و(4). لكن من غير المتوقع القيام بالمهام الواردة فى البرنامج (5)، الذى يتطلب متخصصين صيانة مدربين.

أنظمة معلومات إدارة الموقع

يتطلب نظام فعال لإدارة أمور الزوار التكامل التام مع العديد من المجالات الرئيسية الأخرى للخطة الكاملة لإدارة الموقع. وتشمل القرارات التى يجب أن تتخذ والأسئلة التى يجب الإجابة عليها ما يلى:

1- البنية التحتية التى سيحتاجها النظام، على سبيل المثال: استهلاك الكهرباء
2- مستوى التكامل مع نظام إصدار التذاكر الرئيسي للوادي
3- إمكانية ربط التحكم فى أعداد الزوار بأحوال البيئة الداخلية، على سبيل المثال، مستويات الرطوبة، ودرجة الحرارة ومستوى الزوار

سيكون من الضرورى فى البداية تقرير مستوى أهمية نظام معلومات الإدارة وتكامله. وهل يجب الربط بين كل أنظمة الإدارة؟ وكيف ينبغى الربط بين أنظمة معلوماتية وبيئية أخرى؟ وبالفعل نوقشت تلك المواضيع فى المقترح الأسبانى التقنى.

ملخص الاقتراحات

- وضع برنامج للتدريب على إدارة الموقع.
- إنشاء مكتب لإدارة الموقع على البر الغربى.
- وضع خطط لمواجهة الطوارئ والكوارث.
- وضع برنامج للصيانة.
- إجراء دراسة جدوى لمتطلبات تكنولوجيا المعلومات.

المراجع

Belzoni, Giovanni. *Fruits of Enterprise Exhibited in the Travels of Belzoni in Egypt and Nubia.* Boston: Munroe and Francis, 1827.

Carter, B., and G. Grimwade. "Balancing Use and Preservation in Cultural Heritage Management." *International Journal of Heritage Studies* 3 (1997).

Carter, Howard, and Alan H. Gardiner. "The Tomb of Ramesses IV and the Turin Plan of a Royal Tomb." *JEA* 4 (1917): 130–58.

Corzo, Miguel Angel, and Afshar Mahasti, eds. *Art and Eternity: The Nefertari Wall Paintings Conservation Project, 1986–1992.* Santa Monica: Getty Conservation Institute, 1993.

Denon, Vivant. *Travels in Upper and Lower Egypt, in Company with Several Divisions of the French Army under Command of General Bonaparte, I.* Translated by Francis Blagdon. London: Ridgway, 1802.

Edwards, Amelia. *A Thousand Miles Up the Nile.* New York: Cambridge University Press, 2011.

Feilden, Bernard M., and Jukka Jokilehto. *Management Guidelines for World Cultural Heritage Sites.* Rome: ICCROM, 1993.

Getty Conservation Institute. *Valley of the Queens: Proposals for Conservation, Management, and Presentation,* 2009. http://www.getty.edu/conservation/our_projects/field_projects/egypt

James, T.G.H. *Howard Carter: The Path to Tutankhamun.* London: Tauris Parke Paperbacks, 2006.

Maamoun, M., A. Megahed, and A. Allam. "Seismicity of Egypt." *Helwan Institute of Astronomy and Geophysics* 4, ser. B (1984): 109–62.
Mariette, Auguste. *The Monuments of Upper Egypt: A Translation of the "Itineraire de la Haute Egypte."* Memphis: General Books, 2009.
Murphy, Edwin. *The Antiquities of Egypt: A Translation, with Notes, of Book I of the Library of History of Diodorus Siculus*. New York: Transaction, 1990. *1999 International Cultural Tourism Charter: Managing Tourism at Places of Heritage Significance*. www.ICOMOS.org/tourism/charter.html
Pedersen, Arthur. *World Heritage Manuals, I: Managing Tourism at World Heritage Sites*. Paris: UNESCO, 2001.
Petrie, William M.F. *Seventy Years in Archaeology*. London, 1932; repr. New York: Greenwood, 1969.
Pococke, Richard. *A Description of the East and Some Other Countries, 4: Observations on Egypt*. London: Bowyer, 1753.
Porter, Bertha, and Rosalind Moss. *Topographical Bibliography of Ancient Egyptian Hieroglyphic Texts, Reliefs, and Painting, 1, 2: Royal Tombs and Smaller Cemeteries*. 2nd ed. Oxford: Griffith Institute, 1999.
Preusser, Frank. "Scientific and Technical Examination of the Tomb of Queen Nefertari at Thebes." In *The Conservation of Wall Paintings*, edited by Sharon Cather. Santa Monica: Getty Conservation Institute, 1987.
Reid, Donald M. *Whose Pharaohs? Archaeology, Museums, and Egyptian National Identity from Napoleon to World War I*. Cairo: American University in Cairo Press, 2002.
Rosellini, Ippolito. *Treasures of Egypt and Nubia: Drawings from the French–Tuscan Expedition of 1826 Led by Jean-François Champollion and Ippolito Rosellini*. Edited by Christian LeBlanc and Angelo Sesana. London: Grange, 2006.
Russell, William Howard. *Travels in Egypt*. 1869.
Sadek, Abdel Aziz. *Graffiti de la montagne thébaine*, 4. Cairo: CEDAE, 1972–74.
Stovel, Herb. *Risk Preparedness: A Management Manual for World Cultural Heritage*. Rome: ICCROM, 1998.
Stuart, Villiers. *Funerary Tent of an Egyptian Queen*. Charleston: Rare Books Club, 2012.

UNESCO. *Culture, Tourism, Development: Crucial Issues for the 21st Century*. Paris: UNESCO, 1996.

van der Spek, Kees. *The Modern Neighbors of Tutankhamun: History, Life, and Work in the Villages of the Theban West Bank*. Cairo: American University in Cairo Press, 2012.

Weeks, Kent R. *Atlas of the Valley of the Kings*. Theban Mapping Project. Cairo: American University in Cairo Press, 2000, 2003. www.thebanmappingproject.com

———. *KV 5: A Preliminary Report on the Excavation of the Tomb of the Sons of Rameses II in the Valley of the Kings*. Theban Mapping Project. Cairo: American University in Cairo Press, 2000, 2005.

———. *The Lost Tomb*. New York: Morrow; London: Weidenfeld; Cairo: American University in Cairo Press, 1998.

———. "The Work of the Theban Mapping Project and the Protection of the Valley of the Kings." In *Valley of the Sun Kings*, edited by Richard Wilkinson, 122–24. Tucson: University of Arizona, 1995.

Wilkinson, John Gardner. *Manners and Customs of the Ancient Egyptians*. London: Murray, 1837.